陕甘宁边区经济典藏

王金昌　张晓东　编著

人民出版社

目　录

Contents

序

新中国经济从这里直接走来

1935年10月，中央红军主力长征到达陕北后，巩固和扩大了原有的根据地，成为陕甘宁根据地。此后，陕北成为领导中国革命的中心。

1937年9月6日，根据国共两党关于国共合作协议，中国共产党将陕甘苏区改名为陕甘宁边区，并成立了边区政府，林伯渠任主席，首府延安。陕甘宁边区的核心区域是从未丢失过的一块革命根据地，它经历了土地革命、抗日战争和解放战争三个历史时期；它是全民族抗战时期中国共产党中央所在地，是八路军、新四军的总后方。毛泽东同志曾说："陕北是两点：一个是落脚点，一个是出发点。"

陕甘宁边区是在西北革命根据地的基础上发展起来的。从1935年10月到1948年3月的13年中，它是党中央的所在地，是领导全国革命的大本营。党中央在延安和陕甘宁边区制定了引导中国革命走向胜利的正确路线和一系列方针政策；马克思列宁主义同中国革命实践相结合的毛泽东思想是在这个时期全面形成和成熟起来的；党中央在这里培养了大批干部，成为各条战线上的骨干力量；伟大的整风运动和大生产运动也是党中央和毛泽东同志在这里倡导，总结了成功经验，然后普及到各抗日根据地，使全党既在思想上、政治上、组织上达到了空前的统一和团结，又对广大军民的精神生活和物质生活两方面都产生了巨大作用。在党中央的直接领导下，陕甘宁边区始终是全国的模范抗日民主根据地。

战争不但是军事、政治的竞赛，还是经济的竞争。要取得战争的胜利，就要求陕甘宁边区具有坚实的物质保障。“皖南事变”后，国民党加紧了对陕甘宁边区的军事包围和经济封锁，一切外援断绝，那个时期是陕甘宁边区经济与财政最为困难的时期。毛泽东同志曾这样描述当时的困难：“我们曾经几乎弄到没有衣穿，没有油吃，没有纸，没有菜，战士没有鞋袜，工作人员冬天没有被盖。国民党用停发经费和经济封锁来对待我们，企图把我们困死，我们的困难真是大极了。”此后，中共中央和边区政府把边区的经济建设当做头等大事来抓，强调以农业为第一，发展私人经济，以保证军需民食；专门召开高层会议，纠正经济工作中出现的偏差，陆续出台了很多与经济建设相关的政策和法规，毛泽东同志提出了“发展经济，保障供给”的财政经济工作的总方针；大力发展边区“外贸”，实行贸易统一管理，保证财政收支平衡；改进银行发行工作，明确发行目的，支持经济建设和必要的财政周转；实行精兵简政，减少经费开支，开荒种地，开展大生产运动。经过艰苦、巨大的努力，打破了敌人的经济封锁，既增加了边区政府的财政收入，保证了机关部队的给养，又满足了人民的迫切需要，为迎接抗战和世界反法西斯战争的胜利奠定了强大的经济基础。陈云同志指出：抗战八年，“陕甘宁边区的经济地位起了根本性质的改变，大大增加了抗战的力量。而特别值得注意的是，这种改变是在抗战时期与边区被严密封锁的情况下得到的。”

解放战争时期，陕甘宁边区的财政工作是在支援战争的主线下展开的，由发展经济转变到全力支援解放战争。财政工作人员在极端困难的情况下集中物资，有效地保障了西北野战军的粮草供给，为支援内线战争做出了不可磨灭的贡献。

《陕甘宁边区经济典藏》是以王金昌同志收藏的资料为基础编纂的。《典藏》的文献反映出，在发展陕甘宁边区经济中，坚持了党对经济工作的领导，提高了党领导经济工作的能力，为新中国成立后的经济工作培养了大批经济专家和领导干部；边区政府调整了土地政策、实现了“累进税制”和其他一些政策，促进了农业、商业、贸易等事业的发展；陕甘宁边区实行边币开放，在边区与有着“外贸”往来的“国统区”使用的各种货币实行兑换，促进了边区经济的繁荣发展；陕甘宁边区设立的贸易、财政、金融、税务等机构，不仅有效地保障了边区经济的运转，也成为新中国经济机构的雏形。在13年的斗争实践中，陕甘宁边区选择了一条独立自主、自力更生的经济发展道路，并且积累了大量的经验。无论是边区银行，还是边区税务；无论是边区“外贸”，还是边区“缉私”，都具备了国家雏形性质。这条道路不仅支撑了中国人民抗日战争、解放战争的全面胜利，也奠定了新中国经济的基础。可以说，新中国经济直接从这里走来。

1949年10月1日，中华人民共和国成立。陕北区党委代表陕北人民向党中央和毛泽东主席发了致敬电。10月26日，毛泽东代表党中央亲自复电：“延安和陕甘宁边区，从1936年到1948年，曾经是中共中央的所在地，曾经是中国人民解放斗争的总后方。延安和陕甘宁边区的人民对于全国人民是有伟大贡献的。我庆祝延安和陕甘宁边区的人民继续团结一致，迅速恢复战争的创伤，发展经济建设和文化建设。我并且希望，全国一切革命工作人员永远保持过去十余年间在延安和陕甘宁边区的工作人员中所具有的艰苦奋斗的作风。”陕甘宁边区经济工作创造与积累的丰富经验和培育起来的艰苦奋斗、自力更生的精神是我们的宝贵财富，是值得我们继承和在新的历史时期加以发扬和光大的。

中粮集团忠良博物馆陈列了王金昌同志个人收藏的五百余份、两千余件历史文献，包括建党前后至七·七事变之前、抗日战争、解放战争及陕甘宁边区时期等红色文献，其中陕甘宁边区时期的文献资料四百余件，涵盖边区各个经济领域。在陕甘宁边区成立八十周年之际，忠良博物馆的同志从中选取了涉及陕甘宁边区土地、财政、税务、金融、缉私等经济方面的文献，集结成册——《陕甘宁边区经济典藏》。所收文献约两百页，珍贵资料图片七十五幅，文献原文近八万字，历史背景解读四万多字，涉及历史人物四十四位，时间跨度纵横抗日战争时期和解放战争时期，其中绝大多数文献是建国后没有公开发表过的，还有不少文献是存世孤品。该书以文献图片为根，以文献概述为干，以文献解读为叶，以文献原文为据，努力真实再现陕甘宁边区十三年里，经济建设这株幼苗是如何历经风雨成为参天大树的，经济工作这个杠杆是如何百折不挠保障边区发展的，经济部门这架机器是如何艰苦奋斗开拓边区经济的。

人民出版社编辑出版《陕甘宁边区经济典藏》，能更好地发挥史料资政育人的独特作用。《典藏》以图带史，以点带面，以史为鉴，不忘初心，有助于让世人了解中国共产党发展历程中的特定历史阶段，让世人了解新中国经济建设的脉络和前身。

中粮集团忠良博物馆谨以此书献给陕甘宁边区成立八十周年，献给中国共产党第十九次全国党代会胜利召开，是非常有意义的一件事。

石仲泉

2017年2月8日

土地政策

概述

土地革命时期，由于代表大地主、大资产阶级的南京国民政府和人民大众的矛盾是中国社会的主要矛盾，因此中国共产党制定了依靠雇农、贫农，联合中农，限制富农，保护中小工商业者，消灭地主阶级，变封建半封建土地所有制为农民土地所有制的土地革命政策。这一政策的基本内涵是用暴力的手段没收地主阶级的土地，分给无地或少地的农民。红军长征到达陕北后，党中央继续执行这一土地政策。

西安事变和平解决，标志着以国共两党合作为基础的抗日民族统一战线初步建立，中日之间的民族矛盾上升为中国社会的主要矛盾。为了团结一切抗日力量，建立最为广泛的抗日名族统一战线，1937年5月，毛泽东主席提出："为了停止国内的武装冲突，共产党愿意停止使用暴力没收地主土地的政策，而准备在新民主主义共和国建设过程中，用立法和别的适当方法去解决土地问题。"由此，党中央调整了边区的土地政策。1937年8月25日，党中央在洛川召开政治局扩大会议，确立了"减租减息"的土地政策。该政策包含两方面内容：一方面地主要减租减息，另一方面农民在减租减息之后，要向地主交租交息。既保护农民的利益，又照顾地主的利益。

为了保证"减租减息"土地政策的贯彻，1939年2月1日，陕甘宁边区第一届参议会通过了《陕甘宁边区土地条例》，4月4日由边区政府颁布实施。该《条例》包括总则、土地所有权、土地登记、土地使用、土地行政和裁判、附则等。为了切实有效地推动减租减息政策的实施，1942年1月28日，中共中央政治局通过了《关于抗日根据地土地政策的决定》，确立了抗战时期土地政策的三项基本原则：一是承认农民（雇农包括在内）是抗日与生产的基本力量。因此，应扶助农民，实行减租减息，保证农民的人权、政权、地权、财权，提高农民抗日与生产积极性。二是承认地主大多数是有抗日要求的，一部分绅士是赞成民主改革的。因此，又必须实现交租交息，保障地主的人权、政权、地权、财权，借以联合地主阶级一致抗日。三是承认资本主义生产方式是中国现时比较进步的生产方式。因此，对富农减租减息后，必须实行交租交息，保障富农的人权、政权、地权、财权。

这些政策不囿于狭隘的眼前利益，对当时的生产发展和民族团结起到了积极的推进作用，并取得了显著成效：（一）调动了广大农民的生产积极性，激发了广大农民的抗日热情；（二）促进了边区农业的恢复和发展，为“持久战”提供了有力的物资支持；（三）缓和了农村的阶级对立与阶级矛盾，巩固和发展了抗日民族统一战线；（四）引起农村土地关系及阶级关系的一定变化，为进一步解决土地问题创造了有利条件。

土地关系的变化同时也带来阶级关系的改变，地主和佃户的户数在减少，中农的户数在增多。这些变化动摇了封建土地所有制的根基，为进一步解决农民土地问题创造了有利条件。

解放战争时期，随着革命形势和斗争力量的变化，中国共产党适时调整土改政策，最大限度争取革命力量，孤立敌对势力。在内战爆发前夕的1946年5月4日，中共中央发出了《关于土地问题的指示》即《五四指示》，将减租减息的土地政策转变为从减租减息等斗争中获得土地，实现“耕者有其田”的土地政策。在《五四指示》公布以后，各个解放区积极地开展了土地改革运动。

1947年7月17日至9月13日，中共中央工委在河北省平山县西柏坡村召开土地会议，决定实行彻底的平分土地政策，即《中国土地法大纲》。明确了废除一切地主的土地所有权，废除一切祠堂、庙宇、寺院、学校、机关及团体的土地所有权，废除封建性及半封建性剥削的土地制度，实行耕者有其田的土地制度。中国共产党通过土地改革，重新分配了土地，实现了广大农民“耕者有其田”的愿望，动员起了农村中巨大的人力、物力和财力，建立了与广大农民群众的血肉联系，奠定了新政权在农村的坚实基础，同时它也对政治、经济、军事等产生了重大影响，最终迎来新中国的建立。

一、《陕甘宁边区土地登记条例》

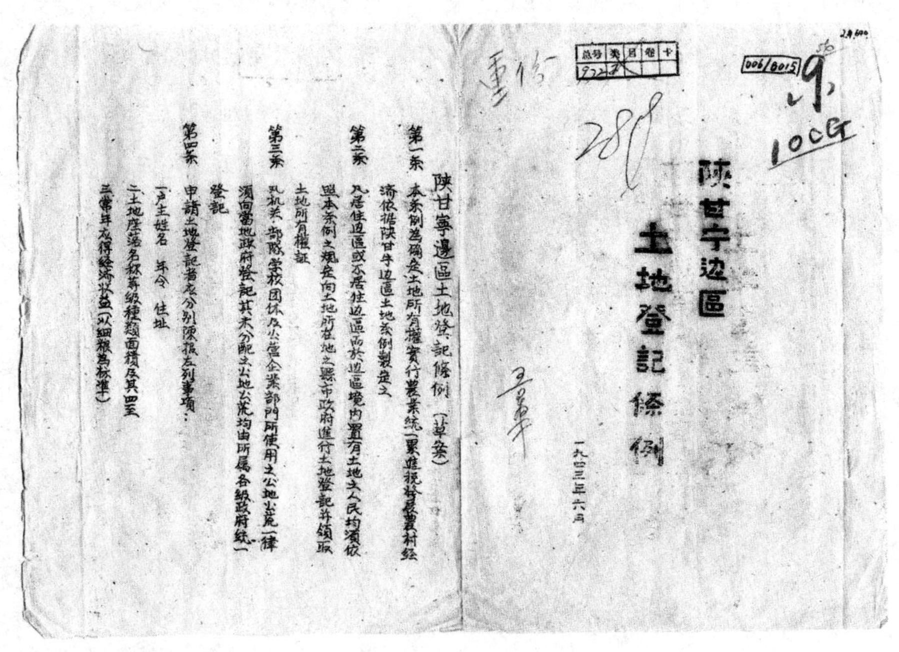

陝甘寧邊區
土地登記條例
一九四三年六月

陝甘寧邊區土地登記條例（草案）

第一条 本条例為确定土地所有權實行農業統一累進税發展農村經濟依據陝甘寧邊區土地条例製定之

第二条 凡居住边區或不居住边區而於边區境内置有土地之人民均須依照本条例之規定向土地所在地之縣市政府進行土地登記并領取土地所有權証

第三条 凡机关、部隊、学校、团体及公營企業部門所使用之公地公荒一律須向當地政府登記其未分配之公地公荒均由所屬各級政府統一登記

第四条 申請土地登記者應分別陳報左列事項：

一、戶主姓名 年令 住址

二、土地座落名称等級種類面積及其四至

三、常年应得總收益（以細粮為标準）

文献概述：

《陕甘宁边区土地登记条例》是陕甘宁边区政府于 1943 年 6 月颁布的（共计 5 页），《条例》指出，边区为了确定土地所有权、实行农业统一累进税、发展农村经济，依据《陕甘宁边区土地条例》特制定。《条例》要求，凡居住在边区，或不居住在边区而在边区内有土地的人民，均须依照本条例的规定向土地所在地之县市政府进行土地证登记，机关、部队和学校等公家人所使用的公地也一律要到当地政府登记，地主也须办理土地登记，并领取土地所有权证。农地按产量高低划分等级，产量越高级别越高，并按照产量高低缴纳登记费等内容。1939 年颁布的《陕甘宁边区土地所有权证条例》即作废。

文献解读：

1937 年 8 月 25 日，党中央在洛川召开政治局扩大会议，确立了"减租减息"的土地政策。该政策包含两方面内容：一方面地主要减租减息，另一方面农民在减租减息之后，要向地主交租交息。既保护农民的利益，又照顾地主的利益。为了保证"减租减息"土地政策的贯彻，1939 年 2 月 1 日，陕甘宁边区第一届参议会通过了《陕甘宁边区土地条例》，4 月 4 日由边区政府颁布实施。

文献原文：

陕甘宁边区土地登记条例

一九四三年六月

陕甘宁边区土地登记条例（草案）

第一条　本条例为确定土地所有权、实行农业统一累进税、发展农村经济，依据陕甘宁边区土地条例制定之。

第二条　凡居住边区，或不居住边区而于边区境内置有土地之人民，均须依照本条例之规定向土地所在地之县市政府进行土地证登记，并领取土地所有权证。

第三条　凡机关、部队、学校、团体及公营企业部门所使用之公地、公荒，一律须向当地政府登记，其未分配之公地、公荒，均由所属各级政府统一登记。

第四条　申请土地登记者，应分别陈报左列事项：

一、户主姓名、年龄、住址。

二、土地座（坐）落名称、等级、种类、面积及其四至。

三、常年应得经济收益（以细粮为标准）。

四、土地附着物（如沟塌、树木、水井、房屋等）。

五、土地来历及凭证件数。

六、其他。

第五条　申请登记土地应按左列规定呈验契约凭证：

一、在已经实行过土地登记之区域，须缴验边区政府廿六年以后颁发之土地所有权证，及登记后合法转移的契约。

二、在经过分配土地而未经土地登记者，须缴验廿六年以前土地改革时期之分地证，及分地后合法转移之契约。

三、在未经过土地分配之区域，须缴验合法取得土地之营业证。

四、各种契约及凭证如有遗失或毁坏时，须缴验土地四邻及村长之证明文件。

第六条　确系分得之土地在土地改革时期未领得分地证，或具有分地证、土地所有权证而与实际占有土地不合者，经证明确实准予报实登记。

第七条　外来灾民、难民、移民及退伍军人与自力开垦农户，领有政府公地、公荒准予私有者，须具有政府发给之凭证或证明文件呈验登记。

第八条　地主居住于边区以外者，由当地政府通知其本人依限期办理登记，其本人不克来边区者，由其在边区境内之亲属或代耕人代为申请登记。

第九条　土地所有权证由边区政府统一制印，交给县市政府颁发。凡土地所有者，须依据其段落（每段路领取一张）分别领取土地所有权证。

第十条　土地登记之计算单位规定如左（下）：

一、农地、荒地、牧地、森林地、园地等，以当地习惯用的垧或亩计算。

二、房基地以方丈计算。

第十一条　土地登记后，如地所有权变动（转移、分割、合并、增减、坍没等）须于二月内呈验原登记证，附有关契约，按本条例第四条规定申请政府再行登记。

第十二条　土地所有权证如有遗损或发现错误，应呈验原有契约（无契约者须有土地四邻证明），叙明理由，经村长证实申请县市政府审核补换。

第十三条　土地（除房基地、荒地、牧地及森林地外）按常年应产量划分为二十级：

一、每亩或垧年产细粮五升以下者为第一级；

二、每亩或垧年产细粮一斗以下者为第二级；

三、每亩或垧年产细粮一斗五升以下者为第三级；

四、每亩或垧年产细粮二斗以下者为第四级；

五、每亩或垧年产细粮二斗五升以下者为第五级；

六、每亩或垧年产细粮三斗以下者为第六级；

七、每亩或垧年产细粮三斗五升以下者为第七级；

八、每亩或垧年产细粮四斗以下者为第八级；

九、每亩或垧年产细粮四斗五升以下者为第九级；

十、每亩或垧年产细粮五斗以下者为第十级；

十一、每亩或垧年产细粮六斗以下者为第十一级；

十二、每亩或垧年产细粮七斗以下者为第十二级；

十三、每亩或垧年产细粮八斗以下者为第十三级；

十四、每亩或垧年产细粮九斗以下者为第十四级；

十五、每亩或垧年产细粮一石以下者为第十五级；

十六、每亩或垧年产细粮一石一斗以下者为第十六级；

十七、每亩或垧年产细粮一石二斗以下者为第十七级；

十八、每亩或垧年产细粮一石三斗以下者为第十八级；

十九、每亩或垧年产细粮一石四斗以下者为第十九级；

二十、每亩或垧年产细粮一石四斗以上者为第二十级。

第十四条　土地登记须依左列规定缴纳登记费：

一、农地按应产量每斗（细粮）缴纳登记费五元；

二、房基地登记费；

甲、乡村房基地每方丈缴纳登记费五毛；

乙、市镇房基地每方丈缴纳登记费一元；

三、森林地如有实际牧益者每垧缴纳登记费三元。

第十五条　土地登记合左列情形之一者，均予免费登记：

一、贫苦抗属及残废军人之土地登记；

二、新来移难民之土地登记；

三、土地被政府征用，或黄河掩埋，或供水冲坍，须再行登记者；

四、荒地、牧地及无实际收益之森林地；

五、合第三条规定之公地、公荒。

第十六条　凡土地买卖发生地权移转，其登记费由买主按价缴纳百分之三。

第十七条　为使土地登记确实，各县得以行政村或自然村为单位成立临时评议委员会，一切有关土地登记之申报事项及凭证，均经民主评议后再交区乡政府审查。

第十八条　土地所有者对评议审查如有异议时，得提请复议、复审，复议、复审再不服时，得向县市政府提起申诉。

第十九条　凡登记土地者与他人发生地权纠纷时，应依据《陕甘宁边区土地条例》及其他现行土地法令，由乡政府或区政府审查调解之。

第廿条　申请土地登记如有企图隐瞒、陈报不实、伪造证据、霸占他人土地者，得分别酌予罚金或没收其隐瞒部分土地。

第廿一条　本条例实施细则另定之。

第廿二条　本条例修改解释之权属于边区政府。

第廿三条　本条例自边区政府公布之日起施行，廿七年颁布之《陕甘宁边区土地所有权证条例》应即作废。

<table>
<tr><th colspan="20">陕甘宁边区土地所有权登记证</th></tr>
<tr><td rowspan="3">中华民国　年　月　日　县长</td><td rowspan="3">右列土地经政府核准依法定为所有□给此证为凭</td><td>转移备注</td><td>其他事项</td><td>土地来历</td><td>附着物</td><td colspan="2">常年应得收益</td><td colspan="4">四至</td><td>面积</td><td>等级</td><td>种类</td><td>座（坐）落</td><td>土地所在地</td><td>户主姓名</td></tr>
<tr><td></td><td></td><td></td><td></td><td>租金或租数 数量 折细粮</td><td>全部收 产量 折细粮</td><td>北至</td><td>南至</td><td>西至</td><td>东至</td><td></td><td>亩垧 合亩分厘</td><td>名称</td><td></td><td>行政村 自然村</td><td>年龄 现住</td></tr>
<tr><td></td><td></td><td>说明</td><td colspan="13">1. 现住及土地所在地如一致时，现住只填“同土地所在地”字样，否则均应详细填明；2. 座（坐）落乃指土地座落方向；3. 种类似指水地，川地，旱地，塌地，垣地，菜园地，林地，荒地，牧地，房基地等；4. 名称乃指习惯上称呼的土地名；5. 面积是以垧，亩，单位计数，如几垧几亩；6. 常年应得收益的分两部自种土地或自住房子不登记租金；7. 附着物乃指土地上面的沟塌树林，房屋及其他建筑物等；8. 土地来历乃指祖上遗产或自置产业或改革时期所得分地等；9. 凭证乃指土地来历的各种契约或其他证明文件；10. 转移备注乃准备土地登记后发生地变动时有所记录。</td></tr>
</table>

字第　号

土地所有权证存根												
中华民国年月日 县长 右列土地业经核准发给该户主土地所有权登记表	转移备注	其他事项	土地来历	附着物	常年应得收益	四至		面积	种类	座落	土地所在地	户主姓名
			凭证件数		年产细粮租金或租粒折细粮	南至北至	东至西至	亩垧合亩分厘				

棉花条例

概　述

棉花对自然条件的要求比较高，20世纪20年代陕北灾情严重，特别是民国十三年（1924年）、民国十七年（1928年）陕北的两次大旱，使得“连棉籽也消耗殆尽，植棉与纺织全被破坏”，种植棉花没有收成，农民不再种植。陕北的棉花种植遭到这两次破坏后，直到抗战爆发再也没有恢复起来。抗战初期，国共实现第二次合作。边区的布匹和棉花需求可以通过贸易解决，所以边区农业生产以粮食为主，棉花种植仍不被重视。

1939年，国民政府开始对边区进行经济封锁，使“边区与国民党区域货物流通，几乎完全停止，除了消耗品，任何的必需品，如布、棉花等都禁运边区，边区出产的土产品，如皮毛、干草、毛织品都以各种办法阻止运出。”由于民国政府对边区经济封锁，加上边区非生产人员急剧增加，消费人口比例太高（抗战初期边区的非生产人员最多不超过3万人，到1940年至1941年国共关系紧张时，从前线调回部队保卫边区，非生产人员达到7.2万人）。因此，布匹和棉花成为边区最紧缺的物资，价格暴涨，其幅度甚至超过了粮食。因布匹太贵，有的地方到了夏季，农民将冬季的棉衣去掉棉花当单衣穿；有的地方，人们盖的是老羊皮，冬天盖有毛面，夏天盖有皮面。那时边区百姓戴帽子的很少，大都用白布缠头。面对如此大的困难，边区政府响应毛泽东主席的号召：自己动手，丰衣足食。恢复了棉花种植，为纺织工业提供原料，解决边区军民穿衣问题。为了打消农民植棉顾虑，1940年12月11日，边区政府颁布《关于推广棉麻的训令》(持字第378号)。《训令》一方面表明政府准备在有过植棉历史的地区用行政手段推销棉花种植，同时，表明政府对保护棉农的利益做出了郑重承诺。在边区，政府不仅要求和鼓励农民种植棉花，也要求军队种植棉花。

边区推广植棉收到了良好的效果，棉花和布匹的自给率不断提高。1944年，边区的棉花自给率达到85%以上，解决了公务人员和军队的布匹需求，为打破国民党的经济封锁，取得抗日战争胜利奠定了基础。

解放战争初期，胡宗南占领延安后，陕甘宁边区有97%的地区曾遭受敌人摧毁破坏，纺织运输等副业几乎全部停顿，边区棉花生产遭受了巨大影响。1947年比1946年棉花产量减少了75%，军队和机关的被服需求大部分由贸易公司通过“外贸”和向晋冀鲁豫等解放区采购而得。1948年4月22日，解放军收复延安后，边区经济开始恢复。

一、《陕甘宁边区税务总局货字第601号训令》

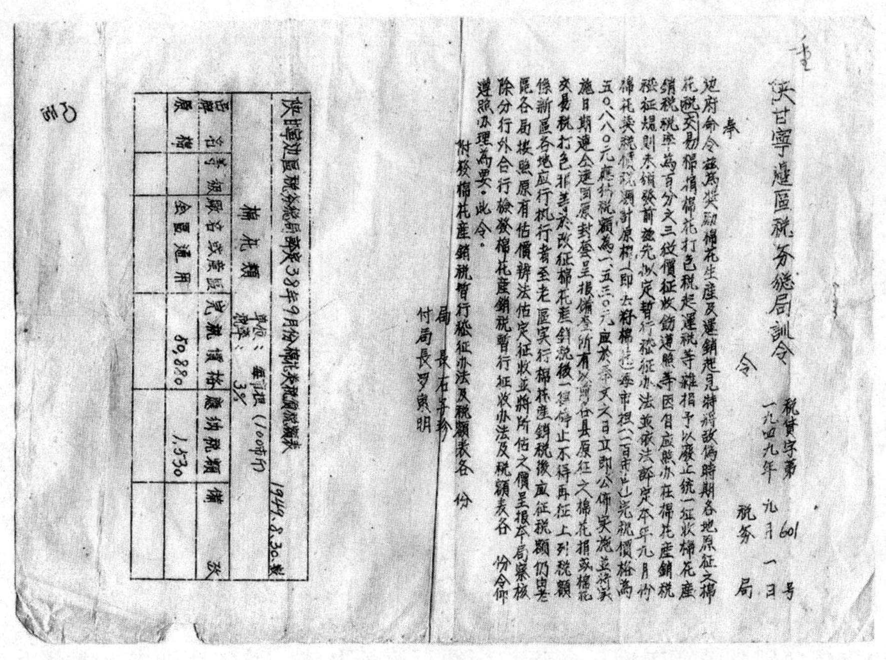

陕甘宁边区税务总局训令

税货字第601号

一九四九年九月一日

令 税务局

奉

边府命令兹为奖励棉花生产及运销起见特将敌伪时期各地原征之棉花税（交易）棉捐棉花打包税起运税等杂捐予以废止统一征收棉花产销税税率为百分之三从价征收饬遵照等因自应照办在棉花产销税征规则未颁发前兹先拟定暂行税征办法并依法厘定本年九月份棉花类税价税额计原棉（即去籽棉花）每市担（一百市斤）完税价格为五〇、八八〇元应行税额为一、五三〇元应于本令文到之日立即公布实施日期通令遵照原封条呈报备查所有以前各县原征之棉花捐或棉花交易税打包税等于改征棉花产销税后一律停止不得再征上列税额系新区各地应行执行者至老区实行棉花产销税后应征税额仍由老区各局按照原有估价办法估定征收并将所估之价呈报本局察核除分行外合行检发棉花产销税暂行征收办法及税额表各 份令仰遵照办理为要。此令。

附发棉花产销税暂行税征办法及税额表各 份

局长 石子珍

付局长 罗众明

陕甘宁边区税务总局颁发38年9月份棉花类税价税额表 1949.8.30.制

棉花类 单位：每市担（100市斤） 税率：3%

品名	等级	适用区域或产区	完税价格	应纳税额	备考
原棉		全区通用	50,880	1,530	

文献概述：

《陕甘宁边区税务总局货字第601号训令》是陕甘宁边区税务总局于1949年9月1日颁发的，其内容是关于实施《棉花产销税暂行征收办法及税额表》。该《训令》指出："边府命令，兹为奖励棉花生产及运销起见，特将敌伪时期各地原征棉花交易税、棉捐棉花打包税、起运税等杂捐予以废止，统一征收棉花产销税，税率为百分之三。"

文献解读：

1949年，随着全国解放步伐的加快，边区地域不断扩大，经济形势明显改善，边区政府对棉花的征税也做出了调整。

文献原文：

陕甘宁边区税务总局训令

税货字第601号

一九四九年九月一日奉令　税务局

奉边府命令，兹为奖励棉花生产及运销起见，特将敌伪时期各地原征棉花交易税、棉捐棉花打包税、起运税等杂捐予以废止，统一征收棉花产销税，税率为百分之三，从价征收饬遵照等因自应照办。在棉花产销税稽征规则未颁发前，兹先拟定暂行稽征办法，并依法评定。本年九月份棉花类税价税额，计原棉（即去籽棉花）每市担（一百市斤）完税价格为五〇八八〇，应纳税额为一五三〇元，应于奉文之日立即公布实施，并将实施日期连同原封套呈报备查。所有以前各县原征之棉花捐或棉花交易税，打包捐等于改征棉花产销税后，一律停止不得再征。上列税额系新区各地应行执行者，至老区实行棉花产销税后，应征税额仍由老区各局按照原有估价办法估定征收，并将所估之价呈报本局察（查）核。除分行外，合行检发棉花产销税暂行征收办法及税额表各　份。令仰遵照办理为要。此令。

附：发棉花产销税暂行稽征办法及税额表各　份

局　长　石子珍

副局长　罗东明

陕甘宁边区税务总局评定38年9月份棉花类税价税额表 1949.8.30.制					
棉花类			单位：每市担（100市斤） 税率：3%		
品牌名	等级	厂名或产区	完税价格	应纳税额	备改
原棉		全区通用	50880	1530	

陕甘宁边区税务总局训令（训令内容同上）

税贷字第601号　一九四九年九月一日　令　三边税务分局

奉边府命令，兹为奖励棉花生产及运销起见，特将敌伪时期各地原征棉花交易税、棉捐棉花打色税、起运税等杂捐予以废止，统一征收棉花产销税，税率为百分之三，从价征收饬遵照等因自应照办。在棉花产销税稽征规则未颁发前，兹先拟定暂行稽征办法，并依法评定。本年九月份棉花类税价税额计原棉（即去籽棉花）每市担（一百市斤）完税价格为五〇八八〇元，应纳税额为一五三〇元，应于奉文之日立即公布实施，并将实施日期连同原封套呈报备查。所有以前各县原征之棉花捐或棉花交易税，打包捐等于改征棉花产销税后，一律停止不得再征。上列税额系新区各地应行执行者，至老区实行棉花产销税后，应征税额仍由老区各局按照原有估价办法估定征收，并将所估之价呈报本局察（查）核。除分行外，合行检发棉花产销税暂行征收办法及税额表各　份。令仰遵照办理为要。此令。

附：发棉花产销税暂行稽征办法及税额表各　份

局　长　石子珍

副局长　罗东明

陕甘宁边区税务总局评定38年9月份棉花类税价税额表 1949.8.30.制					
棉花类			单位：每市担（100市斤） 税率：3%		
品牌名	等级	厂名或产区	完税价格	应纳税额	备改
原棉		全区通用	50880	1530	

二、《陕北税务局货字第1号训令》

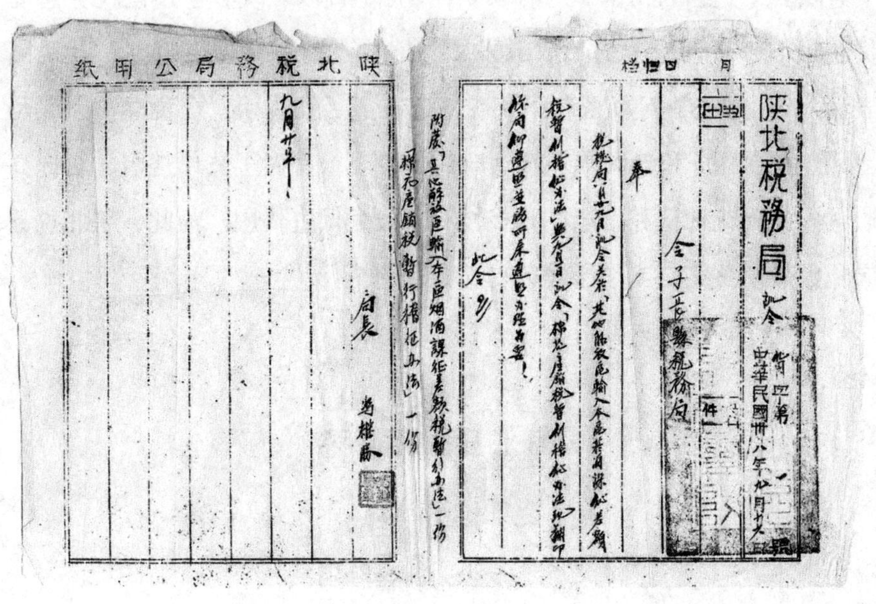
陕北税务局训令
货字第一号
中华民国卅八年九月十九日
令子长县税务局
奉
此令
局长
九月廿十
陕北税务局公用纸

文献概述：

《陕北税务局货字第 1 号训令》是陕北税务局于 1949 年 9 月 16 日颁发的，其内容是要求子长县按照税务总局 8 月 29 日下发的关于“其他解放区输入本区烟酒课征差额税暂行稽私办法”和9月1日下发的关于“棉花产销税暂行稽私办法”执行。《训令》由陕北税务局局长冯继胜签发。

文献解读：

陕甘宁边区税务总局于 1949 年 9 月 1 日以《陕甘宁边区税务总局货字第 601 号训令》的形式颁发了《棉花产销税暂行征收办法及税额表》，该《办法》对新形势下棉花的起征点、征税率、征税办法，以及新区（解放区）和老区棉花转运时的征税要求都做了具体规定，对提高边区人民棉花种植和生产的积极性有着极大促进作用。为此，陕北税务局积极贯彻落实，要求所属分局切实遵照执行。

文献原文：

令子长县税务局训令

货字第一号

中华民国三十八年九月十六日

奉税务局八月二十九日训令关于“其他解放区输入本区烟酒课征差额税暂行稽私办法”于九月一日训令，棉花产销税暂行稽私办法税翻印，你局仰遵照并饰所属遵照办理为要！

此令。

附发：“其他解放区输入本区烟酒课征差额税暂行办法”一份，

“棉花产销税暂行稽征办法”一份。【文献中无附件】

局　长　冯继胜

九月二十日

三、《陕北税务局货字第 2 号训令》

陕北税务局训令 货字第二号

中华民国卅[illegible]年拾月十[illegible]日

事由

附件 棉花产销税[illegible]

令 三边税务分局

奉

税总局九月一日训令关于"棉花产销税暂行指示办法"现翻印

你局 仰遵照并转饬所属遵照办理为要！

此令

局长 冯[illegible]

文献概述：

《陕北税务局货字第 2 训令》是陕北税务局于 1949 年 9 月 16 日颁发的，其内容是要求三边税务分局执行边区税务总局于 1949 年 9 月 1 日发布的《棉花产销税暂行稽征办法》，并附有《棉花产销税暂行稽征办法》。《训令》由陕北税务局局长冯继胜签发。

文献解读：

同上。

文献原文：

陕北税务局训令

货字第二号

中华民国卅八年九月十六日

附件：棉花产销税暂行稽征办法六份

令　三边税务分局

奉税务局九月一日训令，关于《棉花产销暂行稽征办法》现翻印你局，仰遵照并饬所属遵照办理为要！

此令。

局　长　冯继胜

本局存　壹

棉花产销税暂行稽征办法

一、棉花产销税课征单位按市斤计算，以五十市斤为起征点，不足五十市斤者免征。

二、棉花产销税计税单位以市担（每百市斤）为标准起，过或不足一市担者（货物总数在起征点以上）比例课征。

三、棉花产销税从价征收税率为百分之三，由收买棉花之购运商或产地临时设庄之商人缴纳。

四、凡经营棉花之购运商临时设庄之商人，或代客买卖之经纪人，应于购买之前先向当地或附近主管税务机关申请登记。

五、购运商或临时设庄之商人每日购入或售出之棉花数量，应分别种类逐日登记，每五日汇报当地或附近主管税务机关查核，不得隐匿，或将未税棉花私自售运。

六、代客买卖棉花之经纪人，应将买卖数量分别种类、户名，逐日登记，每五日汇报当地或附近主管税务机关查核，如隐匿或报告不实，税务机关得取消其代客买卖资格。

七、购运商或临时设庄之商人于运出或售出棉花前，应填纳税申请书，报请当地或附近主管税务机关派员验明包件，按照市斤逐一过秤。依照净重、数量核计应纳税款，填发缴款书交商人。迳（径）向指定收款机关缴纳，持凭缴款收据再送由原开缴款书之税务机关。填发完税照（新区）、或货物税票（老区），并监视于包件上实贴印照（新区）、或查验证（老区），在其骑缝处加盖“某某税务机关某年某月某日验讫”戳记方得运销。如系由经纪人代客卖者，并由经纪人与纳税审计书中签名、盖章，以资证明。其未设有固定收纳税款机关者，应纳之款得由税务机关自行收纳。

八、已税棉花如有改运、分运者，应报请当地或附近主营税务机关验明货照。相符后，另发分改运照（新区）、或分转运照（老区）。

九、已税棉花如拟改装者，应报请当地或附近主营税务机关验明货照相符，铲除包件上原贴之印照或查听证□改装后，另发改装证（新区）、或查验证（老区），监贴包件加盖“某某税务机关某年某月某日验讫”戳记，同时将原完税照或货物税票或分运照收回，另填分改运照

（新区）、或分转运证（老区），其属新区者应将改装证号码批明盖戳，交商执运。

十、棉花运抵指达地点后，应报请当地或附近主管税务机关验明，货照相符，在其完税照、货物税票或分改运照、分改运证上加盖验讫戳记后，方准起卸。

十一、凡运销棉花已用过之包，及应将所贴之印照或改装证、查验证洗刷净尽，方准重行使用。

十二、在新区购买之棉花运抵老区后，如拟改装或分改运者，应于改装或分改运时按照老区规定，填发老区原用之查验证和分转运证。在老区购买之棉花运抵新区后，如拟改装或分改运者，应于改装或分改运时按照新区规定，填发新区原用之改装证和分改运照。

十三、棉花产销税以一道税为原则，在新区购买之棉花运抵老区，或在老区购买之棉花运抵新区，无论改装或分改运与否，概不得重征货物产销税。

十四、在新照证未颁发前，新区方面暂用原有之统矿烟酒完税照、印照、分运照、改装证；老区方面暂用原有之货物税票、查验证、分转运证。

十五、各纺织厂如有收购籽棉入厂者，应报由驻厂税务人员验明。按每三市斤籽棉折合原棉一市斤照章完税。税照加盖注销戳记，以免重用。

外贸工作

概述

陕甘宁边区西接甘宁高原，直抵六盘山麓；东临黄河，隔河与山西相望；北连长城；南迄泾水。它是一块地地道道的内陆区域。抗战爆发前，它是土地革命时期中国共产党保留下来的唯一的革命根据地；抗战爆发至皖南事变，它是国民政府承认的合法特区；皖南事变后，它成为民国政府军事和经济的封锁区；内战爆发后，它被视为国民党军队的攻占区。在被迫成为“国中国”之后，它的存在和发展实际上成为新中国的“国家雏形”。

1941年初皖南事变之后，国共关系恶化，国民党政府不再给边区补助，并加紧了对边区实施经济封锁和军事包围。一切外援断绝后，边区财政经济形势严峻。毛泽东主席曾这样描述当时的困难：“我们曾经几乎弄到没有衣穿，没有油吃，没有纸，没有菜，战士没有鞋袜，工作人员冬天没有被盖”。“我们的困难真是大极了。”为此，边区政府采取了多项化解措施，其中就有加强税收和贸易。为了保障边区军需民用，作为“国中国”的边区不得不开展对外贸易——进口（入境）和出口（出境），即输出边区的土产换回必需品。

1941年，边区贸易局重新成立，真正开始了边区的“对外贸易”。边区税法中首次使用“入境”和“出境”概念是在1939年颁发的《陕甘宁边区政府税收条例》中。“出口”和“进口”这一概念在陕甘宁边区税收中的应用，见于1940年3月13日边区财政厅厅长霍维德给陕甘宁边区的报告。然而，边区的进出口贸易不是真正意义上的国家间的对外贸易，只是相对于陕甘宁边区“疆域”而言。边区政府重新成立贸易局主观上是想加强管理对外贸易，但当时财政经济处在极端困难之下，统一管理是不可能的。边区对外贸易出现了一些问题：主要是走私现象严重，破坏了边区的贸易政策和其他商业政策；其次是贸易入超严重，引起了通货膨胀，边币贬值，金融市场紊乱。

1944年3月到1945年9月，陈云同志主持陕甘宁边区财经工作时，他领导并实施了一系列对外贸易的政策，他主张对重要的出口物资实行统销和对主要的进出口地区实行统一管理，开展各根据地之间的贸易，以减少对敌占区的依赖。1944年4月，陈云将西北局陕甘宁边区物资局改为贸易公司，统一管理边区对外贸易。

纵观抗战时期边区对外贸易，虽然边区正常的进出口贸易中历年都是入超，反映出边区对外贸易的不平衡性。然而边区对外贸易的发展缓和了边区财政紧张局面，打破了国民党的全面封锁，促进了抗日根据地经济的发展，支援了抗日战争的胜利。

解放战争时期，陕甘宁边区对外贸易依然在边区经济建设中处于重要位置。随着形势的变化，边区进出口贸易政策和法规也随之调整。陕甘宁边区的外贸大致经历了四个阶段：一是相对和平时期（1945年8月—1946年9月），二是积极备战时期（1946年10月—1947年2月），三是全面战争时期（1947年3月—1948年4月），四是经济恢复时期（1948年5月—1949年10月）。不同时期，边区对外贸易采取了不同政策。第一个阶段，放松了入口管理，为了增加税收，外来纸烟也开禁准许了；第二个阶段，开始严格外贸管理，控制布花的口岸与内地价格，重禁纸烟、迷信品、消耗品入口，促使外汇换回必需物资；第三个阶段，市场混乱、入口停滞，商户转移，财政困难，只能组织对外的游击贸易，外贸基本陷于停滞状态；第四个阶段，前期一是严格管理出入口，二是贯彻先友邻区而后蒋管区的出入口原则，后期（1949 年之后）以城市为重点、生产为中心，加强对敌经济斗争，输入我之所需，输出我之所余，争取有利交换。

一、《陕甘宁边区进出境及过境物资管理暂行办法》

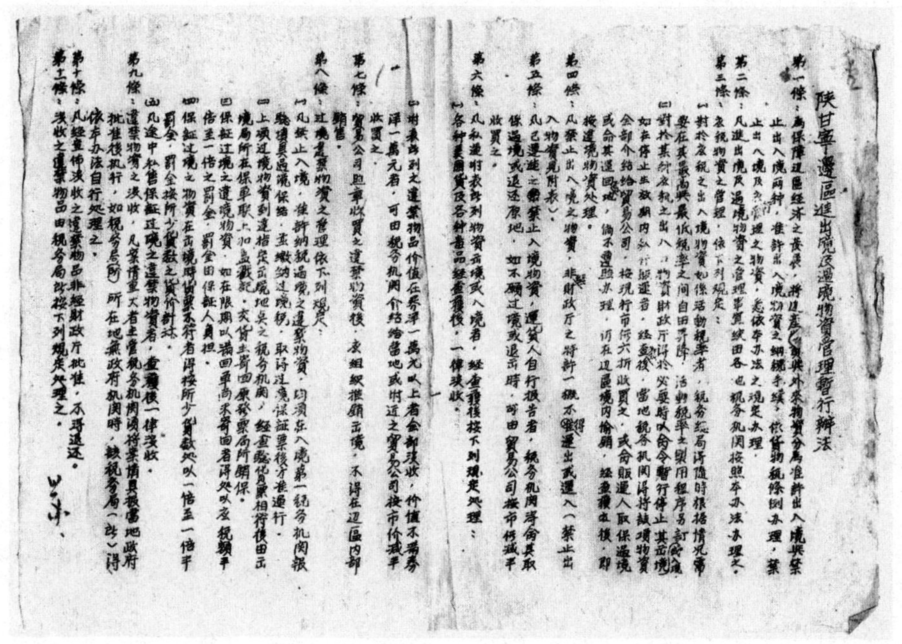

陕甘宁边区进出境及过境物资管理暂行办法

第一条：为保障边区经济之发展，将边产与[illegible]与外来物资分为准许出入境与禁止出入境两种，准许出入境物资之纳税手续，依货物税条例办理，禁止出入境及[illegible]理之物资，悉依本办法之规定办理。

第二条：凡进出境及过境物资之管理事宜，统由各地税务机关按照本办法办理之。

第三条：征税物资之管理，依下列规定：

(一)对于征税之出入境物资，如系活动税率者，税务总局得随时根据情况需要在其最高与最低税率之间自由升降。活动税率之运用程序另订之。

(二)对于某种征税之出入口物资，财政厅得于必要时以命令暂行停止其出境或入境，如在停止出入期内私行贩运者，经查获后，当地税务机关得将该项物资全部介绍给贸易公司，按现行市价六折收买之，或命贩运人取保运还原地，倘不遵照办理，仍在边区境内偷销，经查获后，即按违禁物资处理。

第四条：凡禁止出入境之物资，非经财政厅之特许一概不得运出或运入（禁止出入物资见附表）。

第五条：凡已运进之禁止入境物资，运货人自行报告者，税务机关得命其取保运还原地，如不愿运还或退还原地时，可由贸易公司按市价减半收买之。

第六条：凡私运附表所列物资出境或入境者，经查获后按下列规定处理：

(一)各种奢侈品及各种毒品经查获后，一律没收。

(二)附表所列之违禁物品价值在券洋一万元以上者全部没收，价值不满券洋一万元者，可由税务机关介绍给当地或附近之贸易公司按市价减半收买之。

第七条：贸易公司照章收买之违禁物资后，应组织推销出境，不得在边区内部销售。

第八条：过境违禁物资之管理依下列规定：

(一)凡禁止入境，准许通过边境之违禁物资，均须在入境第一税务机关报验，填具过境保结，并缴纳过境税，取得过境保证票后方准通行。

(二)上项过境物资到达指定出境地点之税务机关，经查验货票相符后由出境局所在保单联上加盖戳记，交货主寄回原发票局所销保。

(三)保证过境之违境物资，如在限期以内[illegible]回单而未寄回者，得处以应税额半倍至一倍之罚金，罚金由保证人负担。

(四)保证过境之物资在出境时与保票不符者，得按所少货数处以一倍至一倍半罚金，罚金按所少货数之货价计算。

(五)凡途中私售保证过境之违禁物资者，查获后一律没收。

第九条：违禁物资之没收，凡案情重大者，主管税务机关须将案情具报当地政府批准后执行，如税务局（所）所在地无政府机关时，由税务局（所）得依本办法自行处理之。

第十条：凡经查获没收之违禁物品，非经财政厅批准，不得退还。

第十一条：没收之违禁物品由税务局所按下列规定处理之。

文献概述：

《陕甘宁边区进出境及过境物资管理暂行办法》是陕甘宁边区政府于 1946 年 12 月 30 日颁布的，该《办法》将边区生产物资与外来物资分为准许出入境与禁止出入境两种，由工商税务机关按照规定加强查验管理。《办法》明确规定，入境物资中“严禁美国货物进口（特许进口者除外）”。

文献解读：

解放战争时期，陕甘宁边区对外贸易依然在边区经济建设中处于重要位置。随着形势的变化，边区进出口贸易政策和法规也随之调整。将边区生产物资与外来物资分为准许出入境与禁止出入境两种，由工商税务机关按照规定加强查验管理。物资局、贸易公司和银行等也承担这方面部分业务工作。

文献原文：

陕甘宁边区进出境及过境物资管理暂行办法

第一条　为保障边区经济之发展，将边产物资与外来物资分为准许出入境与禁止出入境两种，准许出入境物资之纳税手续，依货物税条例办理，禁止出入境及应行管理之物资，悉依本办法之规定办理。

第二条　凡进出境及过境物资之管理事宜，统由各地税务机关按照本办法办理之。

第三条　应税物资之管理，依下列规定：

（一）对于应税之出入境物资，如系活动税率者，税务总局得需随时根据情况需要，在其最高与最低税率之间自由升降，活动税率之制用程序另定。

（二）对于某种应税之出入口物资，财政厅得于必要时以命令暂行停止其出境或入境。如在停止生效期内私行贩运者，经查获后，当地税务机关得将该项物资全部介绍给贸易公司，按现行市价六折收买之，或命贩运人取保过境，或命其运回原属地，倘不遵照办理，仍在边区境内偷销，经查获后，即按违禁物资处理。

第四条　凡禁止出入境之物资，非经财政厅之特许一概不得运出或进入（禁止出入物资见附表）。

第五条　凡已运进之禁止入境物资，运货人自行报告者，税务机关得命其取保过境或退还原地，如不愿过境或退出时，可由贸易公司按市价减半收买之。

第六条　凡私运附表所列物资出境或入境者，经查获后按下列规定处理：

（一）各种美国货及各种毒品经查获后，一律没收。

（二）附表所列之违禁物品价值在券洋一万元以上者全部没收，价值不满券洋一万元者，可由税务机关介绍给当地或附近之贸易公司按市价减半收买之

第七条　贸易公司照章收买之违禁物资后，应组织推销出境，不得在边区内部销售。

第八条　过境违禁物资之管理依下列规定：

（一）凡禁止入境，准许纳税过境之违禁物资，均需在入境第一税务机关报验，填具过境保结，并缴纳过境税，取得过境保证票后方准运行。

（二）上项过境物资到达指定出境地点之税务机关，经查验货票相符后由出境局所在保单联上加盖戳记，交货主寄回原发票局所销保。

（三）保证过境之违禁物资，如在限期已满回单尚未寄回者，得处以应税额半倍至一倍之罚金，罚金由保证人负担。

（四）保证过境之物资在出境时货票不符者，得按所少货数处以一

倍至一倍半罚金，罚金按所少货数之货价计算。

第九条　违禁物资之没收，凡案情重大者主管税务机构须将案情具报当地政府批准后执行，如税务局（所）所在地无政府机关时，该税务局（所）得依本办法自行处理之。

第十条　凡经宣布没收之违禁物品，非经财政厅批准，不得退还。

第十一条　没收之违禁物品由税务局所按下列规定处理之。

【未完，缺失】

二、《陕甘宁边区税务总局税总字第 14 号命令》

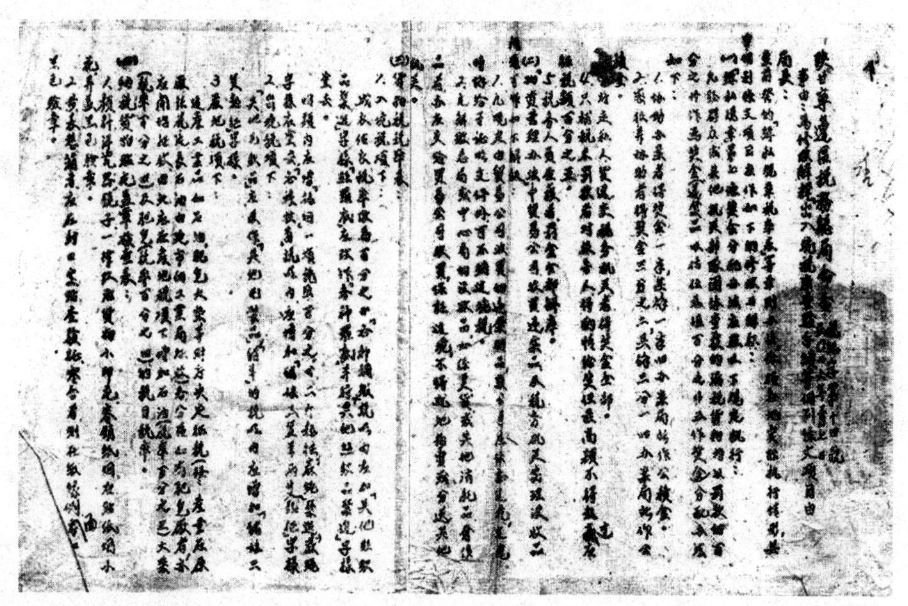

文献概述:

《陕甘宁边区税务总局税总字第14号命令》是陕甘宁边区税务总局于1947年3月7日颁布的,其内容为修改解释出入境税率查验手续等个别条文项目。依据各地实际情形,对缉私奖金分配、贸易公司收买违禁品及税务机关处理没收品等问题进行修改与解释。

文献解读:

日本投降后,边区一度放松了入口管理,为了增加税收,外来纸烟也开禁准许了。因此纸烟大量入口,八个月入口二十余万条,其价值等于两万多大石小米,纸烟的入口占1946年入口总值的8%,比任何年都多。不仅如此,并且影响了边区内部二百余家手工纸烟作坊的倒闭。加上这时为了备战部队突增,因此1946年秋冬边区外贸局面混乱,这种混乱无疑对备战是一个很大的妨碍。在这种局面下,边区调整了对策:一是控制布花的口岸与内地价格,二是严格贸易管理,重禁纸烟、迷信品、消耗品入口,促使外汇换回必须物资。

文献原文:

陕甘宁边区税务总局命令

税总字第十四号

民国卅(应为三十六)年三月七日

事由:为修改解释出入境税率查验手续等个别条文项目由

局长:

查前发的缉私规章税率表等章则办法,依据各地实际执行情形,其中个别条例文项目应作如下的修改与解释:

一、缉私规章第七条奖金分配办法应照以下规定执行:

几经群众或其他机关部队团体查获的漏税货物均以罚款的百分之

三十作为奖金（违禁品以估价总值百分之十五作奖金）分配办法如下：

1. 协助办案者得奖金一半，其余一半归办案局所作公积金。

2. 密报并协助者得奖金三分之二，其它（他）三分之一归办案局所作公积金。

3. 将走私人货送交税务机关者得奖金全部。

4. 只补税未罚款者对报告人得酌情给奖，但最高额不得超过应征税额 5%。

5. 税务人员查获者罚金全部解库。

二、物资管理办法中贸易公司收买违禁品及税务机关处理没收品问题可作如下解释：

1. 凡规定由贸易公司收买的违禁商品，该公司应登记过境。过境时除给予证明文件外，可不纳过境税。

2. 凡解缴总局或中心局的没收品，如系美货或其他消耗品、奢侈品者亦应交给贸易公司收买，保证过境，不得就地拍卖或分送其他机关。

三、货物税税率表

1. 入境税项下

成衣估衣税率改为百分之二十，各种绸缎税以内应加“其他丝织品禁进字样”丝罗底应改作各种罗底并将“其他丝织品禁进”字样涂去。烟类内应增“卷烟”一项税率百分之三十,二斤起征麻绳，禁进麻绳字样应涂去，“各种牲畜”说明内，应增加“猪娃五只羊两只起征”字样。

2. 出境税项下

“其他毛织品”应改作“其他毛制品”；猪羊的说明内，应增加“猪娃三只起征”字样。

3. 产地税项下

边产工业品如：石油、肥皂、火柴等财厅决定征税（按：产量在原有厂征税延长石油，由延市向工业局征收）各分局如有肥皂厂者亦应开始征收，因此应在产地税项下增加石油（税率百分之三）火柴（税率百分之四）及肥皂（税率百分之四）的税目税率。

四、纳税货物贴花盖章检查表

1. 颜料、洋瓷器、镜子一律改贴货物小印花，零销纸烟，应贴纸烟小花并盖黑色验章。

2. 黄表整箱者应在封口处贴查验证，零合（盒）者，则在纸缘侧面加盖黑色验章。

三、《陕甘宁边区政府第107号命令》

陝甘寧邊區政府命令

事由：為修改進出口貨物表由。

新府字第一〇七號

中華民國三十七年三月廿七日

各專員、縣長、

各稅務局長：

為適應目前陝甘寧邊區的實際需要，特將前頒進口出口貨物表作如下之修改與補充。

顏料　准徵稅一五%入境 ⎫
火柴　准徵稅二〇%入境 ⎭（只限陝甘寧）

水菸　准徵稅二〇%入境
紅棗、麵粉、粉条、禁止出境（只限陝甘寧）

手巾、襪子、准徵稅一〇%入境

麻油　准徵稅五%入境

[illegible]免稅入境。

仰即遵照執行為要。此令！

主　席　林伯渠

副主席　楊明軒　劉景範

文献概述：

《陕甘宁边区政府第 107 号命令》是陕甘宁边区政府于 1948 年 3 月 27 日颁布的，其内容是关于“对之前进出口货物表的修改与补充”。《命令》对颜料、火柴、水烟、手巾、袜子、麻油征收一定税费后准许入境，对梳篦、烟袋头嘴、獾底免税入境，对红枣、面粉、粉条禁止出境。

文献解读：

随着解放战争形势的好转，边区经济也开始恢复。为此，边区对外贸物质的管理进行了相应调整，放低了关系到百姓生活物质的“入境”门槛。

文献原文：

陕甘宁边区政府命令

新胜字第一〇七号

事由：为修改进出口货物表由

中华民国三十七年三月二十七日

各专员县长、各税务局长：

为适应目前陕甘宁边区的实际需要，特将前颁进出口货物表作如下之修改与补充。

颜料：准征费百分之十五入境，火柴：准征税百分之二十入境，水烟：准征税百分之二十入境，此三项只限陕甘宁；手巾、袜子准征税百分之十入境，麻油准征税百分之五入境，梳篦、烟袋头嘴、獾底免税入境，红枣、面粉、粉条禁止出境，只限陕甘宁。

仰即遵照执行为要。此令！

主　席　林伯渠

副主席　杨明轩

刘景范

四、《陕甘宁边区进出口货物税条例》

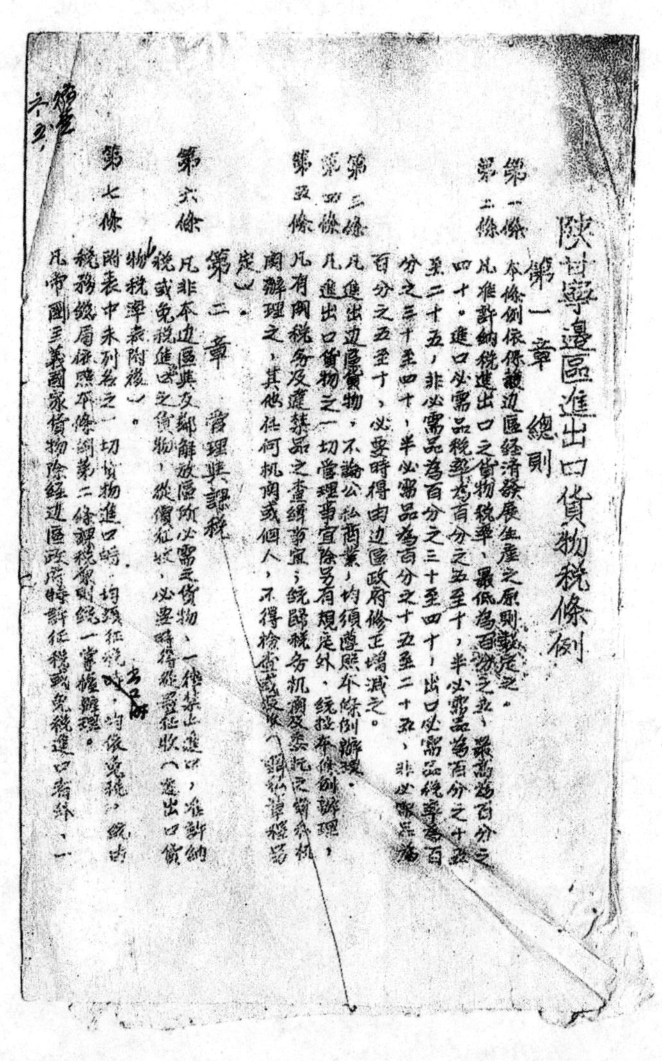

陝甘寧邊區進出口貨物稅條例

第一章 總則

第一條 本條例依保護边區經濟發展生產之原則制定之。

第二條 凡准許納稅進出口之貨物稅率，最低為百分之五，最高為百分之四十。進口必需品稅率為百分之五至十，半必需品為百分之十五至二十五，非必需品為百分之三十至四十；出口必需品稅率為百分之三十至四十，半必需品為百分之十五至二十五，非必需品為百分之五至十，必要時得由边區政府修正增減之。

第三條 凡進出边區貨物，不論公私商業，均須遵照本條例辦理。

第四條 凡進出口貨物之一切管理事宜，除另有規定外，統按本條例辦理，

第五條 凡有關稅务及查禁品之查緝事宜，統歸稅务机關及其委托之稅务机關辦理之，其他任何机關或個人，不得檢查或沒收（緝私章程另定）。

第二章 管理與課稅

第六條 凡非本边區與友鄰解放區所必需之貨物，一律禁止進口，准許納稅或免稅進出之貨物，從價征收，必要時得從量征收（進出口貨物稅率表附後）。

第七條 附表中未列名之一切貨物進口時，均須征稅，出口時，均依免稅，統由稅務總局依照本條例第二條課稅原則統一掌握辦理。

凡帝國主義國家貨物除經边區政府特許征稅或免稅進口者外，一

文献概述：

《陕甘宁边区进出口货物税条例》制定于1949年6月19日，该《条例》是吴旗县税局收存的（共计9页）。《条例》分为四章22条，分别从管理、课税、奖惩等方面进行了规定，并附有“进出口货物税率表”、“出口货物税率表”、“免税入口货物表”和“禁止入口货物表”。

文献解读：

1949年4月14日，陕甘宁边区政府制定了《陕甘宁边区进出口货物税条例（草案）》。1949年8月26日，陕甘宁边区政府颁布《命令》，要求各单位严格执行《陕甘宁边区进出口货物税暂行条例》。吴旗县税局收存的《陕甘宁边区进出口货物税条例》是该《暂行条例》的完善版。

文献原文：

陕甘宁边区进出口货物税条例

吴县旗县税局记

一九四九年六月十九日立

第一章　总则

第一条　本条例依保护边区经济发展生产之原则制定之。

第二条　凡准许纳税进出口之货物税率，最低为百分之五，最高为百分之四十。进口必需品税率为百分之五至百分之十，半必需品为百分之十五至百分之二十五，非必需品为百分之三十至百分之四十，出口必需品税率为百分之三十至百分之四十，半必需品为百分之十五至百分之二十五，非必需品为百分之五至百分之十，必要时得由边区政府修正增减之。

第三条　凡进出边区货物，不论公私商业，均须遵照本条例办理。

第四条　凡进出口货物之一切管理事宜除另有规定外，统按本条例办理。

第五条　凡有关税务及违禁品之查缉事宜，统归税务机关及委托之缉私机关办理之，其他任何机关或个人，不得检查或没收（缉私章程另定）。

第二章　管理与课税

第六条　凡非本边区与友邻解放区所必需之货物，一律禁止进口，准许纳税或免税进出口之货物，从价征收，必要时从量征收（进出口货物税率表附后）。

第七条　附表中未列名之一切货物进口时，均须征税，出口时均依免税。统由税务总局依照本条例第二条课税原则统一掌握办理。

凡帝国主义国家货物除经边区政府特许征税或免税进口者外，一律禁止进口。

第八条　关于进出口货物之税目及税率，必要时得由边区政府适时修正公布之。

第九条　本区与各解放区间之货物税依左规定：

一、邻区已税货物运销本区者，不再征税。

二、邻区应税未税之货物运销本区时，得照本区章程纳税。

三、邻区无税货物运销本区或经本区出境时，得按本区之规定照章补税（烟酒另定）。

四、邻区新解放之城市之旧存蒋美货，如为禁止进口者，由邻区运销本区时一律按百分之二十至百分之三十征税。

第十条　凡邮寄货物按下列规定

一、邮递货物均须在投邮前向当地税务机关报请查验，办理纳税手续后邮局方准接收，否则邮局得拒绝寄递。

二、凡向邮局提取邮寄货物时，应报告当地税务机关派员查验，并照章纳税后方准提货。

第十一条　凡纳税免税或特许进出口货物，均须向当地或就近税务机关申请查验登记，方准运行（进出口货物登记统计办法另定）。

第十二条　进口应税货物均须在进口之第一税务机关报验纳税，如已税后准许运销出境者，不得重征，亦不得退税。

第十三条　出口有税货物须在起运地报验纳税，中途改销内地者，概不退税。

第十四条　凡在境内免税或无税运销之货物，如改运出境者，应在当地或就近税务机关报请查验，并按出境货物规定办理手续。

第十五条　已税货物不论在中途或到达落货地点销售时，须先向当地或就近税务机关报请查验，并举办查验手续后方可出售。

改装转运货物均须报请当地税务机关查验，并割取转分运证后从始得起运，已税贴花盖章之货物不再割转运证。

第十六条　凡运输应税货物因故延误，不能依税票限期到达落货地时，运货人须于税票未过期前报请沿途税务机关批明。运行或到达落货地时，票已过期者，须先具保售货经查明原实后方得销保。

第十七条　从价征税货物由分区估价委员会，根据该分区中心市场现行市价八折计算估定纳税价格，通知该分区各税务机关遵照执行（估委会组织及估价办法另定）。

第十八条　凡经边府批准减税免税之货物，运销时须取得税务总局之证明文件，并具备查验手续后方得运行。

第三章　奖惩

第十九条　凡商贩有违犯左列规定之一者，除责令补交应纳税额外得按应税额处以二倍以下之罚金。

一、违犯本条例第二章各条规定之一者。

二、拒绝检查涂改税票花证或税票花证有重用情事者。

三、货票不符无正当理由及证明者。

四、有税票无花证戳记手续者。

五、用其他方法偷税者。

第二十条　凡偷运禁止进口之货物，经查获后，所用之私货全部没收。

第二十一条　暴力抗税者得送司法机关惩办。

第二十二条　如有伪造税票花证戳记者，除没收其货物外，人送司法机关惩办。

第二十三条　凡群众发现偷税及运销违禁品情事，报告税局因而查获，按缉私规章规定给予奖励。

第二十四条　凡税务人员有违章收税或敲诈勒索行为者依法办理。

第四章　附则

第二十五条　本条例施行细则另定之。

第二十六条　本条例自边府公布之日起施行，陕甘宁晋绥边区三十七年度公布之货物税条例即行作废。

陕甘宁边区进出口货物税率表

（一）进口货物税率表

类别	货名	税率	说明
棉制成品	白色布匹	10%	
	有色布匹	15%	
	各种纱线	10%	
	毛巾袜子	20%	
	其他棉制品	25%	
	棉花	5%	

续表

类别	货名	税率	说明
皮毛类	羊毛驼毛	5%	
	毛织品	25%	
	兽皮牲畜皮	5%	
	各种皮制品	25%	
文具类	各种纸张	10%	
	各种文具用品	5%	
	牲畜	5%	
食品类	食盐	10%	
	各种调料	15%	
	各种糖类	20%	
	茶	20%	
	海菜	30%	
	其他食品饮料	30%	
油类	植物油	10%	
	动物油	10%	
烟酒类	旱烟叶	20%	
	卷烟叶	30%	
	水烟	30%	
	各种丝烟	30%	
	酒精	20%	
	各种颜料	15%	
	中西药材	5%	

类别	货名	税率	说明
杂货类	火柴	20%	
	玻璃	20%	
	玻璃制品	10%	
	瓷器	20%	
	牙膏、牙粉、牙刷	10%	

续表

类别	货名	税率	说明
杂货类	自行车	5%	
	姜黄	10%	
	照像（相）器材	5%	
	洋磁（瓷）器	10%	
	手电筒	15%	
	手电池	10%	
	漂白粉、胶漆	5%	
	胶制品	20%	
	体育用品	10%	
	玩具	30%	
	煤油	5%	
	洋烛	20%	
	肥皂、香皂	40%	
	钢铁器	5%	
	镜子	15%	
	纽扣、别针、回形针	5%	
	蓖梳、针	5%	
	钉针	5%	
	木制器、竹制器、胶制器	15%	
	各种草编物、硫（黄）磺	10%	
	各种乐器	15%	
	黄白蜂蜡	10%	
	举灯座、罗底、烟袋头嘴	5%	
	麻绳头、洋石灰、银珠	5%	

（二）出口货物税率表

货名	税率	说明
粮食	20%	
油籽	40%	
棉花	25%	

续表

货名	税率	说明
各种牲畜	20%	
麻	5%	
丝、土布	5%	
兽皮、各种丝麻棉制品	5%	
各种皮毛制品	5%	
蜂蜡	15%	
硝	40%	
磺	10%	
各种糖、水烟、纸烟、烟叶	5%	
烧酒、肥皂	5%	
洋火、各种草编物	5%	
土产药材、红枣、甘草	5%	
植物油	10%	
动物油	15%	
粉条、面粉	10%	
羊毛、驼毛、羊绒、猪鬃	5%	
迷信品	5%	
装饰、化妆品	5%	
各种玩具	5%	
各种水果	5%	
铜铁制品	5%	

免税入口货物

各种交通器材	各种印刷器材
各种医疗用具	粮食油籽
除铁以外之金属原料	汽油
各种军用器材	
各种图书仪器	
各种机器及零件	
各种通讯器材	

禁止入口货物

美国货一律禁止	淫画、各种纸烟
鸦片及其制成品	烧酒
各种吗啡	各种装饰、化妆品
各种名毒品	各种迷信品
毒品用具	各色丝麻绸缎
各种赌具	
淫书、反动刊物	

五、《陕甘宁边区政府第128号命令》

陕甘宁边区政府命令

此令。

主席 林伯渠
代主席 刘景范
副主席 杨明轩

陕甘宁边区进出口货物税暂行条例

文献概述：

《陕甘宁边区政府第128号命令》是陕甘宁边区政府于1949年8月26日颁布的，《命令》要求各单位严格执行《陕甘宁边区进出口货物税暂行条例》。《命令》由陕甘宁边区政府主席林伯渠、代主席刘景范、副主席杨明轩联合签发。该《暂行条例》随令颁发（馆藏《暂行条例》为局部）。

文献解读：

1949年4月14日，陕甘宁边区政府制定了《陕甘宁边区进出口货物税条例（草案）》。经过讨论和修订，陕甘宁边政府以《陕甘宁边区政府第128号命令》的形式颁布实施。

文献原文：

陕甘宁边区政府命令

努字第一二八号

中华民国三十八年八月二十六日

各行署主任各专员县（市）长、西安市长：

兹制定《陕甘宁边区进出口货物税暂行条例》随令颁发，希即遵照执行是要！

此令。

主　席　林伯渠

代主席　刘景范

副主席　杨明轩

陕甘宁边区进出口货物税暂行条例

第一章　总则

第一条　本条例依保护边区经济发展生产之原则制定之。

第二条　凡准许纳税进出口之货物税率最低为百分之五，最高为百分之四十，进口必需品税率为百分之五至百分之十，半必需品为百分之十五至百分之二十五，非必需品为百分之三十至百分之四十，出口必需品税率为百分之三十至百分之四十，半必需品为百分之十五至百分之二十五，非必需品为百分之五至百分之十，必要时得由边区政府修正增减之。

第三条　凡进出边区货物之课税管理事宜，除另有规定外，不论公私商业均须遵照本条例办理。

第四条　凡有关税务及违禁品之查缉事宜，统归税务机关及委托之缉私机关办理之，其他任何机关或个人不得检查或没收（缉私章程另定）。

第二章　受理与课税

第五条　凡非本边区与友邻解放区所必需之货物，一律禁止进口，准许纳税或免税进出口之货物从价征收，必要时得从量征收（进出口货物税率表附后）。

第六条　附表中未列名之一切货物进口时均需征税，出口时均予免税，统由税务总局依照本条例第二条课税原则统一掌握办理。

凡帝国主义国家货物除经边区政府特许征税或免税进口者外，一律禁止进口。

第七条　本区与各解放区间之货物税依左规定：

一、邻区已税货物，运销本区者不再征税。

二、邻区应税未税之货物，运销本区时得照本区章程纳税。

三、邻区无税货物，运销本区或经本区出境时，得按本区之规定照章补税（烟酒另定）。

六、《陕甘宁边区政府第151号命令》

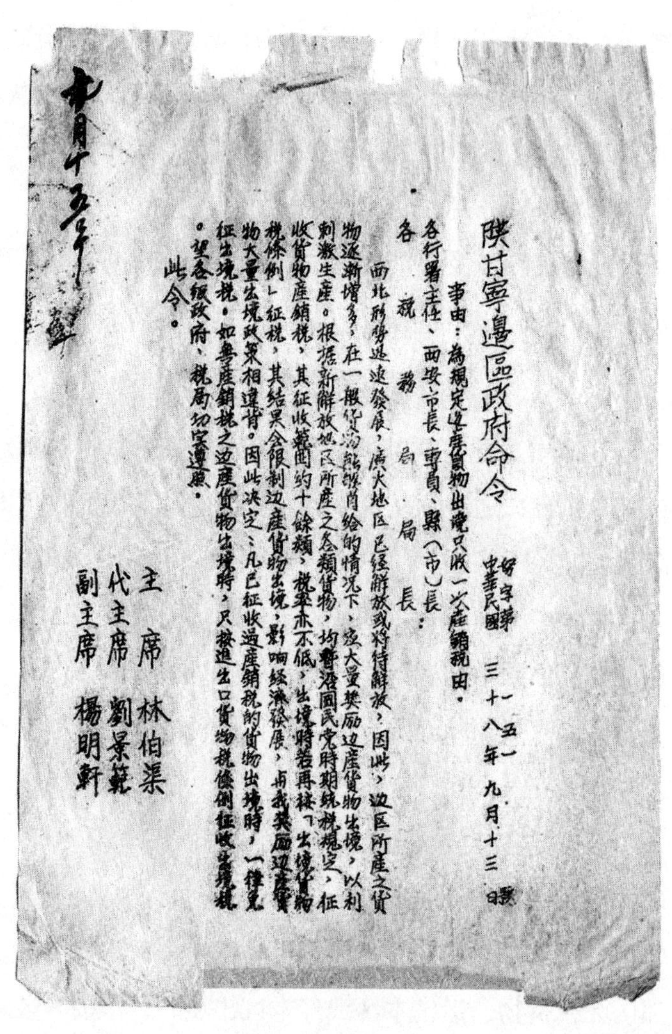

陕甘寧邊區政府命令

字第一五一號
中華民國三十八年九月十三日

事由：為規定邊產貨物出境只收一次產銷稅由。

各行署主任、西安市長、專員、縣(市)長：

各稅務局局長：

西北形勢迅速發展，廣大地区已經解放或將待解放，因此，边区所產之貨物逐漸增多，在一般貨物能夠自給的情況下，須大量獎励边產貨物出境，以利刺激生產。根據新解放地区所產之各類貨物，均曾照國民党時期統稅規定，征收貨物產銷稅，其征收範圍約十餘類，稅率亦不低，出境時若再按「出境貨物稅條例」征稅，其結果会限制边產貨物出境，影响經濟發展，与我獎励边產貨物大量出境政策相違背。因此決定：凡已征收過產銷稅的貨物出境時，一律免征出境稅。如無產銷稅之边產貨物出境時，只按進出口貨物稅條例征收出境稅。望各級政府、稅局切實遵照。

此令。

主　席　林伯渠
代主席　劉景範
副主席　楊明軒

文献概述：

《陕甘宁边区政府第151号命令》是陕甘宁边区政府于1949年9月13日颁布的，其内容是关于“边产货物出境只收一次产销税”。《命令》由陕甘宁边区政府主席林伯渠、代主席刘景范、副主席杨明轩联合签发。

文献解读：

《命令》规定边产货物出境只收一次产销税，奖励边产货物出境，从而刺激边区生产。

文献原文：

陕甘宁边区政府命令

努字第一五一号

中华民国三十八年九月十三日

事由：为规定边产货物出境只收一次产销税由

各行署主任、西安市长、专员、县（市）长、各税务局局长：

西北形势迅速发展，广大地区已经解放或将待解放，因此，边区所产之货物逐渐增多，在一般货物能够自给的情况下，应大量奖励边产货物出境，以利刺激生产。根据新解放地区所产之各类货物，均暂沿国民党时期统税规定，征收货物产销税，其征收范围约十余类，税率亦不低，出境时若再按《出境货物税条例》征税，其结果会限制边产货物出境，影响经济发展，与我奖励边产货物大量出境政策相违背。因此决定：凡已征收过产销税的货物出境时，一律免征出境税。如无产销税之边产货物出境时，只按进出口货物税条例征收出境税。望各级政府、税局切实遵照。

此令。

主　席　林伯渠

代主席　刘景范

副主席　杨明轩

税收工作

概述

1935年10月，中央红军到达陕北吴起镇。为了解决饥寒交迫的大军给养问题，采取了“夺取敌人的资财和对剥削阶级的资财进行没收与征发”的方式。从1936年毛泽民在定边建立第一个税务局，到1940年1月27日陕甘宁边区财政厅发出通令，决定成立陕甘宁边区税务总局，全面设置税务机构，在艰难的岁月里，陕甘宁边区的税收实践奠定了日后整个新中国税务机构的基本框架和基本格局。

1940年以前，边区没有自己的独立税法税制。但是国民党政府在武汉失守，偏安重庆以后，就积极反共，消极抗日，对边区进行严重的军事封锁和经济封锁，停发抗日经费，没收华侨进步人士汇款和阻止医药物资进入边区。为了粉碎敌人经济封锁，克服困难，坚持抗日，迫不得已，边区才创建税收，发行边币，建立自己的财政经济制度，实行独立自主，自力更生的政策。陕甘宁边区的税收大致可以分为四个阶段：

第一个阶段：从1935年10月到1937年9月，苏维埃时期和特区政府时期。这个时期，政府取消了国民党在这个地区的一切苛捐杂税。当时的财政收入，主要靠打土豪分田地，没收地主财产和战争缴获来解决，1936年该项财政收入占55%，剩余部分主要通过对农民进行政治动员获得。1936年8月，红军西征占领盐池、定边后，中华苏维埃政府开始重视盐业，制定了盐业生产与销售计划，在盐池建立税局征收盐税。但税收很少，军政费用主要靠没收品（如粮食），战利品（如布匹）。这个时期是取消税收的状态，但根据地的农民和工商业者的负担是比较重要的。

第二个阶段：从1937年9月到1940年底。在抗战全面爆发前夕，陕甘宁苏区停止了“打土豪，分田地”的暴力解决土地问题的政策。1937年抗战爆发，同年9月6日，中华苏维埃共和国中央政府驻西北办事处更名为陕甘宁边区政府。9月22日，国民党中央通讯社发表了《中国共产党为公布国共合作宣言》；次日，蒋介石发表庐山谈话，国民政府在法律上承认陕甘宁边区、八路军、新四军合法，第二次国共合作实现。陕甘宁边区财政开始改善，外援成为边区的主要财政来源。边区制定了“力争外援，休养民力，医治创伤，积蓄力量，支持长期抗战”的财政政策。外援由两部分构成，一部分是国民政府拨给八路军的军饷，另一部分是海外华侨和后方进步人士的捐款。尽管依靠外援是一种消极的财政政策，但在当时的情形下对减轻边区民众负担，休养民力起了一定的作用。1937年，虽然边区在三边设立西北税务局，征收盐税、牲畜交易税、烟、酒、甘草税，但税率很低（税率为2%），税收不作为边区的主要财政收入，这个时期是边区税收的草创阶段。

第三个阶段：从1941年到1947年。1939年国民党五届五中全会后，国民党对中共政策开始变化，裂痕越来越大，国民政府也开始停发八路军的军饷。1941年1月，皖南事变发生后，八路军的军饷全部被停发。同时，国民政府对边区进行经济封锁，禁止必需品，如棉花、铁、布匹等入口，阻挠扣留边区商人；提高税率，不许边区土产向外推销。国民政府的封锁，导致海外华侨及后方人士的捐款也停止汇兑。上述各项占1940年边区收入的70.5%，对边区财政收入来说是灾难性的。1940年至1942年是边区经济与财政最为困难的时期。毛泽东主席曾这样描述当时的困难:“我们曾经几乎弄到没有衣穿，没有油吃，没有纸，没有菜，战士没有鞋袜，工作人员冬天没有被盖。国民党用停发经费和经济封锁来对待我们，企图把我们困死，我们的困难真是大极了。”边区政府开始调整和转变经济建设方面的具体政策，一是加强经济制度建设，在1937年至1945年颁布的法律中，85%以上都颁布于1941年以后。这些法规的颁布，保证了边区战时各项经济政策在边区的实施，规范了社会经济秩序，推动了边区经济迅速发展。二是注意解决好边区财政与经济建设的关系。毛主席在1942年12月的边区高干会上作《财政问题与经济问题》的演讲，提出:“发展经济，保障供给，是我们的经济工作与财政工作的总方针。”这时期税收被重视了，实行增加财政收入为主，保护为辅。这一时期是边区税收的发展时期。

1941年皖南事变后，边区税收成为边区政府的主要财政来源，税收增加迅速。1940年以前，连盐税在内，每年收入没有超过100万元（边币，下同）。自1941年起，不算盐税（1941年盐税据统计为420万元）已超过800余万元。1940年以前的税收与前一年税收工作比较，每年至多不过增加一倍，可1941年的税收比1940年增加了约10倍；1942年比1941年增加了约8倍；1943年上半年的税收已达1942年全年收入之多。

第四个阶段:从1948年到1949年。敌人土崩瓦解，边区范围迅速扩大，边区税法使用地区也空前扩大。1948年，晋绥边区、太岳十一个分区，统一实行陕甘宁边区各税收条例。1949年1月，又决定把西北陕甘宁、晋绥、晋西南三区税收统一起来。这一时期是边区税收的成熟时期。

陕甘宁边区的税收，是在特殊的政治环境和历史条件下被迫产生的。边区税收主要分农业税和工商税两大类。农业税是以从事农业生产、有农业收入的单位或个人为纳税人，以农业收入为纳税对象所征的一种收益税。工商税包括货物税、营业税、牲畜斗佣税、盐税等。边区的税收，除粮食、食盐另有征收机关征收外，其他一切税收均归边区各级税务局统一征收。

边区工商税的总方针是："保护边区经济发展，配合物资政策，增加财政收入"。税收首先是为了保护边区经济的发展，其次是配合物资政策，最后才是增加财政收入，是配合了上面二者下达到的财政收入，这便是边区的税收方针。边区整个税收政策上有三大特点：第一是工业无税，不论是私营的，公营的与公私合营的；第二是政府奖励的事业免税，如植棉、纺织等；第三是税务事业的经费很少，只占税收的百分之四，税务干部是廉洁奉公的，同时立足于自己生产，解决困难，与国民党税收迥然不同。

边区税收的本质是"取之于民，用之于民"。1941 年 7 月 8 日—17 日，边区税务总局召开延安区税务所长联席会议上一致通过边区"取之于民，用之于民"的税收宗旨，不仅福祉于边区经济建设和百姓生活，而且确立了新中国的税收本质。

从 1939 年 3 月《陕甘宁边区地方税收暂行条例草案》开始，到日后的《陕甘宁边区营业税暂行条例》、《陕甘宁边区货物税暂行条例》等 128 部税法的出台，构建了陕甘宁边区的基本税收制度体系。随后，这些税收制度不断扩大到其他根据地和其他解放区，直到 1950 年 3 月第一届全国税务会议召开，新税收条例颁布后才完成了它们的历史使命。陕甘宁边区的税收在边区经济建设、财政收入和建立模范抗日根据地等方面发挥了重要作用，陕甘宁边区的税收实践，不仅支撑了抗日战争、解放战争的全面胜利，也奠定了新中国税收的牢固根基。

一、《“陕甘宁边区营业税修正暂行条例”施行细则》

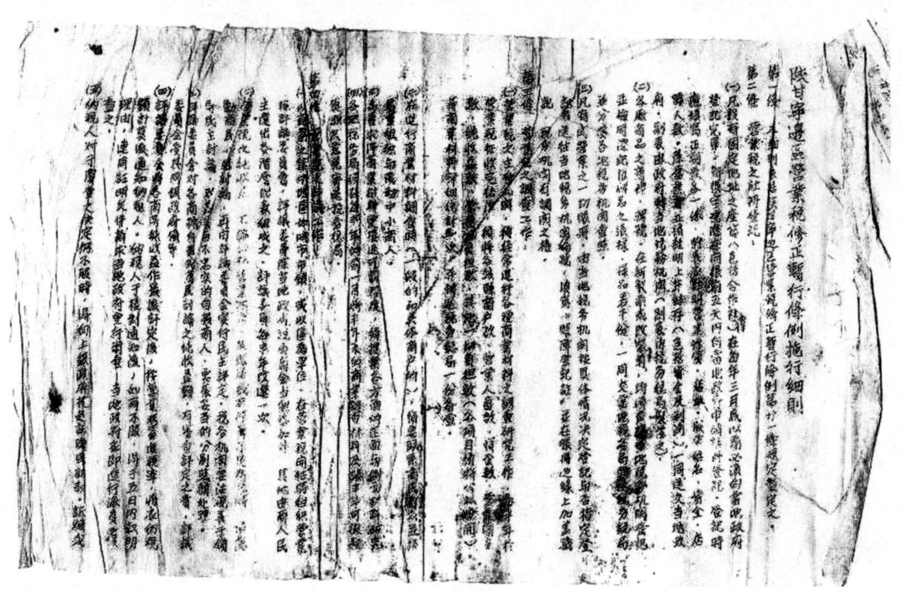

陕甘宁边区营业税修正暂行條例施行细则

文献概述：

《"陕甘宁边区营业税修正暂行条例"施行细则》是陕甘宁边区政府于1941年颁布的（共计2页），是《陕甘宁边区营业税修正暂行条例》的补充，包括营业税的注册登记、调查工作、评议工作、收益计算、奖励对象等如何实施。

文献解读：

营业税是边区工商税中的一个重要税种，由寒衣代金转化而来。

1939年国民党五届五中全会后，国民党对中共政策开始变化，国共两党之间随着军事冲突的升级，裂痕越来越大，国民政府开始拖延八路军的经费（国民政府从1940年11月起即停发经费），边区经济开始陷入困境。同年，边区开始向商人征收寒衣代金，以补前方抗日将士冬衣之需。

1941年下半年，边区开征营业税，每半年征收一次。营业税在征收方法上经过两个阶段：1943年以前是摸索时期。各地征收任务数预先由边区税务总局规定，命令各地执行。商人反映不公平、不合理，意见很大。1944年下半年，税务总局改进征收方法，由调查到布置与征收工作，交给全体商人去做，税局把握原则。征收方法改进后，商人不但交款快，而且对税局无怨言，使营业税额大大增加。

1940年1月26日，边区出台了第一部营业税法规——《陕甘宁边区营业税收条例》（17条），内容包括营业税的征收项目、税则、征收手续及奖惩等。条例规定凡在边区内从事买卖经纪等营业者，"无论其为个人营业或公共营业，均得交纳营业税"。该条例可视为边区最早的营业税法规。此后，边区多次对营业税条例进行修正。

文献原文：

陕甘宁边区营业税修正暂行条例施行细则

第一条　本细则依据陕甘宁边区营业税修正暂行条例第二十一条规

定制定之。

第二条　营业税之注册登记

（一）凡设有固定地址之座（坐）商（包括合作社企业）在每年三月底以前必须向当地政府登记完毕。新张字号应在开张前五天内向当地政府申请注册登记。登记时应填写正副表各一份，附表应注明营业性质，店址、股东姓名、资金、店伙人数。系旧业者并须注明上年结存（包括资金及利润），一同送交当地政府。附表由政府转当地税务机关（附表由税务总局制发之）。

（二）各厂商品之商标、牌号、在新制前或改制前，均需声（申）请当地税务机关登记，并检同标记与牌名之张样、样品若干份，一同交当地税务局转送税务总局，并分发各地税务机关查照。

（三）凡有关营业之一切账册，由当地税务机关按具体情况决定登记与否，指定登记者送往当地税务机关编号，填写“账簿登记证”并在账册边缘上加盖戳记，税务机关有调阅之权。

第三条　营业税之调查工作

（一）营业税之主管机关，须经常进行各种商业材料之调查研究工作，每半年于营业税征收完结后，须将各该系商户数、营业人员数、资金数、营业开支数、纯收益数、营业税负担数、其他一切负担数（各项目须将公私分开）等商业材料详细统计一次，并转送税务总局一份备查。

（二）在进行商业材料调查时（一般的和具体商户所），须要联系商民群众，并须着重组织与发动中小商人。

（三）为着求得商业材料更接近可靠程度，须搜集各方面的正面与侧面材料研究。

（四）个地税务局须在每半年的前一月，将半年来的商业调查材料及该半年可征预算数及意见寄送税务总局。

第四条　营业税之评议工作

（一）以商业之集中地区如城市、市镇，或以区为单位，在营业税开征时组织营业税评议委员会，评议委员会除当地政府、税局、商会当然参加外，其他由商人民主选出各阶层代表组成之。评议委员每半年改选一次。

（二）营业税之纯收益，不论公私营业商店、无账簿或有账簿不足为凭时，须发动商民小组讨论，再由评议委员会实行民主评定。税务机关要注［重］视善于领导民主讨论，对忠实与不忠实的自报商人，要很妥当的分别照顾处理。

（三）评议委员会对各商号自报或商民讨论之纯收益额，有审查评定之责。评议委员会受起同级政府领导。

（四）评议委员会将各商号纯收益作最后评定后，按营业税累进税率，将应纳税额计算后通知纳税人。纳税人于接到通知后，如有不服，得于五日内叙明理由，连同证明文件请求当地政府重行调查，当地政府应即进行派员复查之。

（五）纳税人对于复查之决定仍不服时，得向上级政府提起诉愿或诉讼。诉愿或诉讼之决定或判定，即为最后决定。

（六）在诉愿未判决之前，纳税人仍须依照评议委员会之评定数额缴纳；经判决后，再行请算找补。

（七）营业税由纳税人向税务机关直接缴纳，但须取得边区政府财政厅制定之税票为凭。

第五条　纯收益之计算方法，以该企业半年度之一切现金存货补欠放款及半年内之建筑家具购置与亲朋家属开支等总额（相加起来）减去半年初营业总资金，其余额则为纯收益。

第六条　所谓“依应征额减征”系指该企业先以纯收益计算出应征税额后，再由应征额减征。如某铁匠半年纯收益为券洋二十万元，依百分之五点五税率征收，其应征额为一万一千元，按四折减征后，即缴纳四千四百元营业税。

第七条　临时营业税之征收办法另定之。

第八条　商人踊跃纳税或对营业税积极帮助者，将其具体情形呈报主管上级予以奖励之。

第九条　本细则自公布之日施行。

二、《税务总局局长石子珍给分局高局长的函》

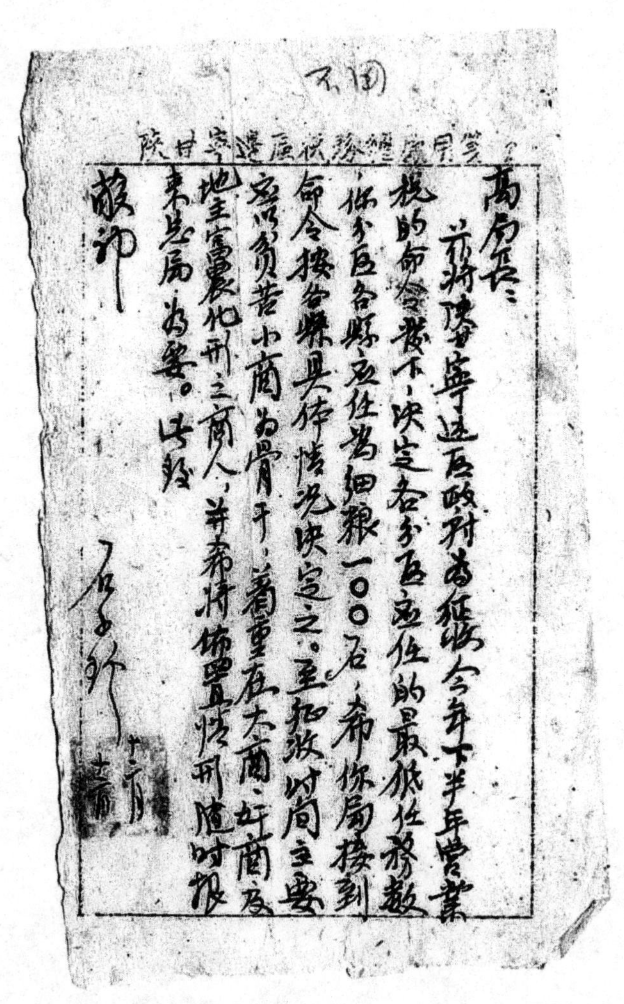

陕甘宁边区税务总局用笺

高局长：

前将陕甘宁边区政府为征收今年下半年营业税的命令发下，决定各分区应征的最低任务数，你分区各县应征为细粮一〇〇石，希你局接到命令按各县具体情况决定之。至征收对象主要应以贫苦小商为骨干，着重在大商、奸商及地主官僚化形之商人，并希将布置情形随时报来总局为要。此致

敬礼

石子珍

十一月十二日

文献概述：

《税务总局局长石子珍给分局高局长的函》是陕甘宁边区税务总局局长石子珍于 12 月 12 日（年代不详，应在 1941 年—1943 年之间）写给所属分局高局长的函。此函是关于转发陕甘宁边区政府“征收今年下半年营业税”的命令，要求各县应认定细粮 100 石的最低任务数。

文献解读：

边区的营业税不同于现在的营业税，边区营业税是直接所得税，按纯收益征收。由于主观上缺少此项工作经验，以及边区商业纯收益材料难以掌握，所以边区营业税从 1941 年创立到 1946 年的五年过程中，基本上是一个“层层摊派”。

从1941年开始征收营业税到1942年，在这个过程中，确定任务额：第一，各地的商业大概情况；其次，根据上次负担额标准与本季一般商业情况。征收机关基本上是“完成任务第一”，视任务如神圣。1943 年以后，开始强调掌握具体商业材料，慎重的确定任务。纠正了过去“上级任务丝毫不能变”的观点。1945 年下半年，开始试行划分行业征收，每个行业又由下而上的民主评议纯收益，依税率实行累进。

文献原文：

高局长：

兹将陕甘宁边区政府为征收今年下半年营业税的命令发下，决定各分区应任（认）的最低任务数，你分区各县应任（认）为细粮一〇〇石，希你局接到命令按各县具体情况决定之。至征收时间主要应以贫苦小商为骨干，着重在大商、奸商及地主富农化形之商人，并希将布置情形随时报来总局为要。

此致

敬礼！

石子珍

十二月十二日

三、《陕甘宁边区政府要求执行"陕甘宁边区营业税暂行条例"的命令》

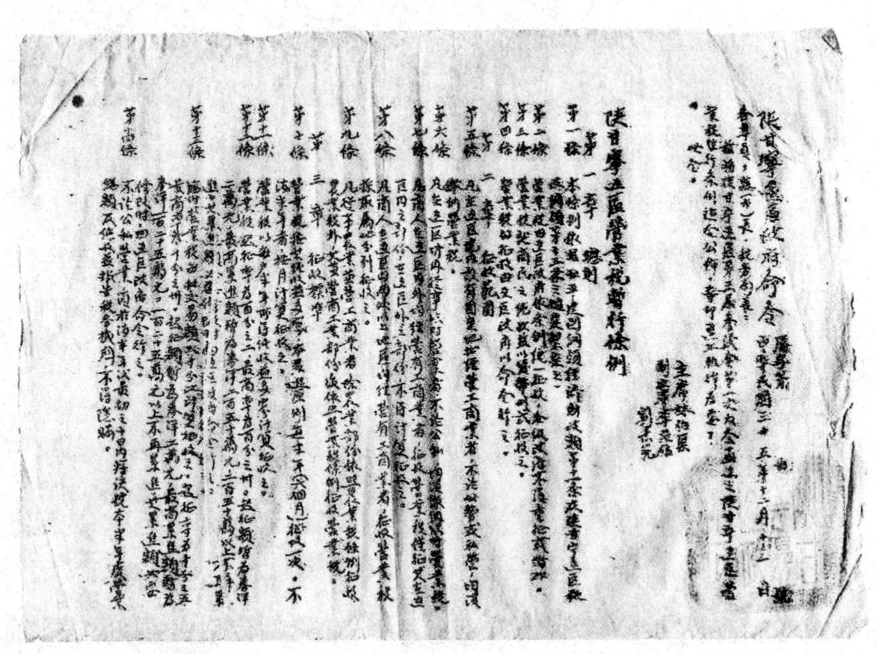

陕甘宁边区政府命令

陕甘宁边区营业税暂行条例

文献概述：

《陕甘宁政府要求执行“陕甘宁边区营业税暂行条例”的命令》是陕甘宁边区政府于1946年12月12日颁布的命令（共2页）。该《条例》为重新修订，再次对营业税进行了完善，在陕甘宁边区第三届参议会第一次全体会议上通过。《条例》共五章二十三条，其主要内容包括：征收范围，征收标准，减征、免征和惩罚条例。该《条例》颁布后，民国三十三年《陕甘宁边区营业税暂行条例》即行作废。

文献解读：

1946年6月国民党公然撕毁《停战协议》大举围攻中原解放区，内战全面爆发。但由于陕甘宁边区并没有第一时间受到进攻，边区政府仍然以经济建设为主要工作，财政工作也在有条不紊地展开。7月中旬，胡宗南在西安召开军事会议，部署进攻陕甘宁边区。8月2日，国民党飞机开始轰炸延安。9月以后，国民党军队的进犯活动在边区周围不断发生。面对如此形势，边区和平经济发展已不可能。1946年10月30日至11月5日，边区召开第三届政府委员第二次全体会议，会议研究了边区的新形势和新问题，决定把工作重点转移到自卫战争上来。

在准备战争的主题下展开的财政工作主要是在财政制度上作出调整，以适应将要到来的战争。由于长期相对和平的环境，陕甘宁边区各项制度都是在适应和平环境情况下产生的。为了使政府各项制度适应即将到来的战争，在1946年10月30日到11月5日召开的边区政府委员会第二次全体会议上，林伯渠主席强调：“必须取消一些不适合战时需要的制度，确立一些适合战时需要的制度”。1946年11月17日发布的《陕甘宁边区政府命令——关于下半年营业税收征收总额及分配数字》，规定了1946年税收的征收，这些政策的调整，有效保证了政府日常运转。

文献原文：

陕甘宁边区政府命令

胜字第四号

中华民国三十五年十二月十三日

各专员、县（市）长、税务局长：

兹将陕甘宁边区第三届参议会第一次大会通过之陕甘宁边区营业税暂行条例通令公布，希即遵照执行为要！

此令

主　席　林伯渠

副主席　李鼎铭

刘景范

陕甘宁边区营业税暂行条例

第一章　总则

第一条　本条例依据和平建国纲领经济财政类第十一条及陕甘宁边区施政纲领第十三条之规定制定之。

第二条　营业税由边区政府依条例统一征收，各级政府不得重征或附加。

第三条　营业税就商民之纯收益以货币形式征收之。

第四条　营业税的征收由边区政府以命令行之。

第二章　征收范围

第五条　凡在边区境内设有固定地址经营工商业者，不论公营或私营，均须缴纳营业税。

第六条　凡在边区境内从事临时营业者，不论公私，均须缴纳临时营业税。

第七条　凡商人在边区内外均经营有工商业者，征收营业税仅征其在边区内之部分，在边区外之部分，不得计算征收之。

第八条　凡商人在边区内两处以上地区，均经营有工商业者，征收营业税采取属地分别征收之。

第九条　凡从事农业兼营工商业者，除农业部分依照农业税条例征收农业税外，共兼营商工业部分须依照营业税条例征收营业税。

第三章　征收标准

第十条　营业税按其纯收益多寡，本累进原则，每半年（六个月）征收一次。不满半年者，按月计算征收之。

第十一条　营业税以每户半年所得纯收益多寡计算征收之。

第十二条　营业税起征率为百分之二，最高率为百分之三十。起征额暂为券洋二万元，最高累进额暂为券洋二百五十万元，二百五十万以上不再累进。其累进额必要修改时，由边区政府命令行之。

第十三条　临时营业税每批交易额以千分比计算征收之，起征率为千分之五，最高率为千分之卅。起征额暂为券洋二万元，最高累进额暂为券洋一百二十五万元，一百二十五万元以上不再累进，其累进额必要修改时，由边区政府命令行之。

第十四条　不论公私营业，须于满半年后最初之十日内，将该号本半年度营业总额及纯收益报告税务机关，不得隐瞒。

第四章　减征、免征

第十五条　甲：左（下）列之营业得予免税。

（一）凡纯系供给性质之公营工厂及政府奖励发展之公私纺织、造纸、开矿、冶金、弹花、弹毛、制砂糖等企业者。如兼其他经营时，则之其他经营，不在免税之列。

（二）鳏寡孤独、老幼残废无所依靠及贫苦之小商，仅能维持其生活者。

乙：左（下）列之各类性质经营，得分别依应征额减征。

（一）属于机关部队学校之各种经营者，一律按八折减征。

（二）凡经政府登记之生产合作社，一律按五折减征。

（三）属于合股性之小本经营者，按八折减税。

（四）有益边区生产之发展，同时靠自己直接劳力经营之各种小手工业，给予分别减征，其种类如下：铁匠四折减征，铜锡匠各种机械修理、毡匠、毛毛匠、打麻绳、制毛巾、袜子、油房、丝织业、成衣匠、大车厂、木工、熟皮业、理发馆、马掌匠等，一律按六折减征。

以上第四项之各种减征，如兼其他经营者，则所兼之其他经营不在优待之列。

第十六条　因遭灾害而损失者，得酌量减征免征。

第十七条　退伍残废军人之经营，得酌量减征或免征。

第五章　惩罚

第十八条　商人如有下列违法行为者，得分别处罚之。

（一）私自营业，不向政府登记，领取营业证□方法偷税者，送交司法机关办理之。

（二）凡无故延期、藉词推诿不交税款超过限期十天者，得酌情处以应纳税额百分之五到百分之十五之罚金。

（三）抗不缴纳者，送交司法机关办理之。

第十九条　税务人员执行任务著有成绩或违法失职时，悉依税务人员规约处理之。

第二十条　税务人员如有不法行为，人民有向政府告发之权。

第六章　附则

第二十一条　本条例实施细则另定之。

第二十二条　本条例自边区政府公布之日施行。

第二十三条　本条例公布后，民国三十三年营业税暂行条例即行作废。

四、《陕甘宁边区政府关于“征收上半年营业税”的命令》

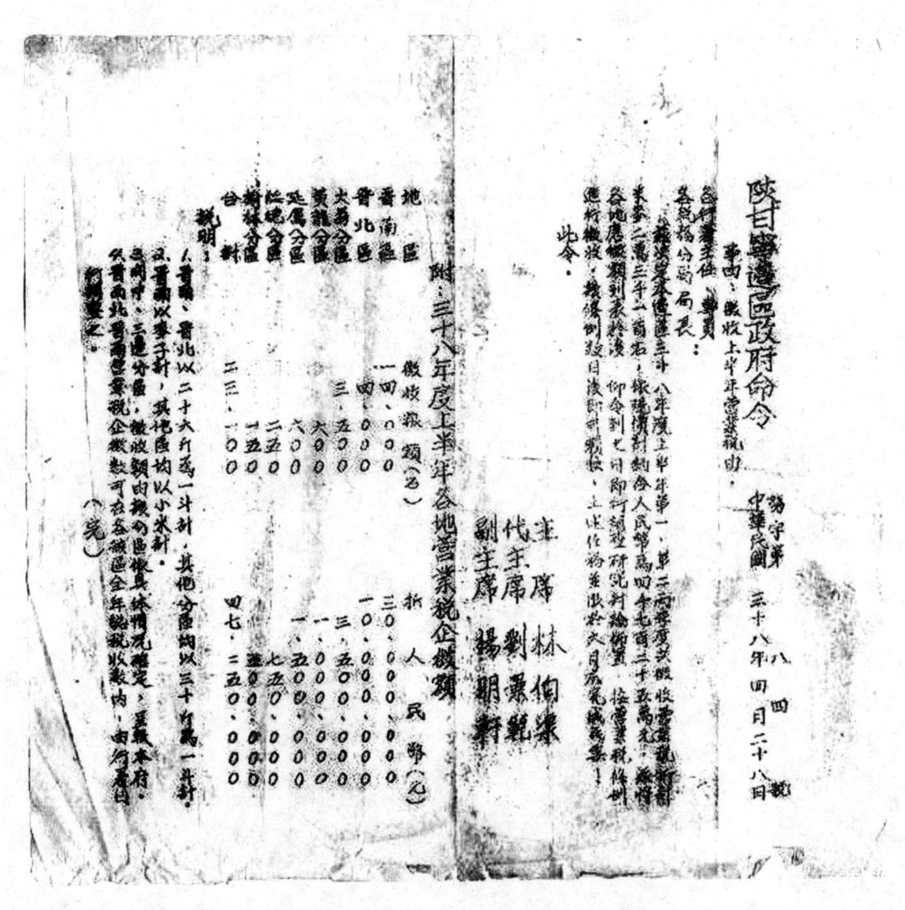

陝甘寧邊區政府命令

財字第八四號

中華民國三十八年四月二十八日

事由：徵收上半年營業稅由。

各行署主任、專員：
各縣縣長、稅務分局局長：

茲決定本邊區三十八年度上半年第一、第二兩季度共徵收營業稅折米貳萬三千一百石，依照價格折合人民幣為四千七百二十五萬元，茲將各地應徵數額列表於後，仰令到七日即行組織研究並給布置，按營業稅條例進行徵收，按條例規定期限即行徵收，上述任務並限於六月底完成為要！

此令。

主　席　林伯渠
代主席　劉景範
副主席　楊明軒

附：三十八年度上半年各地營業稅企徵額

地區	徵收糧額（石）	折人民幣（元）
晉南區	一四、〇〇〇	三〇、〇〇〇、〇〇〇
晉北區	四、〇〇〇	一〇、〇〇〇、〇〇〇
大荔分區	三、五〇〇	三、五〇〇、〇〇〇
黃龍分區	六〇〇	一、〇〇〇、〇〇〇
延屬分區	六〇〇	一、五〇〇、〇〇〇
隴東分區	二五〇	七五〇、〇〇〇
榆林分區	一五〇	五〇〇、〇〇〇
合計	二三、一〇〇	四七、二五〇、〇〇〇

說明：

1、晉南、晉北以二十六斤為一斗計，其他分區均以三十斤為一斗計。

2、晉南以麥子計，其他區均以小米計。

3、關中、三邊分區，徵收額由該兩區根據具體情況確定，呈報本府。

4、晉南北營業稅企徵數可在各該區全年總稅收數內，由行署自行酌定之。

（完）

文献概述：

《陕甘宁边区政府关于“征收上半年营业税”的命令》是陕甘宁边区政府于 1949 年 4 月 28 日颁布的。该《命令》主要内容是征收上半年第一、第二两季度营业税，并列明各地区应征税额，由边区政府主席林伯渠、代主席刘景范、副主席杨明轩联名签发。

文献解读：

1946 年 6 月，国民党撕毁《停战协议》，大举围攻中原解放区，内战全面爆发。边区财税工作逐步转向以备战为中心，呈现出一边发展经济一边备战，两种工作交叉进行的态势。1946 年 12 月 11 日，边区政府颁布了新的营业税征收条例——《陕甘宁边区政府命令——公布营业税暂行条例》。

1947 年 3 月，胡宗南开始对陕甘宁边区进行大规模军事入侵，边区财税工作由备战转向全力支援解放战争。1947 年 3 月 2 日，边区政府颁布了《陕甘宁边区政府命令——提前征收延市夏季营业税》，为支援自卫战争的胜利，保障战时的财政供给，决定提前预借本年上半年营业税。1947 年 10 月，边区和晋绥解放区在山西兴县蔡家崖举行联席会议，商讨了两个地区财政经济统一的问题，以解决边区政府在财政上的困难。

1948 年 4 月 22 日，解放军收复延安，边区政府又回到延安展开工作。边区财税工作开始转向一边恢复经济，一边继续支援解放战争。1949 年初，边区财税工作恢复经济的任务完成，转向发展经济和支援西北解放战争两项任务，一直到陕甘宁边区结束。1949 年，边区政府陆续颁布了《陕甘宁边区营业税暂行条例》和《陕甘宁边区货物税暂行条例》统一新、老区税收，有力地推动了西北地区财税工作的展开。

解放战争时期，边区财税工作在极端困难的情况下，有效地保障了西北野战军的粮草供给，为支援内线战争做出了巨大贡献。

文献原文：

陕甘宁边区政府令

努字第八十四号

中华民国三十八年四月二十八日

事由：征收上半年营业税由

各行署主任、专员、各税务分局局长：

兹决定本边区三十八年度上半年第一、第二两季度共征收营业税，折计米、麦两万三千一百石，依现价计约合人民币为四千七百二十五万元，兹将各地应征额列表于后，仰令之日即行调查研究讨论布置，按营业税条例进行征收，该条例数日后即可颁发，上述任务并限于六月底完成为要。

此令。

主　席　林伯渠

代主席　刘景范

副主席　杨明轩

附：三十八年度上半年各地营业税企征额

地区	征收粮额（石）	折合人民币（元）
晋南区	14000	30000000
晋北区	4000	10000000
大荔分区	3500	3500000
黄龙分区	600	1000000
延属分区	600	1500000

续表

地区	征收粮额（石）	折合人民币（元）
绥德分区	250	750000
榆林分区	150	500000
合计	23100	47250000

说明：

1. 晋南、晋北以二十六斤为一斗计，其他分区均以三十斤为一斗计。

2. 晋南以麦子计，其他区均以小米计。

3. 关中、三边分区，征收额由该分区依具体情况确定，呈报本府。

4. 晋西北、晋南营业税企（起）征额可在各该区全年总税收数内，由行署自行调整之。

五、《陕甘宁边区政府财政厅指示》

陕甘寧邊區政府財政廳指示

文献概述：

《陕甘宁边区政府财政厅指示》是陕甘宁边区政府财政厅于1949年5月颁布的关于“征收上半年营业税”的指示（共三页）。《指示》指出，去年胡宗南进攻延安，边区工商业遭受了空前破坏。一年来，由于边区贯彻了保护工商业政策，使各地工商业获得了相当的恢复与发展。为适应解放战争的发展，决定本年上半年度，共征收营业税折计米麦两万三千一百石，并限于六月底完成。各区应根据该区工商业情况，具体分配与加强正确领导，务须按照边区政府新颁发之营业税暂行条例执行保证完成任务，并达合理负担。并附《营业税征收分数计算说明》。

文献解读：

同上。

文献原文：

陕甘宁边区政府财政厅指示

中华民国三十八年五月

事由　关于征收上半年营业税的指示

各行署主任、专员、县（市）长、各级税务局局长：

一、去年由于胡（宗南）祸天灾，边区工商业遭受了空前破坏，一年来，由于我们贯彻了保护工商业政策，使各地工商业获得了相当的恢复与发展。为适应解放战争之发展，经边区政府三十八年四月二十八日努字第四号命令，决定本年上半年度，共征收营业税折计米麦两万三千一百石，并限于六月底完成，各区应根据该区工商业情况，具体分配与加强正确领导，务须按照边区政府新颁发之营业税暂行条例执行保证完成任务，并达合理负担。

二、今后对工商业的负担政策，仍必须贯彻累进的原则。此次在新条例中规定，改变计分征收，其计分标准系根据税率5%—25%的原则制定。将累进之精神贯串元［原］分数之内，形式上虽为比例，而实际是含有累进的性质。以分数计算征收是为了更便利执行这一工作，在另一种意义上讲，稳定了经营者的不安情绪，敢于大胆的从事发展。为贯彻此一原则，就必须慎重的平［评］定等级，等级是各阶层负担合理的关键。在每等中首要选择一户或两户为标准户（代表户），对标准户必须多方面的进行正面侧面的秘密调查，掌握实际材料以后，再交民主评定以及全各户，这步工作搞不好，就不能使各阶层达到合理负担的目的、亦就不能贯彻我们的累进政策。

三、为了更刺激工矿业的发展，以及照顾有利于国民生计的小手工业的生产，此次在新条例中均有明确的规定，其减征办法，是在原评定等级分数内，依条例规定减征，举如某工厂经民主评定为十五等，十五等应是七十九分，如是属于五折减征者，那么他的实际负担分数则为三十九分五，但仍是属于十五等级，不能改变，这样亦就使得经营者感到对他们的特殊优待，更会刺激他的生产情绪。过去有些地区在初评定等级分数时，被减了一下，到分配负担额时，又重复的减征，或者在平等定分时，就大概照顾了一下以示优待就算了，这都是不合适的。

四、此次在新条例中明确的规定，城镇工商业兼营农业者，和分散在农村中的以工商业为主或工商业与农业收入各半者，其农业收入依农业税条例征收农业税，其工商业部分依营业税条例征收营业税，依农业收入为主而兼营副业性质之工商业，可依实际情况减免，必须依此认真执行，过去不少地区因怕麻烦而交由政府一律计征公粮，这是不妥当的。如在必要时委托当地政府代征，但须依营业税条例的规定执行，以农业收入为主而兼营副业性质之工商业在决定减或免征营业税之后，在征收公粮时，亦不能依此计征公粮。

五、新条例中规定临时营业者，征收临时营业税，由于去年免征临时营业税以来，至今很多地区尚未征收临时营业税，在今年尚未征收临时营业税之地区。其经营临时营业者可与营业税一起征收营业税，以便与座（坐）商负担取得平衡。

六、地区间任务数分配，一定要求得适当，应以各地工商实际情况作为分配任务重要的依据，地区间任务数的不合理，将直接影响到地区间商民负担的不公，因而产生经营者的不安情绪，这点须应预先加以注意的。

七、贯彻民主评议的征收方针，只有高度的发挥了民主，等级才能评的合理，分数才能定的适当。为此就必须：

（一）事前有调查，有研究，有分析，不盲目的，毫无准备的进行评议，只有取得了实际材料以后，掌握领导评议工作才可以做得好。

（二）评议员的选择，要适当，使大中小各商民阶层的代表均能参加，并有充分发言的机会。

（三）有计划有步骤的进行评议，先经小组会讨论并提出等级意见，后再由评议委员会评议，评委会初评后，再交小组会讨论。提出意见再由评委会覆［复］评，以及交评委会主席团审查，最后向全体商民宣布。

最后各地于接到指示后，应即连同条例，认真讨论研究，并将营业税政策、精神、办法深入宣传确实执行，执行情况应随时报告。

附：营业税累进征收分数表及分数计算说明各一份。

厅　长　白如冰

副厅长　刘墉如

营业税累进征收分数表

等级　纯收益　各等每五百元应计分数标准		
2000元以下者免征		
1等	2000元以上未满4000元者	1厘
2等	4000元以上未满7000元者	1厘1
3等	7000元以上未满11000元者	1厘2
4等	11000元以上未满16000元者	1厘3
5等	16000元以上未满22000元者	1厘4
6等	22000元以上未满29000元者	1厘5
7等	29000元以上未满37000元者	1厘6
8等	37000元以上未满46000元者	1厘7
9等	46000元以上未满56000元者	1厘8
10等	56000元以上未满68000元者	1厘9
11等	68000元以上未满82000元者	2厘
12等	82000元以上未满98000元者	2厘1
13等	98000元以上未满116000元者	2厘2
14等	116000元以上未满136000元者	2厘3
15等	136000元以上未满158000元者	2厘5
16等	158000元以上未满182000元者	2厘7
17等	182000元以上未满208000元者	2厘9
18等	208000元以上未满236000元者	3厘1
19等	236000元以上未满267000元者	3厘3
20等	267000元以上未满300000元者	3厘5
21等	300000元以上未满340000元者	3厘7
22等	340000元以上未满380000元者	4厘
23等	380000元以上未满420000元者	4厘3
24等	420000元以上未满460000元者	4厘6
25等	460000元以上未满500000元者	5厘

五〇〇〇〇〇元以上每增加五百元即以五厘标准计算，再不累进。

营业税征收分数计算说明

一、金额一律以人民币计，以元为单位。

二、各户的分数计算办法，首先由民主评定纯收益，纯收益经民主评定后，再看所评定的纯收益属于那【哪】一等级范围内的，即以那一等级的计分标准来计算应负担分数，例如某商号评定纯收益为八万两千元，八万两千元属于十一等，十一等的每五百元计分标准为二厘，那么这家商号的应负担分数为 82000 元（纯收益）/500 元（计分单位）× 二厘（计分标准）=32.8，就是三二分八厘。

三、各户的应负担分数求出后，以全市镇区各等级户数之分数总加起来去除总任务数，得出来的数字，即为每分的负担额，然后以每分的负担额与各户的应负担分数相乘，即为每户的应负担额。

六、《陕北税务局给分局的函》

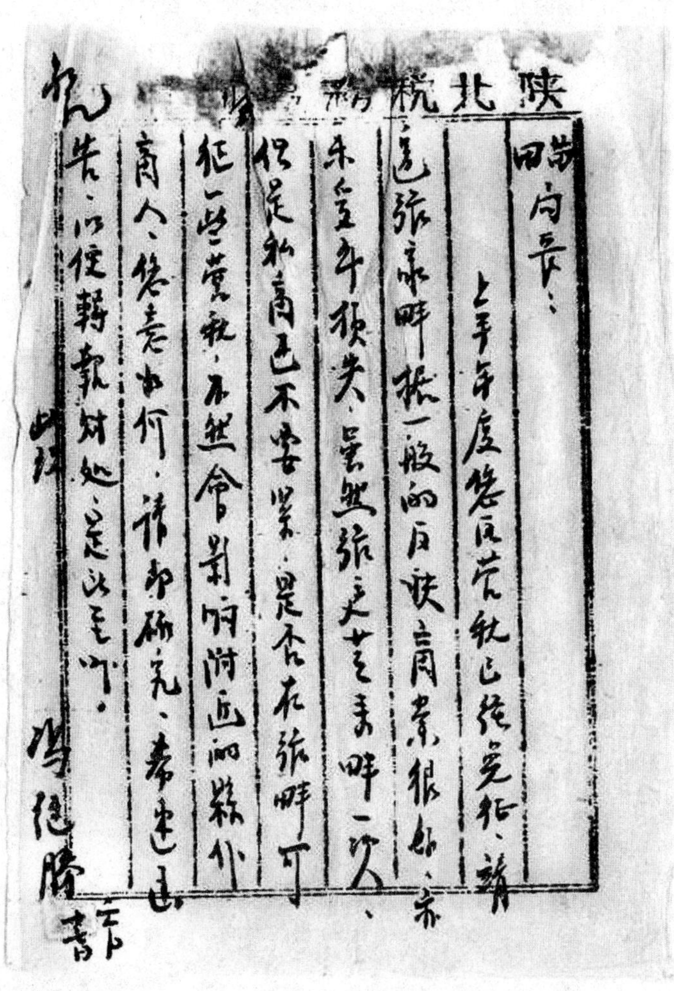

陕北税务局

田局长：

上半年年度营业税已经完结，请

边张家畔据一般的反映商业很好，市

场全年获美，虽然张家畔是一少人、

但是私商已不安业，是否在张家畔可

征一些营业税，不然会影响附近的县份

商人，你意如何，请即研究，并速速

告，以便转报财处，是以为盼。

此致

礼

冯德胜

文献概述：

《陕北税务局给分局的函》是陕北税务局局长冯继胜于 1949 年 6 月 17 日给所属分局局长的函，其内容是“要求靖边下半年征收一些营业税”。《函》指出，在靖边张家畔征收一些营税，不然会影响附近的商人。

文献解读：

同上。

文献原文：

苗、田局长：

上半年度您区营税已经免征，靖边张家畔据一般的反映商业很好，亦未受到损失，虽然张廷等来畔一次，但是私商已不要紧，是否在张畔可征一些营税，不然会影响附近的县份商人，您意如何，请即研究，希速函告，以便转报财处，是此至盼。

此致

敬礼！

冯继胜

（一九四九年）六月十七日

七、《陕甘宁边区政府关于执行〈营业税暂行条例〉和〈陕甘宁边区进出口货物税暂行条例〉的命令》

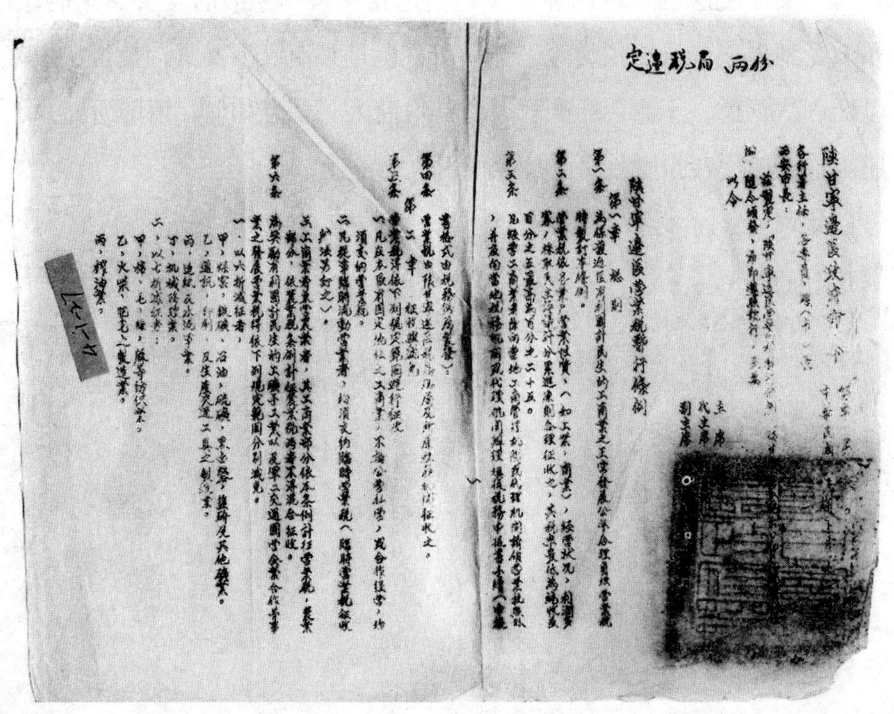

文献概述：

《陕甘宁边区政府关于执行〈营业税暂行条例〉和〈陕甘宁边区进出口货物税暂行条例〉的命令》是陕甘宁边区政府于 1949 年 7 月 12 日颁布的（共计 2 页）。《命令》要求各行署主任、各专员、各县长及西安市长要严格执行新颁发的《陕甘宁边区营业税暂行条例》和《陕甘宁边区进出口货物税暂行条例》。

《陕甘宁边区进出口货物税暂行条例》缺失。

文献解读：

《陕甘宁边区营业税暂行条例》的目的在于保护边区工商业正常发展合理负担营业税，营业税依各业户营业性质、经营状况、利润多寡，采取民主评议计分累进原则合理征收之，其税率最低为纯收益 5% 最高为 25%。《条例》明确规定：对临时营业者，应征收临时营业税。

征收临时营业税，一方面是为了使整个商民在负担上公平合理，另一方面也是维护坐商（即固定门市商）的发展。临时营业税与营业税同在 1941 年颁布征收，最初依每次交易额按累进率征收，但是在执行中商人大部化整为零，逃避累进。1944 年又将临时营业税由累进率改为固定税率征收，并规定必需品之临时交易为千分之八，非必须之临时交易定为千分之十，以刺激商人由非必需品之经营转化为必需品之经营，争取必需品之入口。临时营业税这个税制的建立限制了商人投机生意的发展，保障了坐商的利益。在税率上按固定税率比累进率易于执行，商人不再将贸易化整为零。

文献原文：

陕甘宁边区政府命令

努字第一〇八号

中华民国三十八年七月十二日

各行署主任、各专员、县（市）长、西安市长：

兹制定《陕甘宁边区营业税暂行条例》、《陕甘宁边区进出口货物税暂行条例》随令颁发，希即遵照执行，为要。

此令。

主　席　林伯渠

代主席　刘景范

副主席　杨明轩

陕甘宁边区营业税暂行条例

第一章　总则

第一条　为保护边区有利国计民生的工商业之正常发展公平合理负担营业税，特制定本条例。

第二条　营业税依各业户营业性质，如工业、商业，经营状况，利润多寡，采取民主评议计分累进原则合理征收之，其税率最低为纯收益百分之五最高为百分之二十五。

第三条　凡经营工商业者除向当地工商管理机关或代理机关请领营业执照外，并应向当地税务机关或代理机关办理，填报税务申报书手续（申报书格式由税务总局制发）。

第四条　营业税由陕甘宁边区税务总局及所属税务机关征收之。

第二章　征收与减免

第五条　营业税得依下列规定范围进行征收：

一、凡在本区有固定地址之工商业，不论公营私营，或合作经营，均须交纳营业税。

二、凡从事临时流动营业者，均须交纳临时营业税（临时营业税征收办法另订之）。

三、工商业者兼营农业者，其工商业部分依本条例计征营业税，农业部分，依农业税条例计征农业税，两者不得混合征收。

第六条　为奖励有利国计民生的工矿手工业以及军工交通国营企业合作社等事业之发展，营业税得依下列规定范围分别减免。

一、以六折减征者：

甲、煤窑、铁矿、石油、硫磺、黑白矾、盐所及其他矿业。

乙、通讯、印刷及生产交通工具之制造业。

丙、造纸及水泥事业。

丁、机械修理业。

二、以七折减征者：

甲、棉、毛、丝、麻等纺织业。

乙、火柴，肥皂之制造业。

丙、榨油业。

丁、陶瓷业。

戊、铁、木、铜、锡、麻绳、口袋、毛毡等手工业，皮革文具药品制造业，编制（织）染色油漆钉马掌弹花札（扎）花等业。

三、以八折减征者，

钟表自行车修理铺、理发馆、裁缝业。

四、免征者：

甲、机器制造业。

乙、军事工业，政府经营之银行，交通运输事业。

丙、凡以为社员服务为目的不以营利分红为目的之合作社，经县级以上政府批准者。

丁、非为营利之事业，经边府批准者。

戊、经专属级以上政府批准实验性之必须工业，在创办二年以内者。

已、凡有利于生产建设事业之特别发明，经边区政府批准设厂制造在二【两】年以内者。

庚、退休革命人员以其退休金残废金单独经营之工商作坊，自退伍之年月起，在三年以内者。

辛、生活贫苦之军、工、烈属及鳏寡孤独经营之工商业，其营业税得经民主评议酌情减免之。

因天灾人祸而遭致损失之工商业者，经查明属实，得由县税务局经民主讨论酌情减征或免征。

第七条　受上列减征或免征之工矿业如兼营其他行业时，其兼营部分不在优待减免之列。

第八条　凡应纳营业税之工矿业，得由边区政府视其性质与需要随时以命令减征或免征。

第三章　征收

第九条　营业税分四季征收，每季开始之20日内交纳上季税款，不满一季者，按月计算征收。

第十条　凡应纳税之工商业有分红制度者，不论其已分未分，均应作为纯收益计征。

第十一条　公营工商业得依其营业纯收益，由税务总局另行征收，其办法另定；公私合营者，得依本条例征收之。

第十二条　税务机关得于必要时调阅账册，及其有关往来单据，被调阅者不得拒绝。

第十三条　营业税就该业所在地征收，经营两处以上者，分别征收。

第十四条　营业税经确定后，由纳税人在规定期内，向当地税务机关或委托代收机关直接交纳。并须取得财政厅制发之税票为凭。

第十五条　营业税征收时，得组织评议委员会进行评议，各户应征数确定后，得由商会督促缴纳之。

第十六条　纳税人如对评议委员会评议之结果有意见时，得向税务机关申请复议，复议结果即作为确定。如仍不服，应先行交纳税款，再向上级政府提请申诉□

八、《陕北税务总局回复分局的函》

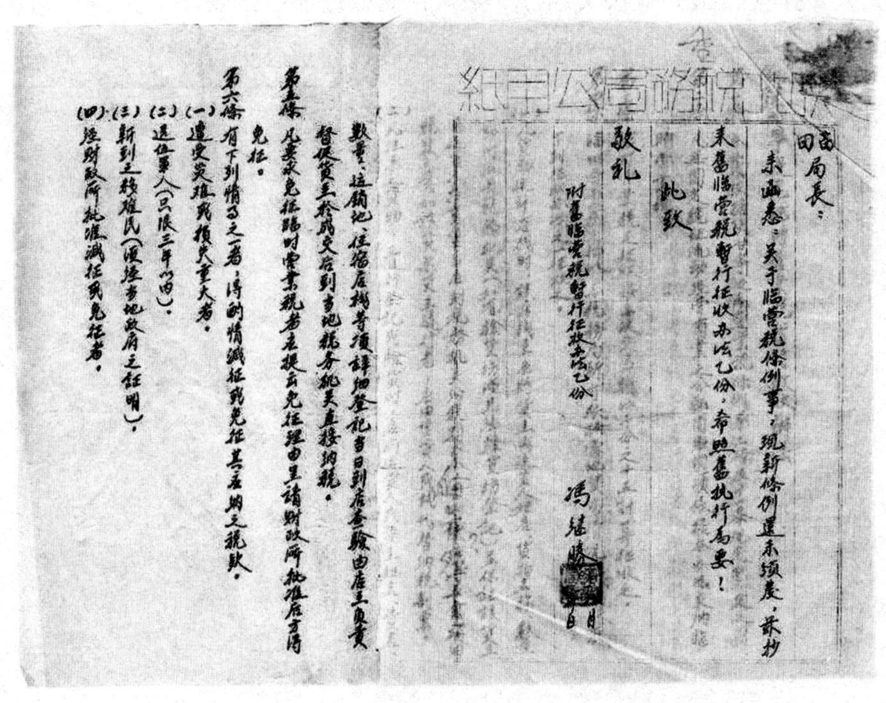

陝北稅務局公用紙

西局長：

來函悉：关于臨營稅條例事，現新條例還未頒發，茲抄來舊臨營稅暫行征收办法乙份，希照舊執行為要！

此致

敬礼

附舊臨營稅暫行征收办法乙份

馮[illegible]

月 日

數量、適銷地、住宿店棧等項詳細登記，當日到店查驗，由店主負責督促貨主於購買後到當地稅務機關直接納稅。

第五條 凡要求免征臨時營業稅者應提出免征理由呈請財政所批准後方得免征。

第六條 有下列情形之一者，得酌情減征或免征其應納之稅款。

（一）遭受災難或損失重大者。

（二）退伍軍人（只限三年以內）。

（三）新到之移難民（須經當地政府之証明）。

（四）經財政所批准減征或免征者。

文献概述：

《陕北税务总局回复分局的函》是陕北税务总局局长冯继胜于1949年8月30日回复所属分局局长的函，其内容是关于“临时营业税暂行征收办法”等有关问题。《函》要求各单位在没有新的“临营税暂行征收办法”前，仍按旧的“临营税暂行征收办法”执行，以保障临时营业税的正常征收。并附旧的《临营税暂行征收办法》一份（共计3页）。

文献解读：

同上。

文献原文：

苗、田局长：

来函悉，关于临营税条例事，现新条例还未颁发，兹抄来旧临营税暂行征收办法一份，希望照旧执行为要！

此致

敬礼！

附旧临营税暂行征收办法一份

冯继胜

八月卅日

陕甘宁边区临时营业税暂行征收办法

第一条　本办法是根据陕甘宁边区营业税条例第六条及十一条规定指定之。

第二条　凡无固定号址流动经营商业之公私商贩，均须依据本办法交纳临时营业税。

第三条　临时营业税之征收，按每次交易额以千分之十五计算征收之。

第四条　临时营业税之征收，各税务局所可根据当地贸易情况斟酌采取下列征收办法之一征收之。

（一）凡货物运到该店栈时，该店栈主应将货主或运货人姓名、货物名称、数量及时报告税务机关（如有验货场则须先经验货场登记）并保证该货主或运货人于货售出后到税务机关纳税割票，否则该栈主应负补纳税款之责。如该货无货主随行者，应由售货人或店栈代替纳税割票。

（二）凡往来之货物，在进行登记或验货时，应将运货人或货主姓名、货名、数量、运销地、住宿店栈等项详细登记。当日到店查验，由店主负责督促货主于成交后到当地税务机关直接纳税。

第五条　凡要求免征临时营业税者应提出免征理由，呈请财政所批准后。

第六条　有下列情事之一者，得酌情减征或免征其应纳之税款。

（一）遭受灾难或损失重大者。

（二）退伍军人（只限三年以内）。

（三）新到之移难民（须经当地政府之证明）。

（四）经财政所批准减征或免征者。

第七条　罚则

（一）隐瞒或用其他方法偷税者，除补税外得处以应税额半倍至一倍之罚金。

（二）不论公私店栈，凡店栈主有受贿包庇等情事者，除负补税之责外，得处以应税额一倍至一倍半之罚金。

（三）凡店栈主如有敲诈商民吞食税款等情事者，径查获后，除纳税外得处以应税额一倍至三倍之罚金。情节重大者，送司法机关究办。

第八条　本办法自公布之日施行。

九、《陕甘宁边区税务总局的答复函》

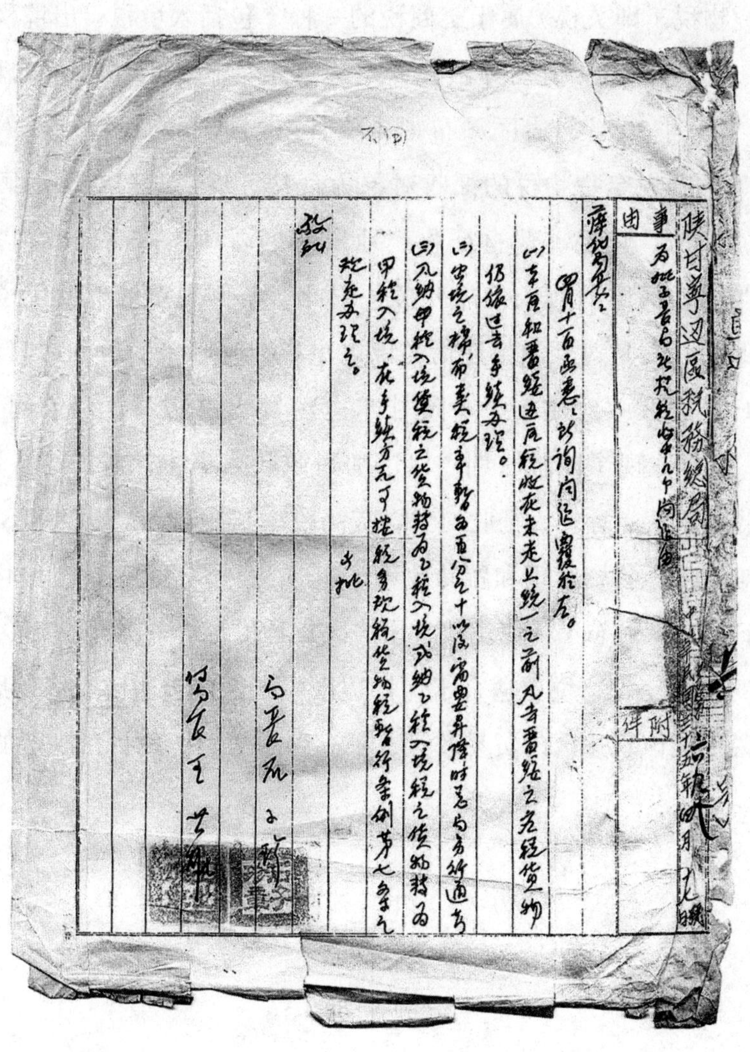

不回

陕甘宁边区税务总局 [illegible] 四月九日

事由 为[illegible]

附件

靖边分局：

四月十日函悉，所询问题，覆于左。

（一）本局和晋绥边区税收在未走上统一之前，凡[illegible]晋绥之出境货物仍依过去手续办理。

（二）我境之棉布麦[illegible]暂为[illegible]分之十收取，需要升降时[illegible]另行通知。

（三）凡纳甲税入境货经之货物转为乙税入境或纳乙税入境之货物转为甲税入境，在手续方面可按税务税货物税暂行条例第七条之规定办理之。

此致

敬礼

局长 王[illegible]

副局长 [illegible]

文献概述：

《陕甘宁边区税务总局的答复函》是陕甘宁边区税务总局于1946年4月17日回复子长县税务局薛代局长的函，《复函》就子长县税务局对货物税等三个问题的答复。《复函》由陕甘宁边区税务总局局长石子珍、副局长王世雄联合签发。

文献解读：

货物税（即关税）属于工商税的一种，包括入境税、出境税、过境税、边产品的产销税等四类，是边区工商税中开征较早的税种。1940年5月30日，边区颁布了《陕甘宁边区货物税暂行条例（草案）》。条例规定货物税的征收对象为食盐、皮毛、药材、烟酒和迷信品，食盐、皮毛、药材征收产地税，烟酒和迷信品征收消费税。由于当时边区财政收入仍靠外援，因此，条例规定的货物税税率是比较低的，只是对烟酒、迷信品课以重税。皖南事变后，1941年10月1日，边区政府颁布了《陕甘宁边区货物税修正暂行条例》（30条）。主要体现了困难时期“以增加财政收入为主，保护经济为辅”的税收政策特点。扩大征收对象，提高税率。1944年，边区经济已度过困难时期，物资管理和贸易政策也相应发生了较大变化，1944年7月1日，边区颁布了《修正陕甘宁边区货物税暂行条例》（27条）。修订后的条例使货物税更适合于保护边区生产，促进边区经济发展；使货物税更能体现边区的贸易政策，提高税率，增辟税目，以增加财政收入。

文献原文：

陕甘宁边区税务总局

事由：为批子长局所提税收中几个问题由

薛代局长：

四月十一日函悉，所询问题覆［复］于左。

（一）本区和晋绥边区税收在未走上统一之前，凡去晋绥之应税货物仍依过去手续办理。

（二）出境之棉布类税率暂为百分之十，以后需要升降时总局另行通知。

（三）凡纳甲种入境货税之货物转为乙种入境，或纳乙种入境税之货物转为甲种入境，在手续方面可按税务规程“货物税暂行条例”第七条之规定办理之。

此致

敬礼！

局　长　石子珍

副局长　王世雄

十、《陕甘宁边区政府命令》

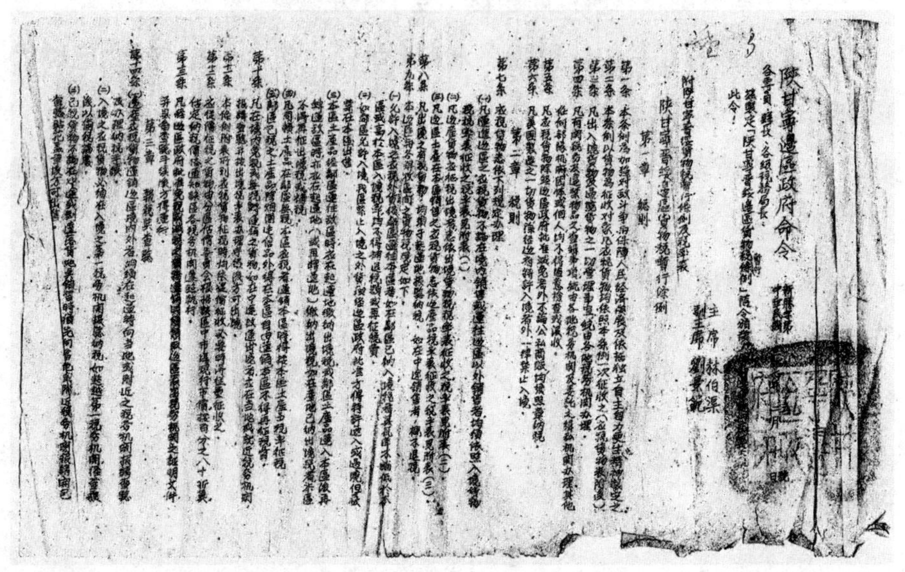

陕甘宁边区政府命令 新财字第 号 中华民国[illegible]

各专员、县长、各级税务局长：

兹制定「陕甘宁晋绥边区货物税暂行条例」，随令颁发，[illegible]

此令！

主席 林伯渠
副主席 刘景范

附陕甘宁晋绥边区货物税暂行条例及税率表

陕甘宁晋绥边区货物税暂行条例

第一章 总则

第一条 本条例为加强对敌斗争，保障人民经济发展，及依据独立自主自力更生精神制定之。

第二条 本条例以货物为征收对象，凡应税货物均依照本条例一次征收之（应税货物表附后）。

第三条 凡出入境货物及边区货物之一切管理事宜，统由各地税务机关办理。

第四条 凡有关税务及违禁物品之查缉事项，统由各地税务机关及委托之缉私机关办理，其他任何部队机关团体或个人均不得擅自检查或没收。

第五条 凡应税货物除经边区政府批准减免者外，不论公私商贩均须照章纳税。

第六条 凡美国制造之一切货物，除经边府特许入境者外，一律禁止入境。

第二章 税则

第七条 应税货物悉依下列规定办理：

(一)凡运进边区之应税货物，不论在境内销售或运往边区以外销售者，均须依照入境税率表征收之，税率表见附表(一)。

(二)凡边产货物应征税出境者，悉依出境货物税税率表征收之，税率表见附表(二)。

(三)凡边区土产在本区销售之应税货物，悉依边产品税率表征收之，税率表见附表(三)。

第八条 凡出境之有税货物，均应于起运地报验纳税，如在中途销售者，概不退税。

第九条 本边区与各解放区间之货物税规定如下：

(一)允许入境之应税外货，经邻区征税入境者，如在邻区已纳入境税，而其税率不高于本区入境税率，均不得补征税额或再征税费。

(二)如邻区允许入境，我区禁止入境之外货，须经边区政府批准，方得特许运入或过境，但[illegible]禁在本区出售。

(三)本区土产品经邻区运往敌区时，应在起运地缴纳出境税，或邻区土产品运入本区后再转运敌区时，亦应在起运地（或再转运地）缴纳出境税，如在产地已纳出境税者，本区不再征出境税或补税。

(四)凡[illegible]土产品在邻区无税、本区应税者，运销本区时，得按本区土产品税率征税。

(五)邻区已税之土产品，除烟酒[illegible]品外，得在本区自由运销，本区不得再征税费。

第十条 凡在境内完税或无税之货物，如在中途改运出境者，应在当地或就近税务机关报验，并按出境税率表办理补税手续，方可出境。

第十一条 本条例附表所列应税货物征税时，均依[illegible]征收，必要时得[illegible]征收之。

第十二条 应征价征税之货物，由分区[illegible]会根据[illegible]区中市场现行市价，按百分之八十折算，作定纳税价格，通知县区各税务机关遵照执行。

第十三条 凡经边区政府批准免税之货物，[illegible]运销时，须持边区[illegible]税务机关之证明文件，并[illegible]手续后方得运行。

第三章 报税与查验

第十四条 (一)应税货物运销边区境内外者，均须在起运时向当地或附近之税务机关报验，并办理纳税手续。

(二)入境之应税货物，必须在入境之第一税务机关报验纳税，如[illegible]第一税务机关[illegible]，以偷税论处。

(三)已税货物不论在中途或到达目的地[illegible]时，须先向当地或附近税务机关报验[illegible]后方可出售。

文献概述：

《陕甘宁边区政府命令》（共计 3 页）是陕甘宁边区政府于 1948 年 2 月 10 日颁布，其主要内容是实施《陕甘宁晋绥边区货物税暂行条例及税率表》，由陕甘宁边区政府主席林伯渠、副主席刘景范联合签发。

文献解读：

抗战胜利后，随着解放区根据地的不断发展壮大，边区原有的货物税条例不能适应新形势发展的需要。1948 年 2 月 10 日边区政府又颁发了《陕甘宁晋绥边区货物税暂行条例》，该条例根据形势需要，增加了一些新的条款，比如，第六条：凡美国制造之一切货物，除经边府特许入境者外，一律禁止入境；第七条：对应税货物税率进行了完善和调整；第九条：本边区与各解放区间之货物税的有关规定。

文献原文：

陕甘宁边区政府命令

新胜字第八十五号

中华民国三十七年二月十日

各专员、县长、各级税务局长：

兹制定《陕甘宁晋绥边区货物税暂行条例》随令颁发，仰即遵照执行为要！

此令！

主　席　林伯渠

副主席　刘景范

陕甘宁晋绥边区货物税暂行条例及税率表

第一章　总纲

第一条　本条例为加强对敌斗争与保障人民经济发展及依据独立自主自力更生精神制定之。

第二条　本条例以货物为征收对象，凡应税货物均依照本条例一次征收之（应税货物表附后）

第三条　凡出入境货物及过境货物之一切管理事宜，统由各地税务机关办理。

第四条　凡有关税务及违禁物品之查缉事项，统由各地税务机关及委托之缉私机关办理，其他任何部队、机关、团体或个人均不得随意检查或没收。

第五条　凡应税货物除经边区政府批减免者外，不论公私商贩均须照章纳税。

第六条　凡美国制造之一切货物，除经边府特许入境者外，一律禁止入境。

第二章　税则

第七条　应税货物悉依下列规定办理：

（一）凡运进边区之应税货物不论在境内销售或运往边区以外销售者，均依照入境货物税税率表征收之。税率表见附表（一）。

（二）凡边产货物应征税出境者，悉依出境货物税税率表征收之。税率表见附表（二）。

（三）凡边区土产在本区销售之应税货物，悉依边产品税率表征收之。税率表见附表（三）。

第八条　凡出境之有税货物，均须于起运地报验纳税。如在中途销售者，概不退税。

第九条　本边区与各解放区间之货物税规定如下：

（一）允许入境之应税外货，经邻区运往本区者，如在邻区已纳入境税者，其税率不论低于本区或高于本区入境税率，均不得补退税额或再征税费。

（二）如邻区允许入境、我区禁止入境之外货，须经边区政府批准方得特许运入或过境，但严禁在本区出售。

（三）本区土产品经邻区运往敌区时，应在起运地缴纳出境税；或邻区土产品运入本区后再转运敌区时，亦应在起运地（或再转运地）缴纳出境税，如在产地已纳出境税者，本区不得再征出境税或补税。

（四）凡同类土产品在邻区无税、本区应税者，运销本区时得按本区土产品税率征税。

（五）邻区已税之土产品，除烟酒迷信品外，得在本区自由运销，本区不得再征税费。

第十条　凡在境内免税或无税转运销之货物，如在中途改运出境者，应在当地或就近税务机关报请查验，并按出境税率表办理手续后方可出境。

第十一条　本条例附表所列应税货物征税时均依从价征收，必要时得从量征收之。

第十二条　应从价征税之货物由分区估价委员会根据该区中心市场现行市价按百分之八十折算，估定纳税价格通知该区各税务机关遵照执行。

第十三条　凡经边区政府批准免税或减税之货物运销时，须领取边区最高税务机关之证明文件，并具备查验手续后，方得运行。

第三章　报税与查验

第十四条

（一）边产应税货物运销边区境内外者，均须在起运时向当地或附近之税务机关报请查验及办理纳税手续。

（二）入境之应税货物必须在入境之第一税务机关报验纳税，如超越第一税务机关，经查获后以偷税论处。

（三）已税货物不论在中途或到达落货地点销售时，须先向当地或附近税务机关报请开包查验，贴花盖章后方可出售。

（四）改装转运之货物均须报请当地或附近之税务机关查验，盖章并割取转分运证后始得起运。

第十五条

凡贩运应税货物，因故延误，不能依税票限期到达落货地时，运货人须于税票未过期前报请沿途税务机关批明运行。或到达落货地票已过期者，须先具保售货，经查明属实者方得销保。

第四章　奖惩

第十六条

（一）凡商贩有违犯左列各项者，须依其应税货物之性质分别处罚之。（甲）违犯本条例第二章第三章各项规定之一者。（乙）涂改税票花证或税票花证有重用情事者。（丙）货票不符无正当理由与证明者。（丁）有税票无花证或无检查戳记手续者。（戊）用其他方法偷税者。

（二）运销货物如系必需品，有违犯第一项各款规定之一者，除照章补税外，得按应纳税额处以半倍至一倍之罚金，但货数在起征点以下者免罚。

类别	品名	税率（%）	起征点	说明
棉织品类	土布	10	一疋	
	各色宽大布	10	二丈	
	纱线	10	捆五斤	
	棉花	2	五〇斤	
	估衣	10	二件	只许布估衣入境
纺织品类	罗底	10	一丈	
皮毛及其制成品类	单张生熟皮	5	二张	
	羊毛	5	二〇斤	
	驼毛	5	二〇斤	
	军用皮革成品	5	酌定	禁运者例外
文具纸张类	各种球类及体育用品	5	酌定	
	各种文具	5	酌定	
	各种纸张	10	一刀	
	蜡纸	2	一筒	
	复写纸	2	一盒	
金属类	铁	5	一〇斤	
	铁制品	5	酌定	
	生熟铁器	2	酌定	
牲畜类	各种牲畜	2	一头	
食品类	植物类	10	五斤	
	动物类	10	五斤	
	各种调料	15	酌定	
	食盐	10	二〇斤	

类别	品名	税率（%）	起征点	说明
杂货类	火柴	禁入	一〇包	陕区三边、陇东、关中征30%入境，其他禁进
	各种茶	10	一斤	
	蔴	10	五斤	晋绥禁入
	梳篦	10	五斤	
	各种颜料	禁入	一斤	特许公司者例外
	白黑矾	10	二斤	晋绥禁入
	洋灯罩	15	五斤	
	马灯	15	五斤	
	粗瓷器	禁入	一件	陕区陇东、关中征10%入境，其他禁进
	镜子	10	五斤	
	纸烟香料	10	酌定	
	牙刷牙膏	10	一打	
	牙粉	10	一打	
	煤油灯座	15	五斤	
	蜡烛	10	二包	
	桐油煤油	10	五斤	
	油*、弓弦、漂白粉	5	酌定	
	自行车、胶皮带、照相器材	5	酌定	
	烟袋头嘴	5	五斤	

（三）运销货物如系半必需品时，有违犯第一项各款规定之一者，除照章补税外得按应纳税额处以一倍至一倍半之罚金，货数恰够起征点者免罚。

第十七条　如有伪造税票、花证、戳记，除将该案货物没收外，人送司法机关究办，暴力抗税或拒绝检查涉及刑事范围者，送司法机关惩办之。

第十八条　凡因报告而查获之偷税货物及违禁品，均得酌情给予奖励，其奖励办法另定之。

第十九条　凡税务人员有违章收税或勒索，得按情节轻重依法惩办，被勒索人有权自由控诉。

第五章　附则

第二十条　本条例施行细则另定之。

第二十一条　本条例自边区政府公布施行之日起，陕甘宁晋绥前颁布之单行货物税条例及施行细则即行作废。

陕甘宁晋绥边区货物税税率表

（一）入境货物税税率表

免税入境货物	粮食、汽油、机器、机件、机油、印刷器材、交通器材、通讯器材、医药器材、各种化学原料、地药、纺织工具、化学仪器、火连、石炭、大米、中西药材、红白糖、海带、洋瓷盆、碗缸、针、顶针、银珠、铜。
禁止入境货物	蔴织品、丝织品、毛织品、各种服装饰品、化学用品、玻璃料器、水烟、烟酒类、化学品、迷信品、各种玩具、各种毒品、草编物（苇子）非军用之皮革品、西药中的维他命、哈尔巴发补药、火柴（陕区之三边、陇东关中征收入境）、玻璃纸、宣纸、色纸、洋糖、水果糖、麻绳、细瓷器、美国货禁止入口、牛奶、罐头、线毯、毛织袋子、海菜、火纸。

（二）出境货物税税率表

食品类							皮毛类					棉麻织品类					类别
粉面	粉条	蜂糖	动物油	发菜	红枣	植物油	野兽皮	牲畜皮	皮制品	驼毛	羊毛	毛织品	丝织品	麻织品	棉织品	各积土布	品名
20	10	15	10	5	5	10	5	10	5	5	2	2	2	5	5	5	税率（%）
5斤	5斤	5斤	5斤	5斤	2斤	5斤	一张	*张	一件	20斤	20斤	酌定	酌定	酌定	酌定	一疋（匹）	起征点
																	说明

禁止出境货物	免税出境货物	杂货类										牲畜		类别
粮食、棉花、军工器材、交通、通讯器材、印刷器材、铁轨、铁丝、蜂蜡、被服线、骆驼、耕牛、驮骡、驴子、母羊、硝。	土产药材、杏仁、蓝靛、肥皂、黑矾、纸烟、各种水果、木质成品、春羊毛、羊绒、猪鬃。	蔴纸	麻绳	碱	煤炭	蔴	生熟铁器	酒	烟叶	木材木炭	甘草	羊	猪	品名
		5	5	10	10	5	5	禁出	5	5	2	10	10	税率（%）
		一刀	酌定	5斤	50斤	5斤	酌定	5斤	20斤	酌定	20斤	一只	一头	起征点
					只限关中			陕区禁止晋绥特许				母羊禁出境		说明

（三）边产货物税税率表

油类	盐类		迷信品类				类别
榨油	小盐	大盐	烧纸	炮	表	香	品名
5%	5%	10%	10%	10%	10%	10%	税率
5斤	1驮	1驮	10局	50斤	半箱	10把	起征点
							说明
	烟酒类			工矿类			类别
	推烟	卷烟	制酒	瓷器	硫磺	煤炭	品名
	5%	5%	30%	5—10%	3—5%	5—15%	税率
	酌定	酌定	5斤	一件	5斤	50斤	起征点
			只限晋绥陕区禁止	只限晋绥征制产税			说明

十一、《陕甘宁边区税务总局命令》

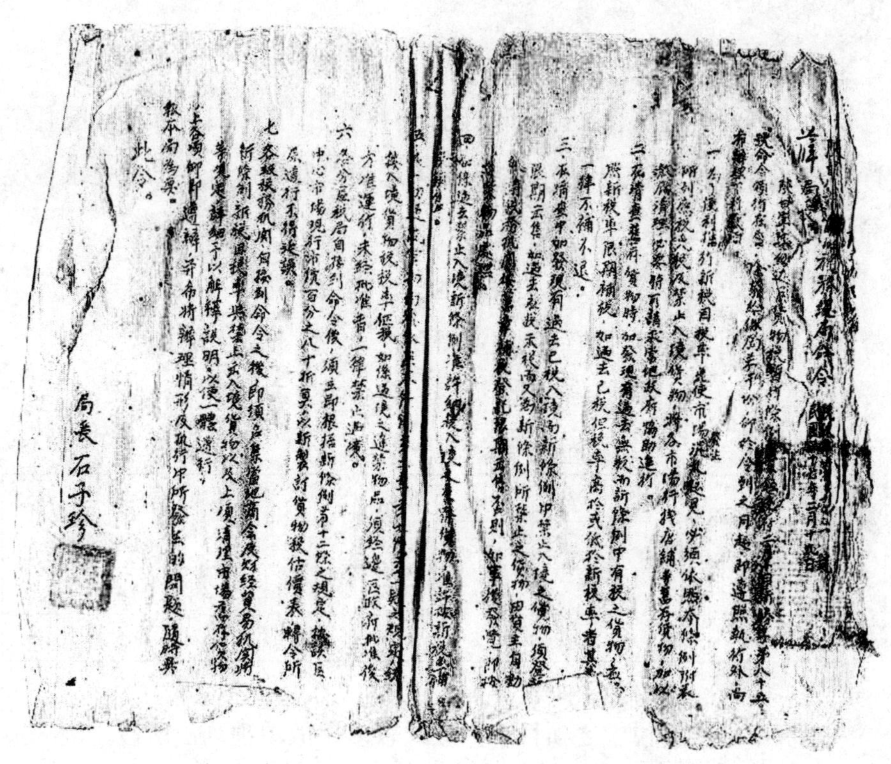

陕甘宁边区税务总局命令 [illegible]

陕甘宁边区[illegible]物[illegible]条例[illegible]，兹命令颁行[illegible]，[illegible]于令到之日起，即遵照执行外，尚有数项[illegible]令：

一、为了便利推行新税目税率，免使市场混乱起见，必须依照本条例附表所列应税入境及禁止入境货物，将各市场行栈店铺[illegible]存货物，加以彻底清理，必要时可请求当地政府协助进行。

二、在清查[illegible]存货物时，如发现有过去无税而新条例中有税之货物者，照新税率限期补税。如过去已税但税率高于或低于新税率者，一律不补不退。

三、在清查中如发现有过去已税入境而新条例中禁止入境之货物，须[illegible]限期出售。如过去未税，未税而又为新条例所禁止之货物，因货主有[illegible]税务机关[illegible]发[illegible]则，如[illegible]发觉，即按[illegible]

四、如系过去禁止入境新条例准许纳税入境[illegible]新税[illegible]

五、[illegible]

[illegible]入境货物税税率征税，如系边境之违禁物品，须经边区政府批准，方准运行，未经批准者，一律禁止出境。

六、各分区税局自接到命令后，须立即根据新条例第十二条之规定，按该区中心市场现行市价百分之八十折算，以新制订货物税估价表，转令所属遵行，不得延误。

七、各级税务机关自接到命令之后，即须与当地商会及对外贸易机关将新条例新税目税率与禁止出入境货物以及上项清理市场存货办法等项，详细予以解释说明，以便一体遵行。

以上各项仰即遵办，并希将办理情形及执行中所发生的问题，随时具报本局为要。

此令。

局长 石子珍

文献概述：

《陕甘宁边区税务总局命令》是陕甘宁边区税务总局局长石子珍于1948年2月19日签发的发给所属分局薛局长的命令，其内容是关于严格执行陕甘宁边区政府于1948年2月10日颁布的《陕甘宁晋绥边区货物税暂行条例》。命令中就如何贯彻落实《条例》提出了具体要求，为了便利推行新税目税率免得使市场发生混乱，一切过境货物税收将统一按照新条例执行。

文献解读：

为了贯彻落实陕甘宁边区政府于1948年2月10日颁布的《陕甘宁晋绥边区货物税暂行条例》，边区税务总局以发布命令的形式要求各税局认真执行。

货物税占据边区税收最主要的地位。这说明边区税收的主要来源还是间接税，而非直接征收商人之所得税。

边区历年各种税收所占百分比

年别	1937	1938	1939	1940	1941	1942	1943	1944	1945
货物税		31.5	32.5	43.2	43.4	75.8	50.2	61.6	56.5
营业税					10.3	11.4	34.2	20.4	7.7
盐税	100	68.5	67.2	56.8	46.3	12.8	15.5	17.5	34.5

盐税本是货物税中之项目，因收入较多，故单独列出所占比例。边区自1937年起，仅有盐税，无其他税或仅有少部分，故盐税所占比例特别大；1937年以后，特别是1941年皖南事变后，边区各种货物税设立，收入增多，盐税收入所占比例即逐年下降，货物税收入比例不断增大。货物税中的入境税是货物税的主要税收。边区的贸易逆差情况相当严重，如果边区没有食盐与特产的输出，边境的对外贸易是很难平衡的。1944年度，布、棉进口占进口总值68%，可见布、棉两货在边区

的进口贸易中是占着极重要的地位。

文献原文：

陕甘宁边区税务总局命令

税政字第一〇〇一号

民国三十七年二月十九日

薛局长：

陕甘宁晋绥边区货物税暂行条例业经边府二月十日新胜第八十五号命令颁行在案，除发给你局若干份，仰于令到之日起，即遵照执行外，尚希办理下列数项：

一、为了便利推行新税目税率免使市场发生混乱起见，必须依照本条例附表所列应税、免税及禁止入境货物，将各市场行栈店铺等旧存货物，加以彻底清理，必要时可请求当地政府协助进行。

二、在清查旧存货物时，如发现有过去无税而新条例中有税之货物，应按照新税率限期补税，如过去已税，但税率高于或低于新税率者其一律不补不退。

三、在清查中如发现有过去已税入境而新条例中禁止入境之货物，须登记限期出售，如过去应税未税而又为新条例所禁止之货物，由货主自动报请税务机关按旧章补税登记限期出售。否则，如事后发觉，即按违禁物品处理。

四、如系过去禁止入境，新条例准许纳税入境之旧存货物，准许按新税率补税销售。

五、凡一切过境货物均须依照本条例第二章第七条六十一款之规定，统一按入境货物税税率征税，如系过境之违禁物品，须经边区政府批准后方准运行，未经批准者，一律禁止过境。

六、各分区税局自接到命令后，须立即根据新条例第十二条规定，按该区中心市场现行市价百分之八十折算，以新制定货物税估价表，转令所属遵行不得延误。

七、各级税务机关自接到命令之后，即须召集当地商会及财经贸易机关，将新条例、新税目、税率与禁止出入境货物以及上项清理市场旧存货物等规定，详细予以解释说明。以便一体遵行。

以上各项仰即遵办，并希将办理情形及执行中所发生的问题，随时具报本局为要。

此令。

局　长　石子珍

十二、《陕甘宁边区税务总局通知》

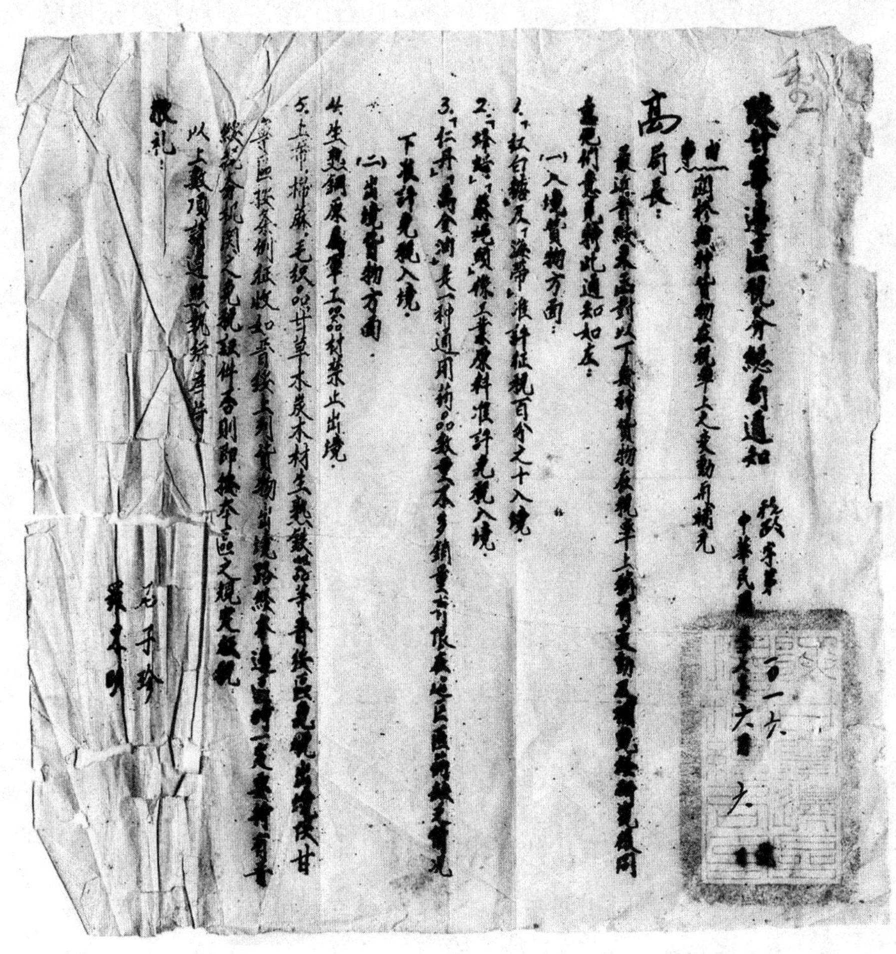

陕甘宁边区税务总局通知　税政字第一六号

中华民国三十六年六月六日

事由：关于各种货物税率上之变动并补充

高局长：

最近曾经本局对以下几种货物税率上新有变动及补充条例数点，兹同意见特此通知如左：

(一)入境货物方面：

1.「红白糖」及「海带」准许征税百分之十入境。

2.「蜂蜡」「苏毛头」系工业原料准许免税入境。

3.「仁丹」「万金油」是一种通用药品，数量不多，销量亦有限，在边区药品缺乏情况下准许免税入境。

(二)出境货物方面：

4.生熟铜系军工器材禁止出境。

5.土布、棉麻、毛织品、甘草、木炭、木材、生熟铁器等晋绥区免税出境，陕甘宁区按条例征收，如晋绥上列货物出境路经本边区时一定要持有晋绥税务分局之免税证件，否则即按本区之规定征税。

以上数项希遵照执行为荷。

敬礼！

范子珍

罗东明

文献概述：

《陕甘宁边区税务总局通知》是陕甘宁边区税务总局于1948年6月6日发给所属分局高局长关于“红白糖、海带、土布、棉麻、毛织品等货物在出入境方面税率变动”的通知，将2月10日颁布的《陕甘宁晋绥边区货物税暂行条例》中的有关规定作了调整，如：原来免税入境的货物红白糖及海带，准许征税10%；原来禁止入境的货物蜂蜡、麻绳头，允许免税入境。该《通知》由局长石子珍、副局长罗东明联名签发。

文献解读：

1948年2月10日颁布的《陕甘宁晋绥边区货物税暂行条例》随着形势的变化和各解放区的实际需求，在执行过程中，遇到了一些问题，陕甘宁边区税务总局按照实事求是的原则，及时调整了有关货物税的内容。

文献原文：

陕甘宁边区税务总局通知

税政字第一〇一六号

中华民国三十七年六月六日

事由：关于几种货物在税率上之变动与补充

高局长：

最近晋绥来函对以下几种货物在税率上稍有变动及补充，经研究后同意他们意见，特此通知如左：

（一）入境货物方面

（1）“红白糖”及“海带”准许征税百分之十入境。

（2）“蜂蜡、麻绳头”系工业原料准许免税入境。

（3）“仁丹”、“万金油”是一种通用药品，数量不多，销量有限，在边区医药缺乏情况下，准许免税入境。

（二）出境货物方面

（4）生熟钢原属军工器材禁止出境。

（5）土布、棉麻、毛织品、甘草、木炭、木材、生熟铁器等晋绥区免税出境陕甘宁区，按条例征收；如晋绥上列货物出境路经本边区时，一定要持有晋绥税务机关之免税证件，否则即按本区之规定征税。

以上数项请遵照执行为荷。

敬礼！

石子珍　罗东明

十三、《陕甘宁边区政府新胜字第104号命令》

陕甘宁边区政府命令

陕甘宁边区牲畜粮食买卖手续费征收办法

第一条 本办法为适应战时财政需要并便于管理牲畜粮食交易市场而规定之。

第二条 凡边区境内之骡马牛驴骆驼猪羊等牲畜买卖及市镇之粮食买卖，不论公私均须依照本办法之规定，缴纳牲畜买卖手续费及粮食买卖手续费。

第三条 (一)牲畜买卖手续费定为牲畜价额百分之三，由买主缴纳。(二)粮食买卖手续费定为承购粮数百分之二，由买主缴纳。

主席 林伯渠
副主席 杨明轩 刘景范

文献概述：

《陕甘宁边区政府新胜字第104号命令》是陕甘宁边区政府于1948年3月23日颁发的，其内容是实施《陕甘宁粮食牲畜买卖手续费征收办法》。《命令》指出，为统一边区税收，适应战时财政统筹计划，决定从1948年5月1日起，将过去划归地方收入的牲畜及粮食买卖手续费（斗佣）一律收归边区财政收入，由税务机关统一征收。该《办法》对税率进行了调整：牲畜买卖手续费税率规定为牲畜价额3%，由买主缴纳。粮食买卖手续费税率规定为承购粮数2%，由卖主缴纳。牲畜粮食买卖手续费归边区财政收入，由各地税务机关直接筹划专收或委托一定机关代收，代征机关提取税款15%作为办公补助费。

文献解读：

牲畜税与斗佣属于边区的地方税。牲畜税是牲畜买卖的一种手续费，由买方出，其设置的原意为监督牙行（经纪人），取消其暗中剥削，便于百姓交易，并保证货主的合法权利。斗佣是代买卖粮食者过斗而征收的一种手续费。牲畜税与斗佣本是一种不良税制，土地革命时期已经取消。因边区农村分散，经济落后，为应百姓贸易交易需要，赢得抗战胜利，抗战后又开征。自1938年起，边区开始部分征收牲畜税与斗佣，到1939年，此种税费，在边区普遍施行。牲畜税与斗佣自征收以来，收入数额逐年扩大。1942年8月，边区政府将牲畜买卖手续费、粮食斗拥划归地方财政。自归地方政府收入后，为地方财政上解决了很大问题，成了县区政府经费开支的主要项目。

1948年4月22日，胡宗南撤离延安后，延安经济建设进入恢复时期。为适应战时财政需求，边区政府决定将地方牲畜粮食买卖手续费归入边区财政收入，因此制定此规定。

边区税收与地方税收收入分别使用的方法，有效地保证了边区财政（中央）与地方财政作用的有效发挥。中央与地方分税制的建立，为明确财权，划分事权提供了可靠基础。陕甘宁边区分税制的状况一直持续到新中国成立后，新税制的建立。

文献原文：

陕甘宁边区政府命令

新胜字第一〇四号

中华民国三十七年三月二十三日

各专员县长、各级税务局长：

为统一税收，适应战时财政统筹计划，本府特决定从本年五月一日起，将过去划归地方收入之地方牲畜及粮食买卖手续费一律收归边区财政收入，统由税务机关征收。兹制定牲畜粮食买卖手续费征收办法，随令颁发，仰即遵照执行为要！

此令。

主　席　林伯渠

副主席　杨明轩

刘景范

陕甘宁牲畜粮食买卖手续费征收办法

第一条　本办法为适应战时财政需要，并便于管理牲畜粮食交易市场而制定之。

第二条　凡边区境内之骡、马、牛、驴、骆驼、猪、羊等牲畜买卖及市镇之粮食买卖，不论公私均须依照本办法之规定，缴纳牲畜买卖手续费及粮食买卖手续费。

第三条（一）牲畜买卖手续费税率规定为牲畜价额百分之三，由买主缴纳。

（二）粮食买卖手续费税率规定为承购粮数百分之二，由卖主缴纳。

第四条　牲畜粮食买卖手续费归边区财政收入，由各地税务机关直接筹划专收或委托一定机关代收，代征机关得提取税款百分之十五作为办公补助费，但不得采用包征办法，以防流弊。

第五条　牲畜买卖手续之征收均须依下列规定办理。

（一）凡牲畜买卖商定后，须向征收机关照章纳费。

（二）凡交换牲畜，经人证明者，由找价人依找价金额照章纳费。

（三）凡成群牲畜已经缴费，再拟分运时，须持原纳费证，向征收机关割取分运证，方得运行。

（四）纳费人完费后须向收款机关领得财政厅制印之牲畜买卖手续费证后方为有效，否则纳费人有权拒绝纳费。

第六条　牲畜与粮食买卖有左列情事之一，经查明属实者免征手续费。

（一）买卖猪娃不满三只者。

（二）买卖羊子不满两只者。

（三）买卖粮食不满一斗者。

（四）为救济灾难民买粮进进行平粜者。

第七条　粮食买卖手续之征收与解交之规定

（一）凡有粮食买卖之市集，均由该县税务机关派人征收之。

（二）凡市镇之粮食交易，均须一律使用政府规定公斗公升过量，不得自制升斗。

（三）征收粮食买卖手续费之人员，须遵照本办法第三条第二项之规定征收，禁止籍［借］故多收。

（四）征收之粮食一律按市价百分之八十五计价交附近贸易公司作调剂市场之用，当地或附近如无贸易公司者，交当地政府按月汇集并派专人代管，由县税局定期拍卖，款解金库。

（五）征收人员，须于每集当日登记结账，并将账册送交当地税务机关或政府负责审核盖章，防止流弊。所收粮食绝对不许私自挪用。

第八条　罚则

（甲）买卖牲畜有下列情事之一者，得酌情加征一成至四成之罚金。

（一）隐瞒价格以多报少者。

（二）农村牲畜买卖成交后十日内无故不向征收机关报请纳费者。

（三）互相包庇逃避纳税者。

（四）顶用旧票或涂改票证者。

（五）制造假票者除加征罚金外，人送司法机关办理。

（乙）如有私收佣金，经查获后，除将佣金没收外，并将人送司法机关办理。

（丙）征收人员如有违章征费及贪污浪费等情事者，受害人及任何人均有控诉与揭发之权。

第九条　本办法自公布之日起施行。

十四、《陕甘宁边区财政厅财税字第 2 号指示》

陝甘寧邊區政府財政廳指示 財稅字第[illegible]號 中華民國三十七年[illegible]

各縣長、各稅務局長：

茲為適應戰時財政需要，邊府已決定將地方糧食貿易手續[illegible]區財政收入，其往當糧食貿易手續費徵收辦法及接收[illegible]第一〇四號命令頒行在案，希遵照執行外，尚須從[illegible]

(一)自民國三十七年五月一日起，各地糧食[illegible]務机関直接派人徵收。

(二)自規定接收之日以前各地遺留未了之徵收手續，仍由原徵收機關負責處理，由縣二科報告分區財經科，然後綜合報告財廳，繳清手續。自接收之日起，即須將原徵收人員經審查後隨同觀票賬冊公升公斗及徵收之情形等一併交給当地税务机関统筹辦理，勿再拖延（人員應根據工作实際需要配备，不足者由当地政府抽補）。

(三)各税务局所長自接到指示後，即親赴所管各區各市集詳細了解該地糧食貿易情況，本着增加收入節省開支的原則，再決定設人專收或委託代徵，萬勿粗心大意，以免浪費人力財力或影响收入。

(四)受税务机関委託代徵糧食貿易手續費之机関，得按收入額提取百分之十五作為代徵補助費。

(五)[illegible]之徵收，除特殊情形外，原則上由各税务机関自行派人輪流徵收，不得假人徵收或委託代徵。

(六)糧食貿易手續費所徵收之实物，全部按市價百分之八十五折價交當地或附近貿易公司作調劑糧食用。如当地或附近無貿易公司時可由該管税局派專人按月集交價入庫，或委託適当机関代售，各經徵机関及徵收人員，一律不准變賣挪用。

以上各項希即執行，各税务机関須將接收及接收後之經徵情形，隨時彙報税务總局备查為要。

此致

敬礼！

財政廳廳長 范子文

副廳長 黃靜波

税務總局局長 [illegible]

文献概述：

《陕甘宁边区财政厅财税字第2号指示》是陕甘宁边区财政厅于1948年3月23日颁布的，其内容是实施边区政府颁发的《陕甘宁粮食牲畜买卖手续费征收办法》(《陕甘宁边区政府新胜字104号命令》)。《指示》要求："各税务局所长自接到指示后，即亲赴所管各区各市集详细了解该地牲畜粮食买卖情况，本着增加收入、节省开支的原则，再决定设人专收或委托代征，万勿粗心大意，以免浪费人力财力或影响收入。"

文献解读：

同上。

文献原文：

陕甘宁边区政府财政厅指示

财税字第二号

中华民国三十七年三月二十三日

各县长、各税务局长：

兹为适应战时财政需要，边府已决定将地方牲畜粮食买卖手续费收归边区财政收入，其牲畜粮食买卖手续费征收办法及接收规定，业由边府新胜字第一零四号命令颁行在案，希遵照执行外，尚需按下列规定办理。

一、自民国三十七年五月一日起，各地牲畜粮食买卖手续费，统归当地税务机关直接派人征收。

二、自规定接收之日以前各地应清未了之征收手续，仍由原征收机关负责处理，由县二科报告分区财经科，然后综合报告财厅，缴清手续。自接收之日起，即须将原征收人员经审查后随同税票账册公升公斗及征收之情形等一并交给当地税务机关统筹办理，勿再拖延（人员应根据工作实际需要配备，不足者由当地政府抽补）。

三、各税务局所长自接到指示后，即亲赴所管各区各市集详细了解该地牲畜粮食买卖情况，本着增加收入、节省开支的原则，再决定设人专收或委托代征，万勿粗心大意，以免浪费人力财力或影响收入。

四、受税务机关委托代征牲畜买卖手续费之机关，得按收入额提取百分之十五作为代征补助费。

五、各市镇粮食买卖手续费之征收，除特殊情形外，原则上由各税务机关自行派人轮流征收，不得雇人征收或委托代征。

六、粮食买卖手续费所征收之实物，应全部按市价百分之八十五折价，交当地或附近贸易公司作调剂粮使用。如当地或附近无贸易公司时，可由该管税局派专人按月汇集变价入库，或委托适当机关代售。各经征机关及征收人员，一律不准变卖挪用。

以上各项希即执行。各税务机关须将接收及接收后之经征情形，随时汇报税务总局备查为要。

敬礼！

财政厅厅长　范子文

副厅长　黄静波

税务总局局长　石子珍

十五、《陕北税务局长给分局长的函》

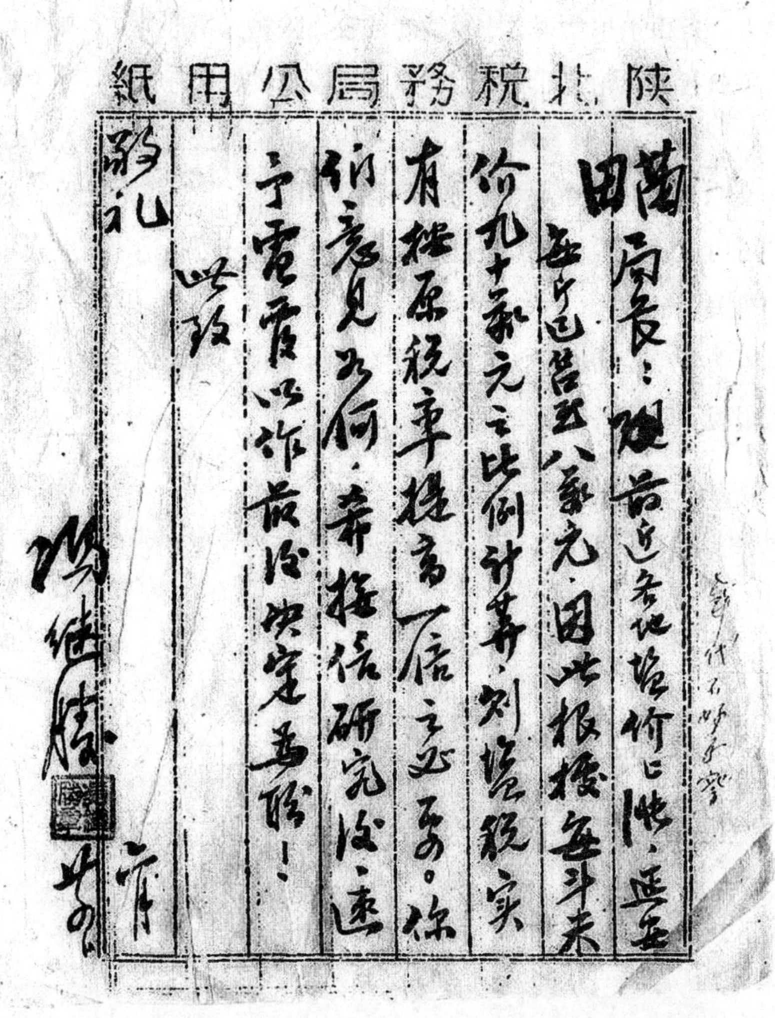

陕北税务局公用纸

苗田局长：现悉近各地盐价已涨，延盐每斤已涨至八万元，因此根据每斗未税价九十万元之比例计算，则盐税实有按原税章提高一倍之必要。你们意见如何，希接信研究后，速予电覆，以作最后决定为盼！

此致

敬礼

[illegible]

文献概述：

《陕北税务局长给分局长的函》是陕北公署税务局长冯继胜于1949年6月24日写给所属分局的函，函中指出，鉴于陕北地区盐价上涨情况，请所属分局提出调整盐税的意见。

文献解读：

食盐是陕甘宁边区的特产之一，主要分布在三边分区定边、盐池县北部。在日寇未投降前，这里是国民党西北区人民的主要盐源，也是边区换取"外汇"的主要物资之一。盐业是陕甘宁边区的主要经济支柱，盐税是边区最老的税收，是陕甘宁边区的重要财政来源，对陕甘宁边区的经济建设、政府的正常运转、改善人民日常生活都起到了重要作用。毛泽东主席曾说："盐是边区平衡出入口、稳定金融、调节物价的骨干。"

盐税是边区最老的税收，自1937年开始征收，1937年至1940年由三边税务局征收。1941年，边区成立了盐务局，盐税划归盐务局征收，归军委后勤部管理。1942年1月，边区财政厅自军委后勤部接收了盐务局。

1941年皖南事变爆发后，国民政府完全停发了八路军和新四军的军饷，对边区进行军事和经济封锁，边区出现了财政危机。同时，为了应对军事封锁和保卫边区安全，边区政府调入大量部队，非生产人员急剧增加，致使边区经济雪上加霜。1941年边区成立了盐务局，盐税划归税务局征收，归军委后勤部管理。1942年1月，边区财政厅自军委后勤部接收了盐务局。为了解决边区财政危机，边区政府开始重视食盐的生产、运销等方面的管理。盐税成为此时边区财政收入的最重要的来源，食盐成为边区对外贸易的台柱，约占整项出口的半数到三分之二。

抗日战争胜利后，由于陕甘宁边区食盐外销量减少，边区政府取消了食盐专卖（统销）制度，并将盐税的税收管理划归税务部门管理。

解放战争期间，盐税的高低依然影响着边区的财政收入，影响着解放战争的进程。为此，边区政府（陕北行署）根据市场变化和物价因素适时调整盐税税率，以便平衡边区财政收支，平抑市场物价。

文献原文：

苗、田局长：

最近各地盐价上涨，延安每斤已售至八万元。因此根据每斗米价九十万元比例计算，则盐税实有按原税率提高一倍之必要。你们意见如何，希接信研究后，速予电复以作最后决定为盼！

此致

敬礼！

冯继胜

六月廿四日

十六、《陕北行政公署命令》

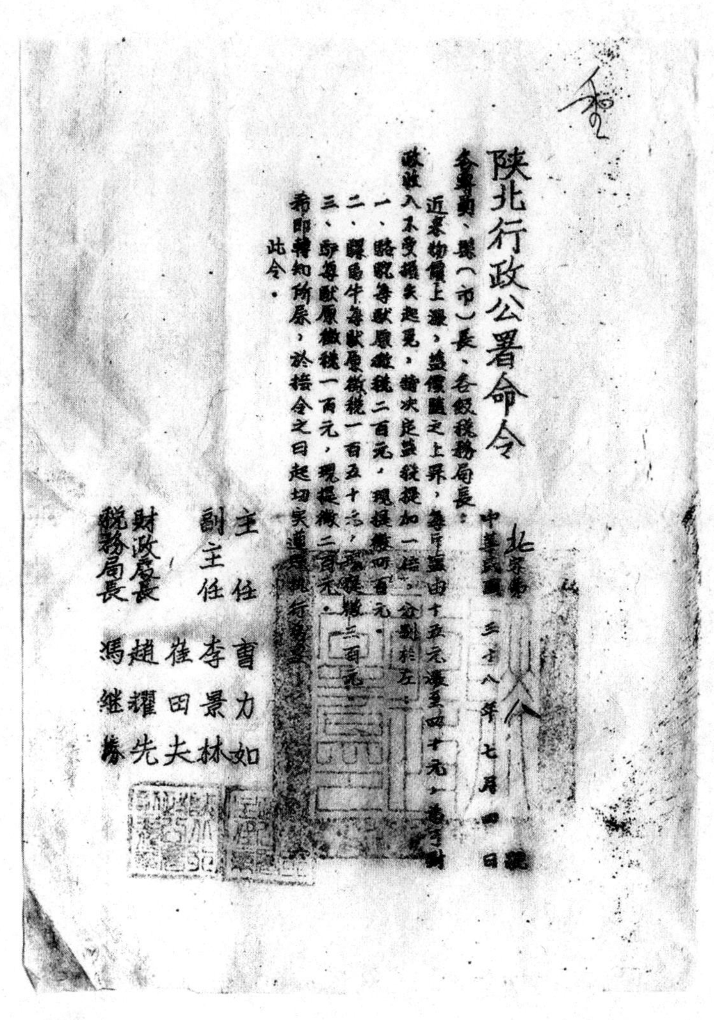

陝北行政公署命令

北字第[illegible]號

中華民國三十八年七月四日

各專員、縣（市）長、各級稅務局長：

近來物價上漲，鹽價隨之上昇，每斤鹽由十五元漲至四十元，為了財政收入不受損失起見，特決定鹽稅提加一倍，分別於左：

一、駱駝等獸原徵稅二百元，現提徵四百元。

二、騾馬牛等獸原徵稅一百五十元，現提徵三百元。

三、驢等獸原徵稅一百元，現提徵二百元。

希即轉知所屬，於接令之日起切實遵照執行為要！

此令。

主任 曹力如

副主任 李景林 崔田夫

財政處長 趙耀先

稅務局長 馮繼[illegible]

文献概述：

《陕北行政公署命令》是陕北行政公署于1949年7月4日颁布的，《命令》指出：“因物价上涨，盐价随之上升，为了财政收入不受损失而提加盐税”。

文献解读：

同上。

文献原文：

陕北行政公署命令

北字第八号

中华民国三十八年七月四日

各专员、县（市）长、各级税务局长：

近来物价上涨，盐价随之上升，每斤盐由十五元涨至四十元，为了财政收入不受损失起见，特决定盐税提加一倍，分别于左：

1. 骆驼每驮原征税二百元，现提征四百元。

2. 骡马牛每驮原征税一百五十元，提现征三百元。

3. 驴每驮原征税一百元，提现征二百元。

希即转之所属，于接令之日起切实遵照执行为要。

此令。

主　任　曹力如

副主任　李景林

崔田夫

财务局长　赵耀先

税务局长　冯继胜

注：陕北行政公署

1949年，是中国革命在全国范围内取得重大胜利的一年。为了适应西北战场由陕北向关中南移的形势，支援大军向西北诸省胜利进军，2月21日，中共中央决定西安解放后，将中央西北局、陕甘宁边区政府和西北军区迁至西安。西北局鉴于机关迁移后，距延安较远，不便领导陕北老革命根据地的工作，故于同年2月26日向党中央请示成立中共陕北区委员会和陕北区行政主任公署，党中央于3月4日批复同意。经过筹备，1949年5月5日，在延安王家坪正式成立了陕北区行政主任公署（简称陕北行署）。曹力如任陕北行署主任，李景林为第一副主任，崔田夫为第二副主任。下设陕北税务局管辖原陕北各分局，冯继胜任税务局局长（1949.5—1950.2）。

十七、《陕北税务局通知》

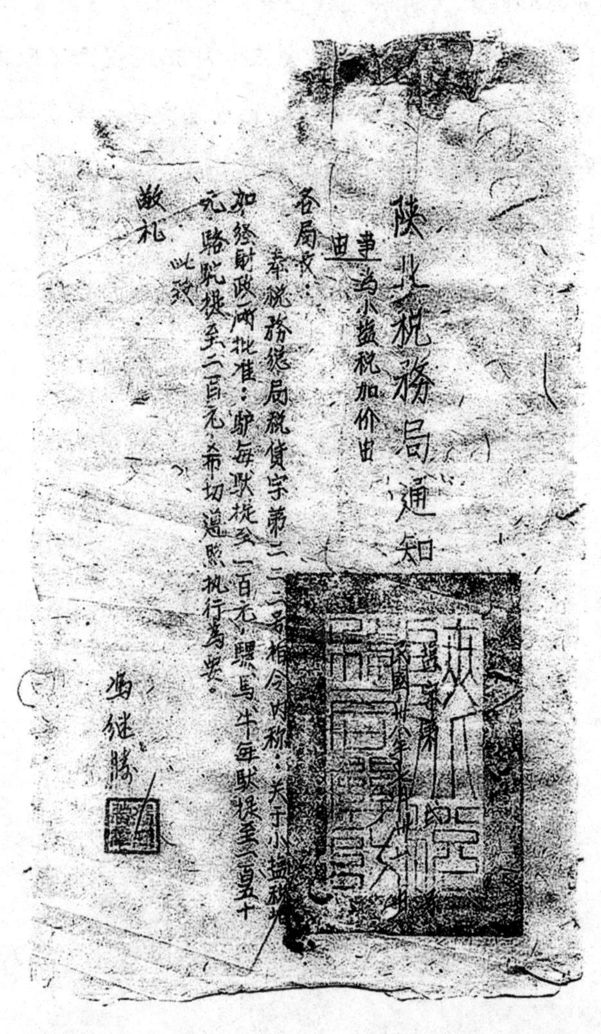

陕北税務局通知

事由　为小盐税加价由

各局长：

奉税務総局税貨字第二三号指令内称：关于小盐税加經財政廳批准：驴每驮税征一百元，騾、馬、牛每驮征至二百五十元，駱駝征至二百元，希切遵照執行為要。

此致

敬禮

冯继勝

文献概述：

《陕北税务局通知》是陕北税务局于1949年7月31日颁布的，《通知》要求所属各税务局要按照税务总局的指令，做好“小盐税加价”工作。由陕北税务局局长冯继胜签发。

文献解读：

同上。

文献原文：

陕北税务局通知

盐字第二号

民国三十八年七月三十一日

事由　为小盐税加价由

各局长：

奉税务总局税货字第二二二号指令内称：关于小盐税增加，经财政厅批准，驴每驮提至一百元，骡、马、牛每驮提至一百五十元，骆驼提至二百元，希切遵照执行为要。

此致

敬礼！

冯继胜

金融工作

概述

中央红军长征到达陕北后，货币发行经历了五个历史时期。

第一个时期。中华苏维埃共和国国家银行于1932年2月成立于江西瑞金，红军长征到达陕北后，与陕甘晋省苏维埃银行合并改名为中华苏维埃共和国国家银行西北分行。中华苏维埃共和国国家银行西北分行发行苏维埃货币，简称“苏票”。

第二个时期。抗日战争爆发后，国共实现第二次合作。1937年10月1日，中华苏维埃共和国国家银行改为陕甘宁边区银行，并以法币（国民政府本位币）为边区本位币，收回苏票，停止苏票流通。法币成为边区本位币后，由于国民政府发给边区的军饷是五元、十元的主币，“零钱”十分缺乏，给边区市场贸易和百姓生活带来了极大不便。1938年6月间，边区根据市面需要，通过光华商店，用“延安光华代价券”名目发行二分、五分、一角、二角、五角票五种流通边区市面，以方便市场“找零”。光华商店是边区银行所辖的一个商店。因为根据国共合作协议，边区不设立银行，不发行货币。当时边区银行没有公开，实际是财政厅的支付机关。

第三个时期。皖南事变后，国民政府完全停发八路军、新四军军饷，采取经济封锁的办法来对付边区，企图把边区军民饿死，困死。边区政府为了筹集发展经济的资金，为了解决边区财政困难，为了边区老百姓免受法币跌价的损失，为了避免敌人经过法币套取外汇，同时也是为了抗议皖南事变与国民党的经济封锁政策，边区政府于1941年1月30日颁布法令——《关于停止法币行使的布告》，禁止法币在边区行使；同年2月18日，边区政府又发布《关于发行边币的布告》，授权边区银行发行边币在边区境内流通，并规定在边区境内只准使用边币。从此，边币成为边区的本位币。

1944年7月，鉴于边币贬值，通货膨胀，物价暴涨的情况，7月1日边区政府发布了《为发行陕甘宁边区贸易商业流通券布告》：由陕甘宁边区贸易公司发行“陕甘宁边区贸易公司商业流通券”，商业流通券与边币互相兑换，一律通用。1945年5月1日，西北财经办事处发出通知，要求自6月1日起，商业流通券为陕甘宁边区本位币。

第四个时期。抗战胜利后，1947年3月，胡宗南开始对陕甘宁边区进行大规模军事入侵，陕甘宁边区银行进行战略转移，于同年8月到达晋绥解放区。1947年10月边区和晋绥解放区在山西兴县蔡家崖举行联席会议，商讨了两个地区财政经济统一的问题，以解决边区政府在财政上的困难，首先开始了山陕两个地区的财政工作的联合。之后，陕甘宁边区银行与晋绥西北农民银行合并成立西北农民银行，发行西北农民银行货币——农币。农币为西北解放区的本位货币，也是陕甘宁边区的本位币，商业流通券为辅币。商业流通券与农币的比价固定为1∶1，准其相互流通，但停止商业流通券印制，逐渐收回。

第五个时期。解放战争转入我军攻势后，1948年11月22日，华北人民政府发布训令：华北银行、北海银行、西北农民银行合并成立中国人民银行，以华北银行为总行。12月1日，在河北省石家庄市成立中国人民银行。同日，开始发行统一的新币——人民币。12月22日，西北财政经济委员会颁布通令：自明年（1949年）1月1日起，实行以新币为边区本位币，并责成银行及贸易公司代理人民银行总行，逐渐收回农币。

陕甘宁边区的历史不算太长，但它经历了中国共产党领导下的金融工作发展的全过程，在它不大的土地上，承载了中国共产党领导下的金融机构发行的所有货币，为民族的解放、为新中国的建立做出了贡献。

一、《发行问题检查》

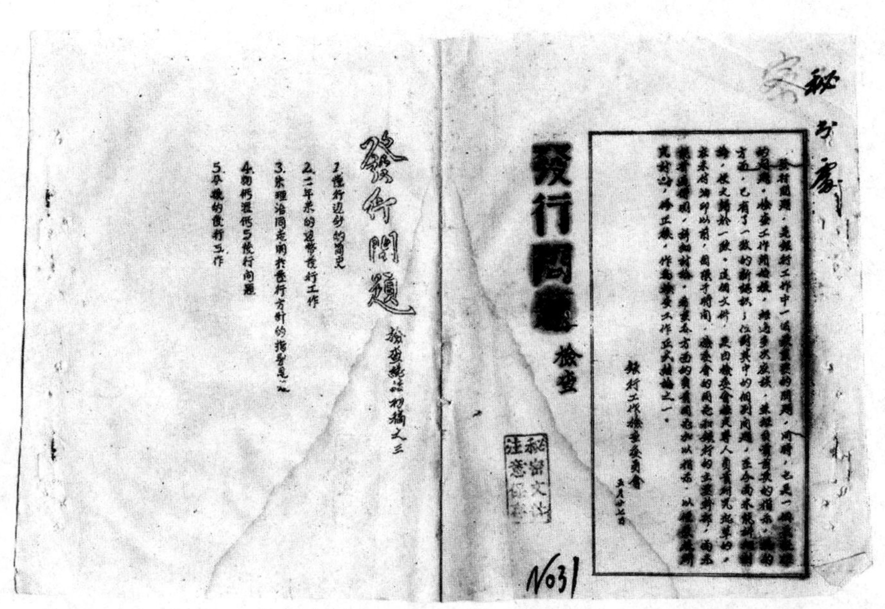

秘书處

發行問題檢查

發行問題，是銀行工作中一個最重要的問題，同時，也是一個爭論最多的問題。檢查工作開始後，經過多次座談，並根據負責者的指示，發行方面，已有了一致的新認識，但對其中的個別問題，至今尚未能詳細討論，使之歸於一致。這個文件，是由檢委會專門負責研究起草的，原來打算印以前，因限于時間，檢委會的同志和銀行的主要幹部，尚未能普遍傳閱，詳細討論。希望各方面的負責同志加以指示，以便最後研究討論，修正稿，作為檢查工作正式結論之一。

銀行工作檢查委員會

五月廿七日

秘密文件 注意保存

No31

發行問題

檢查總結初稿之三

1.發行邊幣的簡史
2.二年來的邊幣發行工作
3.朱理治同志關於發行方針的指導意見
4.物價漲低與發行問題
5.今後的發行工作

文献概述：

《发行问题检查》是边区银行检查工作委员会于1943年5月27日上报边区政府的关于发行货币问题检查的总结（初稿之三），共计35页。该文献分别从发行边钞的简史、两年来的边币发行工作、朱理治同志关于发行方针的指导思想、物价汇价与发行问题、今后的发行工作五个方面进行了详细地总结和分析。

文献解读：

1941年皖南事变之后，国民政府停发八路军和新四军军饷，并对边区采取经济封锁。边区政府于1941年1月30日颁布法令——《关于停止法币行使的布告》，禁止法币在边区行使；同年2月18日，边区政府又发布《关于发行边币的布告》，规定在边区境内只准使用边币。2月22日，边区政府再发《废止法币实行边币的训令》。由于边币受到法币影响，贬值厉害，物价上涨，1941年5月份，边区发生了金融波动。为此，时任边区银行行长的朱理治写信给毛主席，提出减少“财政拖累”的问题。1941年8月，中央开会讨论金融问题，中央财经委员会根据毛主席的指示，做出坚持不超过现行发行额，尽一切可能收缩通货的决定。1942年上半年，边区经济形势有了好转，财政放款减少，币值基本保持平稳。1942年10月，西北局高干会上，批判了朱理治在陕北肃反上的错误。1943年1月，朱理治被免去了边区银行行长职务。1943年初，边区成立了银行工作检查委员会，专门对边币发行问题进行调查。在5月27日的《发行问题检查总结》中指出：总之，在发行方针上，朱理治自始就是保守的、消极的，与党的财经工作总方针——发展生产保障供给的总方针——之精神是相反的。

文献原文：

发行问题检查

密　秘书处

发行问题，是银行工作中一个最重要的问题，同时，也是一个最复杂的问题。检查工作开始后，经过多次座谈，并经负责首长指示，总的方面，已有了一致的新认识；但对其中的个别问题，至今尚未能详细讨论，使之归于一致。这个文件，是由检委会推定专人负责研究起草的，在未付油印以前，因限于时间，检委员的同志和银行的主要干部，尚未能普遍传阅，详细讨论。希望各方面的负责同志加以指示，以便最后研究讨论、修正后，作为检查工作正式结论之一。

银行工作检查委员会

五月二十七日

发行问题检查总结初稿之三

No.31　秘密文件　注意保存

1. 发行边钞的简史

2. 二年来的边币发行工作

3. 朱理治同志关于发行方针的指导思想

4. 物价汇价与发行问题

5. 今后的发行工作

（一）边区发行钞票的简史

陕甘宁边区发行钞票经过三个时期：

第一时期是苏票时期。在国内和平尚未建立以前，中华苏维埃国家银行西北分行发行过苏票约九十万元，流通于陕北苏区。抗战以后，停止苏票流通，中华苏维埃国家银行改为陕甘宁边区银行，并以法币收回苏票，边区境内从此成为法币流通区域。

第二时期是法币与光华代价券特（时）期。边区银行开办之初，市面辅币奇缺，买卖货物用邮票找零，人民甚感不便。一九三八年六月间，边区根据市面需要，用光华代价券名目发行二分、五分、一角、二角、五角票五种流通边区市面，持券者随时可到光华商店如数兑换法币。商人自动使用，光华代价券信用很好，流通范围甚至扩到边区以外。一九三九年国民党颁布限制异党活动办法后，国共关系大不如前，入冬物价猛涨，法币狂跌，边区财政供给异常困难，乃举行大规模的生产运动。为了调剂金融，周转财政，光华券的发行到一九四零年七月底发行到七十二万余元。八月以后，外援接济困难，即大量发行，一九四一年更增发七角五分的代价券，连前五种共计六种，到一九四一年二月十八日为止，共计发行四百三十万八千二百十五元。在这一时期，法币是边区流通的主币，光华券是当做法币的辅币而流通，并将这一时期的光华代价券发行统计表列于后：

三年来光华代价券发行统计表

发行时间		本月发行数	发行累计数		
年度	月份	（单位元）	金额（单位元）	逐月指数	逐月递增率
1938	7—12	99050	99050	3.2	
1939	1—6	1822690	281740	9.1	
……	7—12	35235	316975	10.2	
1940	1—6	230940	547915	17.6	
	7—10	473210	1021125	32.8	

续表

发行时间		本月发行数	发行累计数		
年度	月份	（单位元）	金额（单位元）	逐月指数	逐月递增率
	11	815665	1836790	59.0	24.2
	12	1274750	3111540	100%	48.4
1941	1	300275	3411815	109.7	9.7
	2	939000	4349815	139.8	27.5
附注	二月发行额内有 41600 元的边币				

如果当时银行的负责同志与边区财政建设的负责同志，能够响应中央发展生产的号召，利用发行政策，发展经济，那么我们边区经济的发展当可更进一步，假使一九三九年的七月至十二月能够多发行一百万元，那么，以一九四二年底的物价折合（一九四二年底比当时物价上涨了六十倍）当等于六千万元。假使一九四零年的一月至六月能够多发行二百万元，那么，以一九四二年底的物价折合（一九四二年底比当时物价上涨了四十三倍）当等于八千六百万元。假使一九四零年的十二月以前能够多发行三百万元，那么，以一九四二年底的物价折合（一九四二年底比当时物价上涨了二十倍）至少当等于六千万元，以这样的资金发展生产，那么，边区财政供给的基础，当更可有了保障。

第三时期是边币时期。皖南事变之后，国民政府停发八路军新四军军饷采取经济封锁的办法来对付我们，企图把我们饿死，困死。这时，我们要想有衣穿，有饭吃，有东西用，就得自己动手，发展边区自给经济。那时，边区政府为了要筹集发展经济的资金，为了解决财政困难，为了边区老百姓免受法币跌价的损失，为了避免敌人经过法币套取外汇，同时也是为了抗议皖南事变与国民党的经济封锁政策，乃于一九四一年一月三十日颁布法令禁止法币在边区行使，又于同年二月十八日布告，授权边区银行发行边币在边区境内流通，并规定在边区境内只准使用边币。边区银行自此时起，即遵照边府训令发行边币，并以边币逐渐收回光华代价券。其逐年发行量如左表:（四零年前为光华券）

年份	一九三八	一九三九	一九四零	一九四一	一九四二
本年发行数（元）	99050	217925	2794565	24261625	91076835
累计发行数（元）	99050	316975	3111540	27373165	118450000

两年来未经过剧烈的货币斗争，边币已经能在全边区境内行使，虽然在许多区域边法币还在并流，法币还占有全边区一半以上的流通量（根据黄亚光同志七月调查十二月修正的边法币流通量的估计: 法币占有百分之六五点四，边币占有百分之三四点六）然在去年下半年边币对法币的比价曾不断提高，相当的打击了法币，并扩大了边币的流通范围。在边区自给经济日益发展，对外贸易的组织管理日益加强的情况下，如果我们能更加提高我们指导货币斗争的艺术，边币的流通范围是有可能更加推广的。以上是过去边区发行钞票的简史。以下是我们来检讨二年来的边币发行工作。

（二）两年来的边币发行工作

（1）第一阶段（一九四一年二月到六月底）

皖南事变后，边区政府遭遇到很严重的财政困难，它一方面要开辟财源，解决目前供给问题，一方面又要筹集资金，发展边区自给工业以解决长期的供给问题。它乃于一九四一年一月三十日布告停止法币在边区境内行使，又于同年二月十八日布告，授权边区银行发行边币。这一阶段的发行状况如下表:

一九四一年上半年边币发行统计表

发行时间		本月发行数	发行累计数		
年度	月份	（单位元）	金额（单位元）	逐月指数	逐月递增率
1940	12	1274750	3111540	100	48.4
1941	1	300275	3411815	109.7	9.7
……	2	937000	4349815	139.8	27.5
……	3.1—14	1011000	5360815	172.3	
……	3.15—31	2084410	7445225	229.3	71.1
……	4	2760500	10205725	328.1	37.1
……	5	2780000	12985725	417.4	27.2
……	6	2373600	15359325	493.7	18.3

说明：

（一）“本月发行数”是该月所增发的数目。

（二）“发行累计数”是该月发行数加以前发行数的总和，即截至该月止的发行总数。

（三）“逐月指数”是发行额数的指数，是以一九四零年十二月为100的。

（四）“逐月递增率”是该月发行数比上月发行数（不是累计数）增加的比率。

（五）三月十四日以前，是由曹菊如同志负责，三月十五日以后是由朱理治同志负责。

从上表可以看出：一九四一年上半年中发行最快的月份是三月份，比上月增发约为四分之三倍。这半年来，约增发五倍。这半年中每月平均递增率为百分之二十八点五。因此，我们可以说，这半年的发行速度是相当的快。

这时边区党的财政方针是怎样呢？边区中央局一九四零年十一月十二日《关于发展边区经济建设的决定》中说道：“广泛的开展边区经济建设，是边区当前刻不容缓的迫切任务，这首先就是为了使边区由半自给自足迅速走上完全自己租，更加有保障长期抗战军队的供给，更进一步的改变人民的生活，同时，这也就是为了更高度的发展边区新民主主义的政治文化所必不可少的基本条件。必须指出：没有有效的新民主主义的经济建设，边区的巩固和发展是不可能的。”

在这紧急的情况之下，在这样的党的方针之下，曹菊如同志由于不能掌握政策而撤职，中央决定朱理治同志来任边行行长，执掌边区的金融枢纽。朱理治同志乃于三月十四日到银行工作。

当时，在发行问题上，上级是有不同的主张的。有的同志主张发，有的同志主张不发，中央主张增发一千万，并指定用途有如下各项：

1. 财政借款：二百五十万元

2. 买粮：三百万元

3. 盐业投资：三百万元

4. 银行活动资金：一百万元

边币发行之初，边法币的比价是一元当一元。不久，边币的比价便开始下降，同时物价也在上涨。见下面统计表：

（一）延安市物价统计表（以一九四一年一月为基期）

1941 年	一月	二月	三月	四月	五月	六月
物价指数	100	115.5	130.5	134.2	174.8	221.6
逐月增加的百分率		15.5	12.9	2.8	30.2	26.7

（二）边币比价统计表（法币百元所合的边币额）

1941 年	一月	二月	三月	四月	五月	六月
边法币比价	100	112	120	135	148	170
逐月增加的百分率		12.5	6.6	12.5	10.2	14.6

在五月以前边币比价下跌与物价上涨的速度比较和缓，边币在边区各处都能使用。到五月发生了金融波动，首先发生于绥德，边币跌到一

元五毛换法币一元。以后关中陇东三边等地都拒用边币，边币逐渐向延安中心区域退回。物价上涨尤速。五月的物价比四月涨了百分之三十。六月又比五月涨了百分之二十六。

这次金融波动的主要原因：第一是五月时局紧张，引起人民恐慌心理，不愿保存边币；第二是第二敌人用大批货物在碛口套取法币，警区一带法币需要大增，边币便吃不开了；第三是三边盐务处拒用边币，陇东驻军拒用边币。此次金融波动的发生，客观原因确占主要地位，但，如果我们能在推行边币之始，很好的（地）在干部中、在群众中进行拥护边币的教育，则边币波动的严重性是可以减少的。

以上便是第一阶段的发行情形。

（2）第二阶段（七月—十二月）

当时的客观情况是这样：

一、五六月物价猛涨，边币由各边境流向延安，到七月延安边币就跌到二元。延安市公开使用法币，大宗买卖非用法币不可。

二、投向各机关的生产资本，转向商业投机买卖，各种商店，多在这时建立起来。

三、各方面都有稳定金融、平抑物价的要求。

四、公营工厂的生产资金，已稍有基础，但民间手工业与农业需要大量放款。

这时政府内部对发行问题有了争论：

有的认为有政治保证，可以无限制的发行。有的认为要度过财政困难、适应革命需要，不能不无限制的发行。有的认为物价涨了，筹码不够，因此，不能不增加发行。这些都属于无限制的发行论者。

在另一方面，有的认为票子一发行，物价便高涨，因此，票子不能发行；有的认为边区商品数量与货币数量相矛盾，边区内商品少了，而货币多了，因此边币不能再发；有的认为边区对外贸易不平衡，发行要尽量缩小。这些都属于保守的发行论者。

无限制的发行论与保守的发行论，都是不正确的看法，我们一方面要反对无限制发行的倾向，因为这种倾向势必引起恶性的通货膨胀；另一方面也要反对一种害怕发行边币的倾向，因为这种倾向势必限制与束缚边区生产的发展。正确的发行方向，是要遵循中央的“发展生产保障供给”的总方针。

这时中央的决定是这样。“发行运盐”以求出入口贸易的平衡，而达到稳定边币的目的。因此，在八月间中央西北局决定另发行三百万元，交军委帮助运盐。这半年以来金融比较稳定，运盐是起了很大的作用的。

在八月间中央开会讨论金融问题，毛主席做结论指出：边区问题基本上不是金融问题，而是经济与财政的矛盾，如何解决这一矛盾呢？只有发展生产。他批评银行过去投资偏重于公营经济，以后应多向私人经济投资，特别要注意促进农业的发展。

这时，边区财政仍极困难，鄜县驻有新由前方调来的一个团，困难到天天吃盐水咸菜。

这时，边区物价自七月起即趋于平稳；七月上涨不过百分之十一，半年的平均上涨每月不过百分之十四。这半年边法币比价，每月平均不过跌落百分之六。八、九的比价反而上提。这些都可以从两个统计表中看出。

（表一）延安物价统计表

1941 年	七月	八月	九月	十月	十一月	十二月
物价指数	247.9	297.1	336.2	388.2	447.3	532.8
逐月递增数（百分比）	11.8	19.8	15.4	15.3	15.2	19.1

（表二）全边区平均边法币比价统计表

1941 年	七月	八月	九月	十月	十一月	十二月
边法币比价	198	218	205	225	230	249
逐月递增率（百分比）	16.5	10.1	–6.0	9.8	2.2	8.3

在这样经济建设需要资金，财政困难急待解决，物价汇价比较稳定的时候，朱理治同志的发行工作是怎样进行的呢？且看下面的发行统计：

一九四一年下半年边币发行统计表

发行时间		本月发行数	发行累计数		
年度	月份	（单位元）	金额（单位元）	逐月指数	逐月递增率
1941	7	1076625	16435950	528.3	7.0
1941	8	1413900	17849850	573.8	8.5
1941	9	2438600	20288450	652.2	16.9
1941	10	2688015	22976465	738.6	13.2
1941	11	1051725	24028190	772.4	4.5
1941	12	3344975	27373165	879.9	13.9

从上表我们可以看出：他在这半年中的发行，所增加的还未及一倍，每月平均递增率不过百分之十，他在十一月只增发了一百零五万元，此前月增发仅百分之四点五，比过去任何一个月的增加率都小。

这是在边区内，还有许多地方，特别是绥德分区没有使用边币。因此，如何推行边币，便应该形成当时银行工作之中心。可是在实际上，这一工作当时并没有被提到他所应占的重要地位。

五月金融波动时，银行工作同志最感兴趣的问题是如何维持边法币的比价问题。直到十月，首先是使裕顺通参加法币的黑市买卖，作为公开买卖法币的初步试验。经过月余的试验使银行工作同志相信，欲推行边币，在边区各地必需设立货币交换所，采取公开挂牌、公开买卖法币的政策。因此在十二月一日，由政府正式布告，令贸易局在边区各地组织交换所。

现在共有四十二个交换所，能起推动作用的中心交换所，共有九个：即张家畔、瓦市、鄜县、延安、绥德、柳林、西华池、庆阳与定边等九个交换所，其中以延安交换所能起决定的领导作用。在交换所成立之初，充溢着不少的教条主义与主观主义。这首先表现在陕甘宁边区货币交换章程中（民国三十年十二月公布）。在这个章程中，规定着什么“法定交换人”、“公开自由讲行议价”、“约期交换保证金”等等，这是袭抄大城市交易所的一套办法。这个货币交易章程，完全适用于上海或哈尔滨的交易所，但不适用于陕甘宁边区的货币交换。

其次，当交换所刚成立的时候，兑换基金是很少的。因为当时有人主张：成立交换所，无需准备边法币，主要是依靠政令。法令一严，法币就会进入交换所的。后来事实证明这是幻想。有法币的不来交换所，有边币的却都来交换所兑换法币。因此，三边老百姓讥之为“哭鼻子叫唤所”。因为这里法币既少，而边币也不多，致使来换法币与边币的人都不能满意。都要“哭鼻子”与“叫唤”。法币既不能集中在交换所手里，黑市便不能消灭，因此“变黑市为明市”的目的，始终没有达到。

但是交换所的成立，是有它的作用。主要的在于便利商人兑换，借此可以扩大边币流通的范围。

在推行边币的问题上，我们必须反对两种不正确的思想。第一是边币独占边区市场论者，这种思想是不切合于边区实际的。实际上，边币是不能独占边区市场的。

原因有三：

（一）在边区三十一个县市二百十八个区中，有二十四个县八十一个区是与友区犬牙交错着的边境，约占百分之四十的地区人民生活与友区经济密切相联系，人民要用法币。

（二）边区的物资一部分还是由外边输入的。

（三）我们一面要打击法币，一面还要套取法币以供给交换所。

因此所谓边币独占市场的意义与推行边币的程度，只能是这样。

（一）凡边区政权所及的区域，不拒用边币，拿边币可以买到东西。

（二）边区内市场上，一切交易以边币作价。

（三）按公开的牌价与法币实行交换。

第二种不正确的思想是绝对消灭黑市论者，这种思想也是不切合于实际的。因为在实际上，黑市是消灭不了的。因为有两种票子同时存在，当一种票子予以法定的比价不能完全求得时，便有黑市的发生。这种黑市可以高于明市，也可以低于明市。

因此，我们对于边法币的比价，应该不怕黑市的存在；“不怕你跌、只要你用”。

这是第二阶段的发行情况。

（3）第三阶段（一九四二年一月一七月）

这时的客观情况是这样：

①在二月以前特货统一了，外面来了大批特货，我们可以用之来抵法币。

②政府法令相当成功：一九四一年十二月一日边府重申禁止法币流通的命令，并且颁布了违犯金融法令惩罚条例，又于各地成立货币交换所，从事边法币的兑换，因此，边币的流通范围扩大了。

③友区开始限价，大批货物流入边区，在此形势下边币稳定了，边法币比价如下：十月 249；一月 246；二月 256。

物价也稳定了，一九四二年一月比一九四一年十二月，不过增加百分之四,二月比一月不过增加百分之七。

这是一二月的情形。

这一阶段，上级的指示是怎样呢？

在一九四一年十二月二十五日中央西北局关于一九四二年边区经济财政建设的决定上确定，经济财政建设为边区党最中心任务之一。并指出：“在经济建设上必须用全力贯彻以农业为第一的发展私人经济的方针。”并指出：“财经工作任务的实现，必须密切注意其时间性与实效性。”在这一总方针之下，该决定又指出：“一九四二年要稳定金融与平抑物价。”

同时政府又决定放款一千万元（由发行来解决）发展生产，并规定发放农贷五百万元，由银行主持。

这一阶段的发行状况有如下表：

一九四二年上半年边币发行统计表

发行时间		本月发行数	发行累计数		
年度	月份	（单位元）	金额（单位元）	逐月指数	逐月递增率
1942	1	4962600	32335765	1039.4	18.1
1942	2	3548285	35884050	1153.4	11.0
1942	3	2555950	38440000	1235.6	7.1
1942	4	460000	38900000	1250.4	1.2
1942	5	5100000	44000000	1414.3	13.1
1942	6	1000000	45000000	1446.5	2.3

由上表，我们可以看出：这半年的发行速度是很迟缓的。半年来增加的发行额还不到百分之五十，每月平均递增率不过百分之八点八。四月份不过增发百分之一。

三月以后的形势有了转变：

①物价上涨的很快。三月比二月增长了百分之二十五。四月比三月上涨了百分之三十八，特货与盐不能统一了。边法币的比价也不断下

跌，由二月的 2.5 元跌到五月份的 2.9 元，六月份的 3.2 元。

②五月政局紧张，金融波动益（愈）烈，绥德边法币比价黑市竟达四元五角，因此边币流通的范围也缩小了，甚至延安市的大宗买卖也用法币交易。

在这种情况下，中央与政府有的领导同志主张暂时不发行，甚或暂时的紧缩以稳定金融，这是完全必要的。（在六月三十日的财经会中，南汉宸同志主张不必要的投资可以暂行停止，特货可以卖出一部分；高自立同志主张：银行有了特货，边币可以收缩；林老结论中说边币可以收回四分之一，由银行定出计划）。依着这一方针，银行也有七月四日“紧缩通货，提高边币”的决定，但是，我们必须指出：这种主张与朱理治同志的一贯的尽量少发以稳定金融，而不尽量多发以发展生产的思想，根本是不相同的。

（4）第四阶段：（七月—十二月）

这时期的客观情况如下：

①六月八日华中伪组织宣布了通货统一令，贬低法币价格，令人民限期兑换伪币，并由江浙皖三省开始逐步禁用法币，同时，敌人实行用法币向大后方抢购物资的政策；

②敌区物资禁止运往大后方，而法币大量自沦陷区流入大后方。西安等地物价大涨；

③国民政府于五月改变了对敌经济绝交政策，废止三八年公布的查禁条例及禁运敌物品条例，公布了战时管理出入口物品条例，实行向沦陷区及我边区抢购物资的政策，这时国民党一方面动员边区附近人民大量存盐，每户最少一斗，一方面加紧封锁不许货物运进边区；

④在我们的方面呢？每年七月以后食盐出口都是旺月，今年输出更加旺盛，同时又有特货上市，大量输出，换进法币甚多，更由于外面的封锁，货物不得进口，法币的需求大见减少。

银行的许多领导同志于七月二十日看到这种情形，乃决定对法币实行进攻，一面由党政军联合发出急电（七月二十五日）严格禁止使用法币；一面通知各地交换所执行下列三项办法：

①以绥德为斗争的第一线，其他各地配合前进；

②先把边界地方的法币牌价拉下，延安后拉下，以鼓励边币外流；

③提高边币的牌价，引起使用法币者的心理恐慌，以打击法币。

由于客观条件的成熟，高林贺的急电发出不久，各地法币大跌，由七月份的三元二角五分边币换一元法币，跌倒十月的二元一角边币换一元法币，边币大量从中心区域流向边界。这是最好推行边币的机会。但由于朱理治同志对发行问题的错误思想，只想紧缩，不想发行，对票子纸毫无准备。在这样一个有利发行的时期，光华印刷厂有二个多月陷于半停工状态，老百姓拿法币到交换所换不到边币，迫得银行不得不用土纸印本票，还有十几天各地交换所根本就没有边币兑出。我们要求陇东盐公司卖盐用边币，而陇东市上却缺乏边币，买主到交换所又换不到边币。银行要推行边币，而没有边币可资推行。既不许使用法币，又无边币可以换给，这是空前的奇事。

八月攻势我们是取得了很大的胜利，但由于指挥官一贯的保守思想，准备不足，是我们把已经打下来的阵地又退出来一部份（分）。

我们对于八月以后边币的提高，应该是这样的认识：八月以后法币流入边区的很多，边币准备不足，不得已发行本票，这种边币提高是被动的。提高边币是成功了，但主要原因是边区出口的东西多了，我们掌握了大量的法币。

由于八月攻势的胜利，这一时期（八月—十二月）共发行了七千二百余万元，五个月中才发了百分之二六六（见下面发行统计表）。可是物价并未飞涨，反而平稳。边法币的比价并未下跌，反而提高。(见下面物价与比价统计表）。

（表一）一九四二年下半年边币发行统计表

发行时间		本月发行数	发行累计数		
年度	月份	（单位元）	金额（单位元）	逐月指数	逐月递增率
1942	7	1000000	46000000	1.478.6	2.2
1942	8	9200000	55200000	1.444.4	20.0
1942	9	2500000	57700000	1.354.7	4.5
1942	10	15700000	73400000	2.359.4	27.2
1942	11	19500000	92900000	2.986.2	26.6
1942	12	25550000	118450000	3.807.5	27.5

（表二）延安市物价统计表

1942 年	七月	八月	九月	十月	十一月	十二月
物价指数	1416	1626	1596	1660	1768	1750
逐月递增率（百分率）	9.1	14.8	–1.8	4	6.5	–1

（表三）边法币比价统计表

1942 年	七月	八月	九月	十月	十一月	十二月
比价	325	290	220	215	211	209
逐月递增率（百分率）	1.8	–10.8	–24.1	–2	–1.8	–0.9

统观两年来边行的发行工作，由于朱理治同志对发行问题的保守思想、本位思想的指导，未能完成党与政府所给予的用发行来推动生产发展，解决财政困难的任务。他白白的错过了有利大量发行的时机，由于他在发行上的保守主义，阻碍了边区经济的发展（如发放农贷误了农时）加重了边区财政的困难，这是一个很大错误。

然而边行的发行工作，并不是没有成绩的，虽然在总的方面犯了保守主义的错误，但在一些具体工作上，在个别时期的政策上，由于银行许多干部的积极努力，也积累了许多宝贵的经验，这也是应当指出的。

兹将近五年来边币发行统计表，近两年来物价指数统计表与边法币比价统计表列于后，以资参考。

表一　五年来边币发行统计表

发行时间		本月发行数	发行累计数		
年度	月份	单位元	金额（单位元）	逐月指数	逐月递增率
1938	7—12	99050	99050	3.2	
1939	1—6	182690	281740	9.1	
1939	7—12	35235	316975	10.2	
1940	1—6	230940	547915	17.6	
1940	7—10	473210	1021125	32.8	
1940	11	815665	1836790	59	24.2
1940	12	1274750	3111540	100%	48.4
1941	1	300275	3411815	109.7	9.7
1941	2	938000	4349815	139.8	27.5
1941	3.1—3.14	1011000	5360815	172.3	
1941	3.15—31	2084410	7445225	239.3	71.1
1941	4	2760500	10205725	328.1	37.1
1941	5	2780000	12985725	417.4	27.2
1941	6	2373600	15359325	493.7	18.3
1941	7	1076625	16435950	528.3	7
1941	8	1413900	17849850	573.8	8.5
1941	9	2438600	20288450	652.2	16.9
1941	10	2688015	22976465	738.6	13.2
1941	11	1051725	24028190	772.4	4.5
1941	12	3344975	27373165	879.9	13.9
1942	1	4962600	32335765	1039.4	18.1
1942	2	3548285	35884050	1153.4	11
1942	3	2555950	38440000	1235.6	7.1
1942	4	460000	38900000	1250.4	1.2
1942	5	5100000	44000000	1414.3	13.1

续表

发行时间		本月发行数	发行累计数		
年度	月份	单位元	金额（单位元）	逐月指数	逐月递增率
1942	6	1000000	45000000	1446.5	2.3
1942	7	1000000	46000000	1478.6	2.2
1942	8	9200000	55200000	1774.4	20
1942	9	2500000	57700000	1854.7	4.5
1942	10	15700000	73400000	2359.4	27.2
1942	11	19500000	92900000	29862.2	26.6
1942	12	25550000	118450000	3807.5	27.5

表二　近两年来延安市与西安每月物价指数统计表（以1941年1月为基期）

1941年	一月	二月	三月	四月	五月	六月	七月	八月	九月	十月	十一月	十二月
延安市物价指数表	100	115.5	130.5	134.17	174.8	221.6	247.9	297.1	336.2	388.2	447.3	132.8
比前月增加的百分数		15.5	12.9	2.8	30.3	26.7	11.8	19.8	13.1	15.4	15.2	19.1
西安物价指数	100	112	12.5	132	132	146	167	185	206	225	251	273
1942年	一月	二月	三月	四月	五月	六月	七月	八月	九月	十月	十一月	十二月
延安市物价指数表	554.8	597.7	747.4	1034.5	1171.9	1297.9	1416.1	1626	1596.6	1660.9	1768.4	1750.5
比前月增加的百分数	4.1	7.7	25.04	38.4	13.2	10.7	9.1	14.8	−7.8	4.02	6.48	−1.01
西安物价指数	298	347	394	419	474	499	555	643	707	711	707	682

表三　近两年来边法币比价统计表（法币百元合边币元数）

1941年	一月	二月	三月	四月	五月	六月	七月	八月	九月	十月	十一月	十二月
边法币比价	100	112	120	135	148	170	198	218	205	225	230	249
比前月增加的百分数		12.5	6.6	12.5	10.2	14.6	16.5	10	−6.3	9.7	2.27	8.4

续表

1942年	一月	二月	三月	四月	五月	六月	七月	八月	九月	十月	十一月	十二月
边法币比价	246	216	268	281	296	320	325	290	220	216	212	210
比前月增加的百分数	-1.3	4.4	4.4	4.9	5.5	7.8	1.8	-10.8	-24.1	-2	-1.8	-1.0

（三）朱理治同志关于发行方针的指导思想

（1）朱理治同志于一九四一年三月十四日来到银行工作，这时的边区财经状况是怎样的呢？（一）皖南事变以后经济外援绝迹，边区财政困难；（二）皖南事变前所创立的公营工厂已有了相当基础，但还需要大量资金；（三）发展生产是中央的既定方针；（四）曹菊如同志因“未能掌握政策”而撤职。

朱理治同志刚到银行时，朱总司令、林主席、高岗同志都给他这样的指示：“边区银行应该多向工农运输业方面放贷，推动与刺激生产的发展，使边区的经济能够很迅速的（地）由大半的自给阶段走向完全的自给阶段。”他们根据边区的经济发展现况，很正确的决定了银行发行的基本方针。

理治同志初到银行工作，是否执行了党的指示呢？这可以由他的当时发行政策上表现出来。

最初，在发行的速度上，是比较快的。一九四一年三月十四日以前，边币的发行额为五三六万元，三月底增到七四四万元，半月的增发率为百分之二十七；四月底发行额为一〇二七万元，比上月底增发百分之三十七；五月底发至一二九八万元，比上月底增发百分之二十七；六月底发至一五三五万元比上月底增发百分之十八。以后的增发速度便锐减了。当时的发行，投于农工运输业上去的，又有多少呢？且看下表：

一九四一年三月十五至六月底生产投资

	工业	农业	盐业	合作	运输
三月	11000	0	0	0	0
四月	631000	10000	2000000	101000	0
五月	631000	145000	76000	0	280000
六月	379000	3000	1050000	0	30000
共计	1652000	157000	3126000	101000	310000
占各种放款总额之百分比	13.8	1.3	26	0.8	2.5

一九四一年上半年的三个半月（由三月十五到六月底）各种放款总数为一二零零万元，生产投资共计五三八万元，占总数款额的百分之四十四。

所以朱理治同志刚到银行工作，不论从发行的速度上来看，不论从生产投资的比例上来看，是相对的执行党的发展路线的。但不久他对这一正确方针，便表示怀疑，便阳奉阴违。这表现在他当时对于放款的态度上，且看他在一九四一年五月八日分行长联席会议中的报告，说道："我们银行今后担负的任务如下：（一）延安附近第一期放款结束，今后加强管理组织信用调查；（二）今后投资主要放在食盐方面，估计一百万元；其余在农牧方面，要很审慎的放款，最多五十万元；（三）分行吸收总行经验，试办放款，投资生产事业。"所谓"放款结束"、"试办放款"、"很审慎的放款"、"最多五十万"其精神与党的"应该多向农工运输业放款"的精神，根本是不相同的。党在这个问题上是采取发展的观点，而朱理治同志从刚到银行不久时起，即采取保守的观点。

（2）理治同志刚到银行时，对于边区银行的性质与任务总有认识，但他在执行政策上，又根本相反。他在同一会议中，也说过："过去银行经过两个阶段，先是政府的收支阶段，其后走上赚钱。我们的任务应该是:(1)促进生产;(2)推动贸易;(3)帮助财政;(4)推动合作经济的发展。在这四个基础上，调剂金融，平抑物价，巩固边币。”更说到“只有增加生产，银行才有出路”但在执行过程中，对于增加生产，便“很审慎的”去进行了，这是不能了解的。

当时的物价，还是很正常的上涨，而没有波动。三月份比二月份涨了12.9%，四月份只上涨了2.8%。朱理治同志自己在当时(五月十一日)也认为“我们的发行根据各种调查统计来看，也未达到饱和点。”当时为什么不大量发行以发展生产，反而“很审慎的”投资生产呢？这符合于中央发展生产的路线么？

(3)他在发行问题上，完全是主观主义的。他的主观主义，特别表现在五月十一日分行长联席会议的结论中，他在那里说过:“我们的发行，根据各种调查统计来看，未达到饱和点，据我们估计边区可发到每人十元的最高额，发行的保证有三:(1)运出四十万驮盐，可保证边币与法币的平衡;(2)保证银行不被财政的拖累;(3)边区已有了生产的基础。照以上看来，可以克服生产与消费，出入口不平衡，财政收支不平衡的矛盾。”

这里有几个问题，需加以说明。第一是饱和点的问题。这种提法是毫无科学的根据的。因为在实行兑现的金本位国家里，只有社会必要的货币流通量，并无什么饱和点。社会必要的货币流通量是可以计算出来的，它是用货币流通速度来除以社会商品流通量得出的。如果发行代换券的数量，超过此流通量，这种代换券的票面价格一定会跌落的。在战时，在一切使用纸币的国家里，或在使用边币的边区里，都是实行通货膨胀的，所谓通货膨胀，就是说发行的票子超过一定社会必要的流通量了。

边区商品流通量既无统计，一定期间内的货币流通速度也无法估计，边币流通范围的大小也不知道，那么，边区所必要的货币流通量便无法知道了。因此“每人可发到十元的最高额”完全是主观的幻想。

第二是"财政拖累"、"银行的问题"，保证银行不"被财政的拖累"，更非事实所能允许，因为在解决战时财政上，一般不外采用下列三种主要方法：发行公债，增加税收与通货膨胀，我们的敌友皆是采用这些办法，我们边区也不能例外。不过边区有其特殊的条件，发公债么？我们曾于前年发行过五百万元，直到去年还未完成，老百姓解不开，认为是负担。有些国家发行公债的数目，占战时财政开支的50%甚至90%以上。但要在边区依靠发行公债来弥补财政赤字，此路不通。增税么？除了一九四一年的公粮廿万石公草二千六百万斤，一九四二年的公粮十六万石公草一千六百万斤而外，一年之中已增加了税收八倍之多，（由一九四一年的八六五万元增加到一九四二年的六七五一万元），如再增加，很少可能。即便可能，增加也有限，而且缓不应急。所以为了应付战时财政开支，各国很少采用增税的办法。边区经济落后，生产不发达，税源是有限的。因此，增税是难以解决战时开支的。所以，我们在边区要活下去，要战斗下去，不致饿死冻死，那么，只有采用通货膨胀的道路。这不是一条最好的办法，然而是一条可能的道路。自然，我们所采取的通货膨胀的政策，与敌友区的通货膨胀有不同的意义，我们是自己动手，增加生产，依靠发行，发展经济，这是新民主主义的战时财经政策的特点。我们发行边币的目的，就在这里。

理治同志说过，财政上如不透支，银行才有办法。这不但表示他对于边区银行的性质弄不清，而且表示他的主观主义。因为在边区现存的生产与消费的条件下，边区财政不靠银行，是不行的。所以中央便有这样的决定："今年财政开支，中央决定靠生产与银行贸易局，税收仅占十分之一，靠银行则占十分之八"（见朱理治同志在一九四一年十月的报告）所以银行之弥补财政赤字，这是银行的任务，"拖累"的想法是不对的。实际上，我们的财政并未完全依靠发行，财政借款占发行额的比率，是逐月减少着。且看下表：

财政借款占发行额的百分数

一九四一年

时期	一月	二月	三月	四月	五月	六月
百分数				73	66	
时期	七月	八月	九月	十月	十一月	十二月
百分数	50	48	46	40	38	39

一九四二年

时期	一月	二月	三月	四月	五月	六月
百分数	37	50	47		37	41
时期	七月	八月	九月	十月	十一月	十二月
百分数		30		27	30	24

第三，是边区生产不足的问题，这是边区财政经济的根本问题，正是因为生产落后，经济不很发展，因此，我们才有生产与消费，出入口不平衡，财政收支不平衡的矛盾。这些矛盾的根本解决，只有发展生产。说“边区已有了生产的基础”是合乎事实的，但说“可以克服生产与消费之矛盾”，则离事实很远了。主观的愿望是不能藉以决定政策的。

（4）他的主观主义与保守观点，随着时间的进展，更为加甚与发展。他在一九四一年九月二十三日的银行与贸易局的联席会议上的报告中，更说到（道）：“每人平均已有十五元左右，已达到饱和点，为什么要这样多，这是因为财政困难。如无财政拖累，边币可以提高比法币还高，但部队没衣穿，没饭吃，什么都要垮台。当然银行一方面要稳定金融，一方面还要解决财政困难。现在我们只能做一些事情，使之少发票子，把光华商店的盐卖出去，推销公债，发行有奖储蓄券等等。”

他在这里，把中央的“通过银行发行，发展生产保障供给”的正确方针完全踢开了，他当时唯一的主张是“少发票子。”自然我们也是赞成：如果财政上能有更好的办法，可以渡过难关，票子总以少发为宜。

我们再来看看当时的财政状况怎样呢？我们的财政仍是十分困难，但是必须设法解决，解决的办法：发公债，不成；增税又有限；我们依照理治同志所主张的办法去行，也不成。因为发行有奖储蓄券，结果“不但扰民而且误公”，完全是主观主义的。其次，光华商店的盐如果能够及时的出卖，自然是一个办法，但一九四一年的“盐质不好，人很难脱手”。那么，怎样办呢？只有没衣穿，没饭吃。理治同志一到银行工作，既不能遵照中央的正确指示，大量发行发展生产以保障供给，只有财政万分困难的时候，部队没有衣穿，没有饭吃的时候，才被迫不得不发行，以为纯粹财政性的开支，这已不是中央发展生产的用意了。朱理治同志不是尽可能多发以发展生产，而是尽可能少发或不发，以求稳定金融而表现自己。

当时的情况，是不是因为物价波动太甚而不能发行呢？这不是事实。我们来看事实吧。五六月物价波动以后，七八月的物价是比较稳定的。七月比六月物价上涨不过 11%，八月份上涨了 19%，九月份上涨了 13%。

在同一会议中，有些干部是主张发行的。例如苏子仁同志便认为“法币还要大跌，我们还可以多发一些。”朱理治同志在他的结论中，又怎样说呢？

“边区的票子基本上足够了，不能再发。抗战以来，物价是涨了廿三倍，如果外边货物涨了，我们可以发行一些。今天边币每元只换法币五角，事实上已经多了，不能再发。若再发下去，便可以跌到二三角。”朱理治同志认为边区物价高涨的唯一原因是发行，边币对法币比价跌落的唯一原因，也是由于发行，这是不对的。在理论上在事实上都是说不通的（理由详于第四节物价汇价与发行）。抗战以来物价涨了，边币跌了，因此，“票子够了，不能再发”。但在什么条件之下，还可以发行呢？他在同一结论中也说到：“如果国民党发一些，我们也可以跟着发一些；为了要发展生产，还是要发一些，打大算盘，还是要发。”

在实际上，朱理治同志是否“打大算盘”呢？且看九月以后的发行指数，十月增发的指数，为13%，十一月为4.5%，这个发行指数在一九四一年中是最低的。这又作何解释呢？我们再看九月以后的生产投资吧。

一九四一年十月至十二月生产投资表

	工业	农业	合作	盐业	运输	注
十月	265000	0	5000	*33000	0	*有此符号者，指收回多于放出的实数
十一月	173000	10000	35000	0	0	
十二月	*50000	*8000	0	*21000	0	
放款共计	388000	3000	40000	*54000	0	
占放款总额的百分比	3.6	0.05	3.8			

在这一期间，朱理治同志共放款五〇七万元，生产投资只占百分之八点五，共计四三万元。所以，理治同志之要发展生产，只限于口头上，只限于文字上，从实际的行动中，是找不出来的。

（5）发展生产，需要资本。资本又从何处来呢？靠发行么？照理治同志的说法，“票子够了，不能再发。”那么，生产的投资，只有依靠存款，依靠储蓄。他在一九四二年一月四日的行务会议上便是这样主张着：

“银行今年的方针，以存款作基础，不应以发行作基础，生产的投资还是要靠储蓄。”因此，发展存款，“发展储蓄应看作重要工作，目标八百万元。”

他在一九四一年十月二十五日总行总局“关于目前边区金融贸易问题的决定”中也说过：“目前工业上的流动资本，仍是不够的。在农业上过去投资过少，今后还要大量投资，才能发展边区的农业。但是这些资本哪里来呢？财政的亏空与政府向生产的投资，假使单靠银行发纸币来解决，势必引起通货膨胀的。故近代各国无不积极发展储蓄，吸收游资，用之于生产之上，以便发展生产，收缩通货。我国储蓄运动尚称落后，但友区发动节约之后，亦竟能收到储款五万万元之多”。又说：“国民党区域的储蓄是廿万万元，区域比我们边区大三百倍，我们应储蓄七百万到八百万。”（见一九四二年一月十四日的行务会议记录）。

这是十足的教条主义，边区经济的落后，既不能与友区相比，更不能与近代各资本主义国家相比。游资之发生，是因为资本主义之发展，资本蓄积过多的结果，边区所说的游资，实质上是指商业资本而言。游资可以利用到生产事业上，但边区的商业资本在目前边区条件之下，在目前战争时期中，使之投向生产方面，是不可能的，因此，吸收游资，发展储蓄，发展放款，以发展生产，完全是主观上的幻想。抗战后，因物价高涨，利息低微，存款是很少的（见存款统计表）。以这样微小的存款作基础来发展生产，不是糊涂便是另有作用。

一九四一年三月十五日至四二年底各种存款月终数

一九四一年	往来存款	特别往来存款	暂时存款	储蓄存款	定期存款	本票存款
三月底	1004108.32	58448.45	3950.59	15758.48	9300.00	64356.77
四月底	1985505.93	225402.35	24775.72	15424.92	10215.25	328812.19
五月底	158423.97	182915.57	57294.65	15508.47	9165.25	321942.33
六月底	1132574.09	166362.29	12994.65	18920.88	2060.25	52970.64
七月底	682699.78	176702.23	38415.30	24056.51	17660.25	73432.60
八月底	627462.33	211802.63	727480.38	25909.29	18380.25	51042.90
九月底	1322208.88	126728.83	631367.84	30819.77	15530.25	101120.90
十月底	533021.30	129473.47	634227.84	33074.23	15468.95	45820.39
十一月底	548217.30	122744.74	742030.79	45768.22	15453.95	48663.79
十二月底	59821.57	176301.19	169813.06	36748.40	19423.95	45432.79
合计	8054043.47	1576881.75	3042350.82	261989.17	132658.35	1133595.30

续表

一九四二年	往来存款	特别往来存款	暂时存款	储蓄存款	定期存款	本票存款
一月底	703717.36	706297.79	1349651.93	34625.52	218773.95	48814.62
二月底	805314.21	3418990.50	367793.16	51490.07	213673.95	52178.62
三月底	751699.02	1215098	369966.76	48557.50	317673.95	44934.02
四月底	1748517.77	354442.75	1323576.32	37406.04	336800.00	204140.52
五月底	2410468.69	855882.12	124356.04	35540.31	14300.00	175667.70
六月底	1012625.33	698330.40	830817.15	33150.01	15300.00	873368.70
七月底	604524.13	529983.06	2242225.44	38845.02	17650.00	241768.70
八月底	1021774.35	871387.38	301775.44	40535.92	17800.00	364722.95
九月底	1435698.36	635894.42	406594.23	24882.88	18800.00	346072.70
十月底	2059540.85	389293.23	118351.86	42900.83	20800.00	116032.70
十一月底	3591198.26	312712.54	353744.11	58810.73	3100.00	193783.70
十二月底	6121361.63	2809478.30	152093.43	42842.65	3250.00	20995.70
合计	22266439.96	12797790.49	7940945.87	489587.48	7797921.85	2682480.63

备注：定期存款一九四二年一月至十二月累计数额（1197921.85）与文献原文表格合计数额（7797921.85）不符合，相差660万。（编者注）

一九四一年的定期存款，一年总计不过十三万元，加上其他存款可以长期利用的，至多也不过四五十万元。朱理治同志欲以这样区区之款数来发展边区生产解决财政困难，其用意是难以解释的。

其次，依靠储蓄收缩通货的主张，也是金融本位主义的想法。在边区想使票子回笼，主要地（的）是要依靠税收，依靠公盐代金，就是说，依靠财政上的办法。（今年主要的是要依靠物资局）可是理治同志却想自己另来一套，搬运外面的一套，而不想与财政厅关系搞好，密切配合。这是金融本位主义的思想，也就是宗派主义的思想。

最后，他在这里，公开地反对“依靠发行发展经济”的正确主张了。照朱理治同志的思想，这会引起通货膨胀的。他在这里连一点战时经济知识也没有了，我们已经说过，在战争时各国都走向通货膨胀，这是没有可怕的，只有恶性通货膨胀是可怕的，是应该设法避免的。我们在一九四一年底是通货膨胀了，一九四一年一年中发行共有八倍，物价高涨五倍，但是我们的边币并没有垮，我们还是好好的生活，比友区都更好，这是第一。

第二，依靠发行，发展生产，不但不会走向通货膨胀，而且是避免通货膨胀的最根本办法。这是最初步的经济学知识。因为生产发展了，商品生产多了，社会财富与社会价值都增多了，社会价值一增多，表现价值的货币也必须增多（在货币本身的价值不变条件下）。所以，发展生产是避免通货膨胀之最根本办法，就是这个道理。理治同志连这一点最初步最浅近的道理都不懂，是令人难解的。

（6）朱理治同志对于发展生产保证供给的总方针，是模糊的，是保守的；他对于边区目前物价高涨的原因，又是缺乏具体的分析；他对于资产阶级经济学者所谓健全币制的思想，又是积极的拥护者。因此，他从一九四一年底，便成为通货紧缩论者了，他在一九四一年十二月间即说过："物价再高，明年预算决定要突破，当然还是要紧缩通货。""目前通货一定要收缩，物价高涨是票子与货物的矛盾"（一九四二年一月十四日），"将来对分行工作的考核，是在看汇价物价稳不稳"（一九四二年五月廿八日）。

理治同志在一九四二年上半年银行报告中，也把紧缩边币列为今后金融方针的第一项。他在一九四二年五月廿八日行务会议上，更说过："刺激生产与囤积货物，都要围绕巩固边币出发。"

一九四二年初的情况怎样呢？物价相当的稳定，一九四一年十二月物价指数上涨了百分之十九，一九四二年一月上涨了百分之四，发行速度也比较缓和，一九四一年十一月增发率为百分之四点五，十二月为百分之十三，一九四二年一月份为百分之十八。汇价也比较平稳。一九四一年十一月边币对法币平均为两元三，十二月为两元五，一九四二年一月为两元四角六分。这时汇价稳定的主要原因是因为特货对外统销，特货作了外汇，抵消了出入口的差额。其次政府颁布了禁止法币流通的法令，也有相当的成功，因此边币的流通范围扩大了。

在这种情况下，不是在积极的方面想尽办法怎样去推行，而只是在消极方面打主意，紧缩通货以求金融之稳定。

稳定金融是银行的任务，这是谁也不能否认的，这也是中央西北局一九四一年十二月廿五日“关于一九四二年后边区财政经济建设的决定”中给银行所规定的任务。但是我们不要忘记，总的方针是发展生产，保障供给。因此，银行的任务应当是在总方针之下来稳定币制的。一切应当是为了发展生产，不是一切为了巩固边币。一切应该是由刺激生产出发，不是一切都要“围绕巩固边币出发”，朱理治同志显然是由金融本位主义出发，而把刺激生产与稳定币制的任务，轻重倒置了。

收缩通货，有时也是必要的，但是这一政策的精神，是贯彻于朱理治同志关于一九四二年的全年发行方针之中，一九四二年六月卅日朱行长在给银行委员会的报告中，主张着“边币收缩到三千万元”，“放款借款停止”。八月三日行务会议决定“票子收紧一下，只借财所一百万元，且限定它每天只用十万元。”

收缩通货，不看成金融运用中的手段，而成为追求的目的了，正是由于这一思想的存在，使银行没有准备印票子的纸。当八月到处缺乏边币时，银行竟拿不出边币来。边区银行可以缺乏边币，这是何等荒谬之事情！

七月四日收缩通货的决定，更是主观主义的。边币多的地方，实行收缩，固有其作用；但在缺乏边币的地区，也要它“坚决执行命令”。则不啻给法币打扫战场了。例如绥德分行便有这样的报告：“山西交口商近因英美封存日本资金后，纷纷携法币来绥买货物，特别是购买洋纱，数日间出口七八百捆。因是市上充满法币，但边币流向延安，公债与商业税，运盐脚费需要边币，在警备区又极少。绥市已全用法币买卖

□□……特别吴堡等地，边币亦将绝迹，甚至纳税已无法交纳边币。价格固已提高到一元六角，换法币一元，但此并非好现像（象）。因为边币已挤出市场以外，而成法币世界了，边币‘有价无货’（见王懋给朱行长的报告）。”

陇东、志丹等县都有同样的情况。

陇东的分行长任元志同志在这次银行检查工作漫谈会中说“紧缩通货”，据朱行长说：“本来不准备在边区普遍实行，这种解释是推诿责任的。因为那时我们曾给总行有过报告，总行答复要根据各地具体情况处理。但是过了几天又来命令要坚决执行。”

总之，在发行方针上，朱理治同志自始就是保守的、消极的，与党的财经工作总方针——发展生产保障供给的总方针——之精神是相反的，他在口头上，在文字上，固然也说到要“发展生产，银行才有办法”，可是在实际上，在放款上，在发行上，又是相反的，在党的发展生产的正确方针之下，在党的“多向农工运输等生产事业投资”的正确指示之下，他是不敢公开反对的，然而他是做着另外一套：初则主张“审价的放款”，继则主张生产投资应“以存款作基础，不以发行作基础”，终则主张“通货紧缩，一切放款停止”。正是由于他的保守观点之存在，不当发行的时候固然不发，就是应当大量发行的时候，他也没有发行。这就给边区经济的发展以不可补偿的损失。

在发行问题上，他又是由金融本位主义出发，他不是由边区财经工作的总方针上，不是由边区财经政策上来看发行问题，而是为了表现自己，孤立地来求金融稳定。他不是尽可能多发以发展生产，而是尽可能不发或少发以求金融稳定而表现自己，正是由于他的宗派主义思想之存在，使他处理边币的回笼，自己欲成一套，徒劳无功。

在发行问题上，他的主观主义又到处随时都表现着，这就给两年来银行工作以极大的损害。

（四）物价汇价与发行问题

朱理治同志把发行看做物价高涨的唯一原因，他是这样主张过："边币发行一倍，物价就高涨一倍。"他不但把发行看做物价高涨之唯一原因，而且他有意地或无意地把发行也看做边币汇价跌落的主要原因。

他远在一九四一年九月二十三日的银行贸易局联席会议上，就说过："边区的物价都涨了三十六倍，这是票子的问题。"在他的结论中又说过："今天边票每元只换法币五角，事实上不能再发，若再发下去，便可以跌到二三角。"

在检查工作的座谈会中，他也主张着："物价的高涨，汇价的跌落，主要的是发行问题。"更说过："物价不猛烈上涨，边币才算是稳定。要边币稳定，就要物价不狂涨，而物价狂涨之原因，主要是发行问题。票子发行的快或发的多，物价就要狂涨，因此，要稳定边币，就要收缩通货。"

一说到发行，朱理治同志便拿出他的挡箭牌——物价高涨。

这里有以下几个问题，是需要弄清楚的。

第一，我们必须承认边币的发行，对于边区的物价是有影响的，完全否认这一个道理，也是不对的。因为一般说来，所谓物价不是别的，而是商品与货币的比例关系。币值与物价是同一东西的两个方面。当我们说物价涨了，这就等于说货币的价值降低了。反之亦然。实际上又怎样呢？四一年底比四〇年底边币增发了八点八倍，这一年的物价总指数涨了五倍多。一九四二年底比一九四一年底，边币增发了四倍多，这一年的物价总指数涨了三倍多，这两年来，发行增加了，物价也涨了，这都是事实，这是不能否认的。但是决定边币发行或不发行的根据，不应该是物价涨不涨，因为我们是处在战争环境中，到处物价都涨，我们不应例外，也不能例外。我们所应做的与所能做的，只是求物价不狂涨罢了，那么，决定边币发行数量的根据，应该是什么呢？应该是革命的实际需要，因为没有我们的军队与政权，我们的银行也不会存在的。没有大量的生产投资，边区国民经济是不会很快的发展起来的。

自然，朱理治同志也说过，他的发行原则是："一方面照顾物价稳不稳，一方面照顾革命的实际需要。"在实际上，他是特别强调了物价稳不稳，对于革命的实际需要，照顾是很不够的。这表现在以下两个事实上（一）两年来没有足够的发行，以发展经济。（二）当财政特别困难时，军队没有衣服穿，吃饭喝盐水时没有及时的帮助。

第二，边币稳不稳的问题——什么叫做稳定？又怎样表现呢？一般地说，币值与物价既是同一东西的两方面，那么币值稳不稳，首先是由物价稳不稳表现出来，物价的狂涨或狂跌，也就是等于说货币的价值狂跌或狂涨。

在战争的环境下，所谓物价的稳定只能是相对的，只要物价不飞涨，而是慢慢的高涨，这就算是相对的稳定，我们在现时边区所能做的，也只是求物价的相对稳定。

这只是问题的一方面，这只是孤立的抽象的来考察问题，我们应该从边区实际出发，边区不是孤立的，而是与友区在经济生活上密切联系着。边区有三分之一以上的区是靠友区的，而且我们的边区还不能自足自给，我们所需要的生活必需品，例如布匹、棉花，主要的依靠由友区输入，是用法币购入的，此外，在边区内，实际上还是边法币同流，法币在边区的势力与流通范围，比边币还要大，所有这些事实，都是指示我们一个真理：边区的物价不仅仅与边币有关而且与法币有关。

因为边区与友区有商业贸易关系，因此发生金融关系，即边币对法币比价的问题。这种关系，这种联系，是由贸易关系而生，并非由于货币本身的关系而生。边法币的关系已不是从前的光华卷与法币之间的关系，后者是主币与辅币的关系，前者系一国内的两种不同的币制了。

正因为我们的边区与友区有贸易关系，边币与法币必须有一定的交换比例，因此，边币的稳不稳，还可以由边法币的比价上表现出来。

同时我们必须反对：把币价是稳定于物价上，或者是稳定于边法币的比价上机械地分开，因为两者是互有影响的，互有联系的。当边法币的比价变动时，外来货物的价格用边币来表现时亦变动，边产品的价格在或长或短的期间内也必随之变动。反之当边区物价变动时，例如三八布由十五元一尺涨到三十元一尺，假设边法币比价不变，那末（么），由友区输入布匹的商人比从前便可获得二倍的利益，这就要大大地刺激布匹之入口，出入口的变动，对法币的供求关系亦变动，边法币的比价也必随之变动。

所以边币的稳不稳，一方面由物价表现出来，另一方面又可由边法币的比价表现出来，但这两方面不是孤立的，而是互相影响着，互相关联着。一切片面的孤立的看法，都是不对的。

第三，物价高涨的原因，在这个问题上，朱理治同志始终是有偏向的，始终是片面的看问题。他在一九四一年五月十三日所写的“关于边区物价与银行基本政策”一文中，他认为边区物价高涨的原因有四：第一是由于受法币跌价及友区物价上涨的影响；第二是由于顽固派对边区进行罪恶的经济封锁；第三是由于边区目前的经济正处于一个过渡时期（这一时期的特点是生产不足，出入口不平衡，财政收支不平衡）；第四是由于边区经济尚缺乏严密的组织。他在这里又完全把发行抛开。实际上，一九四一年三四月的发行是最快的，它的速度超过两年来任何月的发行速度。三月份比二月份增发率为百分之七十一,四月份比三月份增发率为百分之三十七。朱理治同志没有把发行看做是物价高涨的一个因素，与他后来特别强调发行为物价高涨的唯一原因，同样是不正确的。他在这一问题上，忽左忽右，始终不能正确的解决问题。

如果我们考察近两年来的发行速度与物价指数之关系，我们可以发现下面两种情况：

第一种是发行增多，而物价却平稳，例如一九四二年的八、九、十、十一、十二月的情况，便是这样：一九四二年后半年五个月的物价指数增长率与发行速度增长率如下表：

物价指数与发行速度增长率

一九四二年	七月	八月	九月	十月	十一月	十二月
物价指数比上月增长的百分率	9.1	14.8	–1.8	4.0	6.5	–1.0
发行速度比上月增长的百分率	2.2	20.2	4.5	27.2	26.6	27.5

第二种是发行很慢而物价却飞涨，例如一九四二年的三四月，便是这样。一九四二年二、三、四月发行增加率，平均每月不过百分之六，而三、四月的物价指数每月平均却上涨了百分之三十六。

这两种情况，均足以粉碎朱理治同志的谬论："发行增加一倍，物价即高涨一倍"。因为边区是有其特殊条件的，边区与友区的经济关系绝不同于两个国家的经济关系。因此，边区物价高涨的原因，除了发行而外，还有其他因素。这些其他因素，有时是物价高涨的主要原因。

我们为很好的说明这个问题起见，对于边区近两年来物价波动尤其是波动最大的月份，有加以具体分析之必要。

近两年来边区物价变动的一般原因，尤其是每年三、四月物价波动的一般原因是什么呢？

第一，友区物价上涨的影响。一九四二年的情况是这样：太平洋战争爆发后，大后方物价高涨。例如西安棉花一月份时每百斤三二九元，二月份三六〇元，三月份五〇〇元。日光皂一月份每箱五一〇元，三月份一一五〇元。以上的行市是西安工商日报所发表的，实际上当不止此。又如寺前三八布在三月份中每尺由一元一角涨到一元九角，蒲城棉花每百斤在三月份中由四三〇元涨到七八〇元。一九四三年的情况是因为大后方限价后，黑市高涨，例如西安三月份四姬青每匹限价一千元，黑市竟达二千五百元。粮食涨的更凶，我们限粮出口也无效，我们现在还不能自给自足，许多必需品须由友区输入，友区物价飞涨，自然影响我边区输入品的价格高涨，此外，我们必需（须）指出，自抗战以后，边区物价涨的最快的，是输入品。布匹从抗战以来到一九四二年底共涨了一四五倍，棉麻一六〇倍，颜料二七三倍，而边区的粮食不过六三倍，盐不过一二六倍，油类不过四八倍。外来品的物价指数增涨的（得）快，这就使边区物价总指数，一般的提高，这就足以证明友区物价飞涨是怎样影响着边区物价的提高。

第二，物资或法币供不应求——边区的生活必要品，如棉花、布匹、洋纱、文具等物，主要依靠友区输入。由于国民党对物资的统治与封锁，有时较紧，有时较松。当边区物资来源减少，供不应求时，物价就大涨。可是当边区输入货物过多的时候，法币的需要就大，去年与今年三、四月的情况都是如此。大家争求法币，法币供不应求时，黑市便发生，以边币来表现的物价亦必高涨。

第三，发行速度较快——每年春节财政收入上是淡月，而一切农贷工贷与各机关生产投资又多在一年度之始，因此，每年春季筹码增变，这是要影响物价的。

除了各个时期的个别的具体的原因而外，以上所述是近两年来边区物价高涨的一般原因。这三个原因互相交错着，至于何种原因是主要的，那就要看当时的具体情形，是不能一概而论的。只有一点是肯定的，边区与友区的经济关系绝不是两个国家间的经济关系，因此，发行绝不是边区物价高涨的唯一原因。如果不然，那么，为什么自抗战以来至一九四二年底，只就边产品来说，粮食只涨了六三倍，盐一二六倍，燃料就有三三六倍呢？为什么物价高涨不是一平的，而有这样的参差呢？这又作何解释呢？

第四，边币汇价涨落问题——朱理治同志不但把发行看做是物价高涨的唯一愿意，而且把发行也有意或无意的（地）看做是边币汇价跌落的主要原因，他是完全脱离现实而作主观上的幻想的，且来研究一下近两年来边币汇价波动的具体原因吧。

一九四一年可以分为四个阶段：第一个阶段是由一月到三月，这个时期边币汇价已开始波动，但不巨［剧］烈。其原因为（一）这时法币突然停止行使，人心不安，是边币跌价的主因。但（二）法币退藏，筹码骤感缺乏，边币代法币为流通手段，对外商业一般停止，法币需求大减。

第二个阶段为由三月到五月，黑市波动逐渐加大，原因为（一）皖南事变后的时局紧张已缓和，对外商业逐渐恢复，对法币需求大增，加以法令不严，促成黑市的活跃；（二）绥德三月以后黑市波动最大最高，这是因为边币在警备区的信用基础特别薄弱，并且那时河东还可以大批来货，入超特别巨大的原（缘）故；（三）发行速度太快。

第三阶段为自六月到八月，有的地区黑市强烈上涨，有的地区黑市反而下跌。原因为：（一）陇东三边区因盐务局在六月初下令只收法币不收边币，因此边币首先在陇东三边区跌价，延安关中亦大受影响；（二）绥德受影响较小，又因为河东入口减少，因而黑市反而下跌；（三）七月份陇东由于食盐的大量出口，盐务局又开始收边币，使黑市回跌；（四）八月份三边黑市特高，主要由于过路鸦片渐断绝与货物的大量输入；（五）黑市投机。

第四个阶段为自八月到十二月，黑市首先逐渐平稳，后又高涨。原因为：（一）从九月到十一月盐的出口激增，与特货的过境；（二）十二月份因系旧历年前，进口货旺盛，追求法币者多，黑市因而又趋高涨。

一九四二年可以分为三个阶段：第一阶段是由一月到二月，这时边币汇价比教平稳。原因为（一）年关结账输入减少；（二）特货对外统销，特货作成了外汇，减少了出入口的差额。

第二阶段为自三月到六月，这是汇价大波动。原因为：（一）特货专卖权分给部队，加之特货出口困难；（二）三四月为开春后进货旺月，法币需求极大，供不应求；（三）五月由于顽固派企图进攻边区，时局紧张，绥德部队首先拒用边币，商人争购法币。

第三个阶段为自七月到十二月。这时汇价提高而后稳定。原因为：（一）新的特货上市，大量出口；（二）国民党政策的改变，向边区使用大量法币，抢购边区物资出口，因此，我们手中有了大量的法币；（三）法币跌价。

总结以上，关于这两年来边币汇价涨落的原因，我们可以说，边币汇价涨落的主因，是出入口的问题，是掌握法币的问题，而绝不是如朱理治同志所主张的发行问题。自然我们也承认发行对于汇价是有间接的影响的。

这个问题，当我们研究了下面一个统计，更为明显。

发行速度与汇价变动表：

一九四二年	一月	二月	三月	四月	五月	六月	七月	八月	九月	十月	十一月	十二月
发行速度（比上月增发的分率）	18	11	7	1	13	2	2	20	4	27	26	残缺
汇价变动速度（比上月增加的分率）	−1.3	4.4	4.4	4.6	5.5	7.8	1.8	−10	−24	−2	−2	残缺

由上表，我们可以得出三种情况：

第一种是发行速度较快，而汇价比较平稳，如一九四二年的一、二月。

第二种是发行速度较慢，而汇价波动很大，例如四、五、六月的情况。

第三种情况是发行速度很快，而汇价反而提高，例如八月以后的情况。

这些情况，说明什么问题呢？它充分地明显地告诉了我们：边币汇价的涨落，它的主要原因，不是发行问题。

总之，在物价汇价与发行的问题上，朱理治同志不是忽左便是忽右，始终没有站在正确的道路上，处理问题。他对于物价的分析是片面的，因此是错误的。由于他的这一错误思想来指导发行工作，这就产生他在发行工作上的保守观点与主观主义，这就是给两年来的发行工作以莫大的损失。

（五）今后的发行工作

1. 发行方针

边区银行，是边区政府的银行，它是有两重性的：中央银行的性质与国民银行的性质。因此，边区银行的任务，应该根据以下的条件，来确定发行方针。

一 . 扶助公私经济的发展，特别要扶助私人农业的发展；

二 . 弥补财政预算上万分必要而不可少的赤字；

三 . 周转资金，调剂金融。

2. 分配发行的比率

主要的目的，是为了扶助公私经济，发展生产以保证供给与巩固金融。因此：

（一）生产建设投资应该是今年的中心任务，这项投资，根据毛主席在“经济问题与财政问题”中所指定的，只有二千八百万元，财经办事处确定的农贷三千万元工，贷一千万元，共计四千万元，只占当时发行总额的百分之三十，今年应该争取增加到百分之四十。此项投资必须限期偿付。

（二）财政借款，是逐年增多的，但与发行总额相比，则是逐年减少着。这一趋势，证明我们的财政日益健全，今后应该保持着这一趋势。

四一年上期发行一五〇〇万，有形的财政借款为九二五万，占百分之六十。

四二年上期发行四五〇〇万，同右二二〇〇万，占百分之五十；四二年终发行一一一〇〇万，同右四五六三，占百分之四十。

以去年全年平均，每月占发行额的百分之二十七，以去年最后三个月平均，也占百分之二十七。以此推算，今年对财政周转不得超过总发行额百分之二十。这项周转资金必须指定一定的收入偿付。

（三）金融与贸易周转——为着稳定金融与巩固边币币值，依据去年六月至十二月发行运用之经验，交换所的金融周转七个月内占过总发行数六六七〇万元的百分之三十，即二四七五万元。物资局实际使用的也占百分之三十，这两项资金的周转，应占总发行额的百分之五十。贸易周转的资金，应限期偿付。

财政金融贸易三项周转的资金，共占总发行额的百分之七十。今年争取减少到总发行额的百分之六十。

3. 今年发行的估计

一、四〇年底发行到三一一万元，四一年底增发到二七三七万元，比四〇年底增加了八点八倍，每月平均发行递增速率为百分之二十一，这一年的物价总指数涨了五倍多。每月物价增加率为百分之一五，边、法币的比价跌倒一元法币值二元五角二分边币，每月边币跌价速率是百分之八点四。

二、四二年底增发到一一八四五万元，比四一年底增加了四倍多，每月平均发行递增率为百分之十二点六。这一年物价总指数只涨了三倍多。每月物价指数增加率，平均只是百分之十点六，而边法币比价非常稳定，反提高了一些，在四二年一月是法币一元比边币二元四角六分，到十二月份则为一比二点一了。边币每月平均要提高百分之一。

三、今年的发行速度，如像去年一样，每月平均递增率按12%计算，则今年底应该达到三万万九千万元（约四万万元）。假设今年生产上大量投资，生产更加飞快的发展，特货与食盐的统销能够彻底的实行，友区的法币加□增发，则边币还可以多发一些，如要稳定边币或提高边币，则可少发一些。

4.每月边币增发率的估计

两年来边币发行统计（见表一）指出：边币的发行是逐年逐月增加的，以一九四〇年十二月为基准，则一九四一年增发八倍多，到一九四二年年底（增）发到三十八倍。

从物价指数表上（见表二），我们可以看出物价也逐渐增高，如以一九四一年一月为基准，则延安物价在一九四一年底涨了五倍，到一九四二年底涨了七倍。西安的物价在一九四一年底涨了二点七倍，在一九四二年底涨了六点八倍。

从上面统计上，我们可以看出：发行增加的快，物价上涨的慢。这是说明影响边区物价上涨的，不仅是边币发行一个因素（延安物价虽不就是边区物价，但它可以代表边区物价的一般趋势）。同样我们又看到：西安物价二年来只涨了六点八倍，而延安物价在同期却涨了十四倍，这也说明了西安物价固足影响边区物价，但完全抛开边币的发行来说明物价的上涨也是不对的。

在这里我们又看到：一九四二年边币每月平均增发了百分之十二点六。而物价的上涨还是落后于发行的增加速度的，发行增加了四倍多，而物价只涨了三倍，这就告诉我们在边区内外不变的情况下，保持全年每月平均增发率为百分之十二，则物价的上涨是缓于发行的增加速度的，不会形成恶性的通货膨涨（胀），那些说边币根本不能再发是无根据的，但说边币可以无限的发行也是错误的。

过去物价上涨之所以落后于发行增加的速度，有以下二种主要原因：

①二年来边区的农业、工业、畜牧业的生产大大增加了，跟着边区经济的发展，商品的流通量必然也会增加，因此作为商品交易媒介的边币量也需要增加。

②边币与法币争夺市场的力量相对的（地）提高了，边币的流通市场逐渐的（地）扩大。

5. 边币发行的季节性

由过去二年的发行可以看出，每年在十二月、一月、二月间是大量增发的时期，三月、四月、五月是增发率逐渐减低的时期，六月一般是一个低落时期，七、八、九、十月又是一个大量增发的时期，十一月又是一个增发率低落的时期。增发率在各个时期有高有低，这表示什么意思呢？这是代表我们的财政透支与经建投资在那时需要的缓急。因为过去银行的发行工作是被动的，是迫不得已时才发出的。

照过去二年的物价与边法币比价的规律，三月到六月是物价与法币猛涨时期，五、六月是最高峰，自此以后便比较平稳，所以右八月到下年二月是适于发行的时期。

过去二年都是在十二月间计划与布置下年度的财政经济工作，全边区的财政支付与经济建设的投资都落在这一阶段，而财政收入在这一阶段的末期却是个淡月，需要银行帮助周转，所以每年在这一时期发行的都特别的多。由于过去发行的调济（剂）工作做得不好，前年的五六月间，去年的三四月间都影响到物价的上涨，为预防这种金融上的过度波动，有的同志主张变更会计年度，这是一件大事，恐在边区现在的条件下不易实行。因此，我们主张应把财政上的某些开支，与经建投资的某些部分改在十二月以前分期发放，如工业投资，家庭手工业投资，都可以在秋季放出，藉【借】以减少十二月以后的发行量，农贷应由建设厅与物资局密切合作，在每年秋冬两季向外边购妥农具耕牛等，以实物贷给农民，不现款贷给农民，藉【借】以减少物价的波动。另一方面财政机关必须与二、三、四月间大量征税或公盐代金，紧缩通货，藉【借】以稳定金融。

6. 发行的管理与运用

一、边行是边区政府的银行，因此，它发行的纸币就是边区的法币（简称边币）。边币的流通应该独占我们的政权所及的区域。在边区内，不许边币以外任何货币与边币同流，在边区任何地方，要做到边币都可换到所需的东西，使边币真正是交换工具。

二、边币是由政权与边区公私经济力量支持的，它的发行应以公有工商业的股票为准备金，该准备金为二万万五千万元，完全以有价证券保证之。因此我们应该加强政权对边币的支持，同时也应该更加充足我们的物资的保证。

三、发行要把握农时及商业的季节性，以便即时调济（剂）物价，同时必须随时准备力量应付突然事变。

四、发行权由政府授权西北财经办事处受理运用，务使在财政金融上的调剂互相协调，使发行有吞吐力，使流通有弹性。

7. 边币的印制问题

一、由于对发行边币认识不够，在一九四二年印制边币也就没有周密的计划与足够的准备，以致在去年六、七、八、九月，光华印制厂没有钞票纸（道林纸）印制边币。当时各地交换所，急需大量边币，财政上又急需周转，光华印厂十架机子只能开四架，迫得用旧存的一些土造纸印五百元一张的本票。今后为保证发行工作的顺利进行，必须贮存二年至三年用的原料和辅助原料，以备不时之需。

二、边币的票版、面积过大，不适今天物资困难的条件。为了节省印费，增加印刷速度，整套的旧蓄票版，必须重新改制，面积缩小到一定程度（要适合纸张石版及今天的要求）。

三、边区土造钞票纸，原则马虎使用，为争取钞票纸的自给，防止伪造。在目前条件下，必须投资二百万元，建立专制钞票纸的纸工厂，利用土造水影可以防止伪造。

8. 推行边币问题

只有把边币的流通范围扩大，才能大量的发行并不影响物价与汇价，因此为了更大量的发行边币，我们就要设法推广边币的流通范围。据去年黄亚光同志与各地交换所干部谈话估计，法币占有全边区货币市场的百分之六十五，而边币不过占百分之三十五，据去年十二月各分区负责同志校正法币所占市场还不止此数，警区及其他边界县份，绝大部分交易是使用法币，即在边区中心区域如甘泉、子长、固林、延川、志丹五县，据银行统计法币还占有百分之三十四的货币市场，即以延安市而论，大宗买卖还是多用法币交易。所以扩大边币流通范围的问题，就是与法币进行斗争。驱逐法币退出边区市场的问题。

根据过去两年斗争的经验，要想在这个斗争中取得胜利便须解决以下两个问题：

一、使用边币要比使用法币便利（货币运用上的比较）；

二、持有边币要比持有法币有利（货币价值上的比较）。

只要能解决这两个问题，则边币虽不能百分之百的占有边区的货币市场（因边区与友区毗连处是犬牙交错的，边界上的人民经常与友区发生贸易外来，不可能完全禁绝法币），但争取百分之八十的市场总是有可能的，那么怎样才能解决这两个问题呢？在谈具体办法之前我们应先检讨一下边币的主要的优缺点：

边币不如法币的地方：

a. 法币的流通范围大，即“腿长”，而边币则“腿短”。

b. 法币背后的物资力量较边币为大，因目前边区有许多必需品还须依赖友区，我们必须取得法币用以换取必需品。

c. 目前边区对外贸易还是入超，法币供不应求，手上持有法币可以随时抢进友区的货物（目前甚至在边区内部市场也有这种作用），而持有边币者则须经过交换所换成法币才能到外边买货，并且往往换不到法币。另外还有些边境集市的小商人，他们的货物须用法币由友区买进，他们离交换所很远，用边币换法币非常不便，所以他们卖货就不愿要边币。

d. 过去法币比边币跌价较慢

边币比法币好的地方：

a. 边币在边区境内是唯一的法定货币，而使用法币是违法的。

b. 边币可以完纳公款，法币则不成。

c. 某些公营企业所卖的东西，如盐公司卖盐，一定收边币不收法币。

银行要推行边币就要加强边币有利的地方，设法改变边币不利的地方，我们可以采取以下的办法：

一、增加是用边币的便利，严厉打击法币的使用。

A. 严格执行政府禁用法币的政令——过去各地党政的干部对于维护边币的意义认识非常不够，在许多地方，根本就未执行政府严格禁用法币的政令，甚至我们的干部自己首先违反金融法令，实行以法币交易，所以要想严格禁用法币，首先就要在干部中进行拥护边币的教育，要他们遵守金融法令与执行金融法令。为使政令有效执行，下列准备工作是必要的：①要使我们的大多数干部有维护边币的认识，要使老百姓知道使用法币是犯法的。②要准备充足的边币以兑换法币，照目前情形要准备兑换二千万元法币的边币，不要再犯去年八九月间老百姓拿来法币我们换不出边币，叫执行法令的干部没法进行下去。③在严格禁用法币时，还要多设交换所，使兑换便利。在边境的集市上，设立流动交换所，使要向友区买少量货物的农民小商人，用边币可以换到法币。④交换所要有相当数量的法币基金。有了以上的准备工作，强调政令是万分必要的，没有政令的保障，法币是不会自动退出边区流通市场的。但像过去以为一道命令就可以万事大吉，而不做其他必要的准备工作也是行不通的。我们检讨过去金融法令的执行，不单在许多地方未做到必要的准备工作，就是金融法令本身也是有漏洞的，因为法令只禁止用法币交易而不禁止存储携带，除了在大街上公开买卖者外，根本就不能检查，就是在执行法令较严格的地方，也很容易在暗中进行法币交易，延安就是一例。

为了真正把法币从边区的流通领域驱逐出去，我们提议政府采取法币入境登记，在边区内绝对禁止使用法币与保存法币的办法，凡是法币入境都要到交换所登记，交给交换所代为保存，或卖给交换所；如系保存，交换所不收费用代为保存，发给存者以收据，存款者可随时领款出境办货，携带法币过境者可由交易所发给过境执照，限一定日期出境，过期无效，凡无此有效执照在边区境内持有法币者即为违法，如此检查甚易，发现私存法币者，即可处罚之（如没收其全部或一部）。在临近边区，又距边区内部集市较远的地方，人民常与友区发生贸易关系，完全禁绝私存法币，人民可能感到不便，法令严格执行也比较困难，对于此等区域政府可明白宣示允许那些乡下人民可以保存一定量的法币作为向友区购物之用，但绝不允许在边区境内使用。这样一方可以照顾人民的困难，一方又可以防止奸人投机破坏法令。

B. 政府收受各种公款，一定要收边币。

C. 公营企业出售货物，一定要收边币。

D. 组织专收边币的小贩下乡卖货，使农民能用边币买到便宜的日用品。

E. 在临近边界的市集设立流动交换所，尽量供给小贩法币。因为这些小贩都去友区办货，他们能偷过顽方的税卡与封锁线，获利很大，他们本钱不大，每次从友区偷运少量货物，到集上卖完就又回去买。如果跑到远处的交换所换法币，一次要费一二天的工，因此他们不愿用边币。农民们因为集市上小贩不要边币，便也拒用边币。我们一面在市集上设立临时交换所，尽量先给小贩法币，一面严格禁止他们用法币交易，过去鄜县办事处采用此种办法在边界区域推行边币收到很大的效果。

二、使边币比法币跌价较慢或相等。

如果在一个地方有两种货币同时并用，（不管公开用或暗中用）甲种比乙种跌价较快时，无疑的老百姓愿意要乙种货币，而不愿要甲种货币。这种经济力量，使乙种货币逐渐代替甲种货币的流通领域。

现在边区绝大部分区域是边法并流，我们要想扩大边币流通领域，缩小法币流通领域，便要使边币比法币跌价较慢（即逐渐提高边币对法币的比价）或平稳。只要边法币的比价平稳，再加上政令的帮助，在边区内大多数地方，边币便可以占到优越的低位，所以推行边币首先要使边法币的比价稳定。

如何才能使边币的比价稳定或提高呢？

A. 发展生产，争取自给自足，与出入口平衡，这是最基本的办法。

B. 严格的实行外汇的许可与管理制，过去无限制的兑换法币是不对的，在对外贸易对我有利与不利的一切情况下，我们都应采取外汇许可制来奖励必需品的输入与禁止非必需品的输入。我们应加强这一工作，银行与物资局应该很好地配合来执行这一工作，我们现在是有这个条件的。

C. 管理外汇与管理对外贸易是分不开的。我们应该加强，将货与金盐的统销，并应扩大对外输出品的统销范围，以扩大法币的来源。

D.要有适当的边法币基金——现在各地决定设立发行分库，边币的供给当不成问题，法币的来源应由物资局负责供给。

E.善于利用牌价政策

①根据边区与友区物价与出入区贸易情形，牌价应时有微小的变动，这里有两种意义：第一、出入口与物价不会不变的，牌价应随之稍有变化。第二、老百姓习惯于牌价的上下，不致一看牌价稍跌就恐慌起来。

决定牌价高低，要注意下面两种情况：在其他一切条件不变之下，法币价格的涨落与边区物价涨落成正比，与友区物价涨落成反比。因边区物价涨则由外边输入货物有利，购买法币者增多，因而法币价格涨，反之则输入货物不利，输入减少，法币求少供多，因而跌价，友区物价涨跌，所起的作用恰与此相反。再有边区货物输出换进法币，输入则换出法币（入超则对法币求多供少，价格上涨，出超则法币求少供多，价格下降），因此决定牌价的高低，要根据边区内外物价的变动与出入口贸易的情形，这就需要经常进行关于物价与出入口贸易的调查与研究工作。

②要能调济（剂）法币季节性的供求变化与地域性的供求变化。每年十二月到来年五六月是交换所法币供不应求的时期，法币的价格在秋季就不要定得过低，以便在较高的价格上能积累一些法币应付十二月后的需要，据估计应付十二月以后的局面，最少要事先准备二千万元法币，有了这种季节性的调剂，才不致在每年春季边币大跌。

边区各地法币的供求是不平衡的，陇东关中是入超的地方，鄜县、延长出入平衡，其他各地都是出超，各地牌价不根据自己一地的供求，而是要照顾到全边区的情形，就是说一个地方入超了，也不能把牌价拉的太远，各地牌价差额太大时，便会引起货币投机。如去年五月陇东与绥德间，每元法币价格相差一元五角边币，使得警区人民觉得边币跌价太厉害，而不愿用边币，而在陇东方面持法币到延安绥德一带换边币可获重利，大家都愿保有法币。所以最合理的牌价是使边区各地的牌价尽可能的缩小距离，最多相差一二角，而边境区的法币价格应稍有低于中心区的法币价格，使边币在边境上比在中心区使用有利，这样可以推动边币逐渐外流。

③提高时要慢，不可太猛。假若我们有更多的法币我们可以提高边币的比价，但应该缓缓的（地）提，这样可以使人民长期感觉边币在提高，法币在跌，这种空气对于巩固与扩大边币流通领域，是特别有利的。去年八月以后边币提高的（得）太快，一下子提高后就稳住，结果是吃亏的已经吃完了，现在法币又稳了，还是要用，不能给使用法币者以长期的心理上的压迫。

④牌价应争取主动。牌价应有计划的根据情况变动而主动的适应新的条件，不要死守旧的一套，要时时争取主动权，看必然下跌时我们便先拉下。但在政治动荡之时，黑市一日数变，如果交换所的牌价也跟着一日数变，便会助长人民的心理恐慌，加速降低边币的信用，这时交易所的牌价便毅然决然的脱离黑市，因为这时的币价变动的原因是政治的而非经济的，这种变动不是产生于正常的贸易关系，而是产生于投机。

这些便是决定牌价时要考虑的问题。

二、《1943年上半年度发行工作总报告》

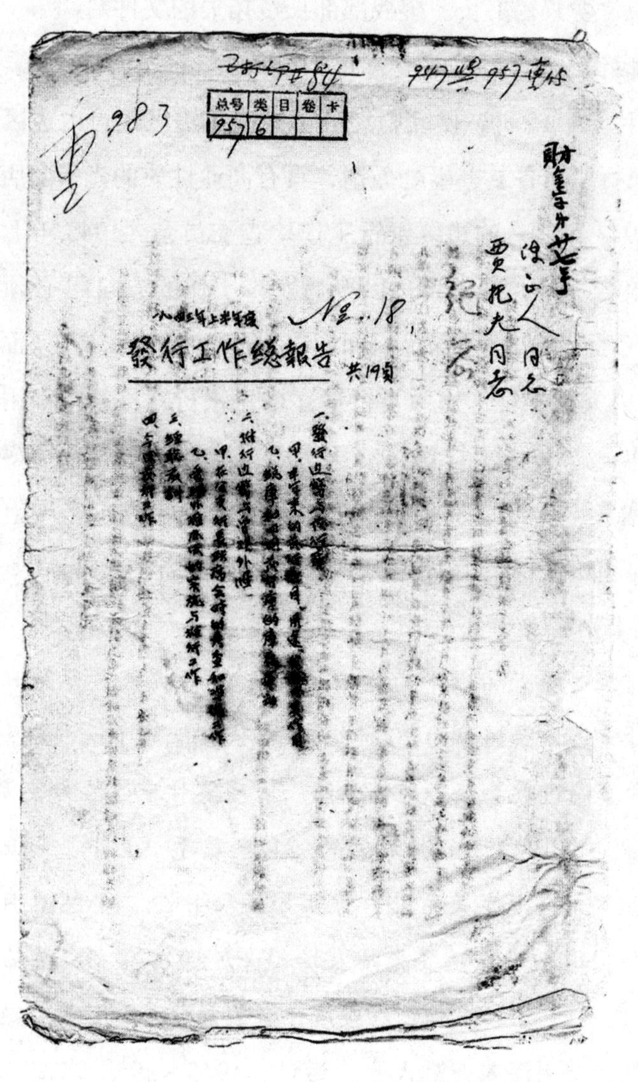

总号	类	目	卷	卡
957	6			

No.18

發行工作總報告 共19页

文献概述：

《1943年上半年度发行工作总报告》是陕甘宁边区财政厅上报边区政府关于1943年上半年边币发行工作的报告（共计37页），其内容包括发行边币与发行库、推行边币与管理外汇、经验教训、今后发行工作四个方面。

此文献是呈送时任中共中央西北局常委兼组织部部长陈正人和中共中央西北局常委兼秘书长、统战部部长贾拓夫的文件。

文献解读：

1943年5月15日，西北财经办事处决定边区银行由边区财政厅管理，边区银行所属各县办事处撤销，具有商业性质的光华商店交由物资局领导。1943年7月的边区银行工作检查委员会《1943年上半年度发行工作总报告》中，确定了边区今后发行工作的方向："必须按月印出六千万至一万万的边币，保证一面能支付一面能存库。""票面金额需增大。"银行失去独立性，边币发行量猛增，银行发行基本都用于财政开支。下半年，边币发行了143663万元，是上半年的7倍还多。边币发行的过快增长，导致通货膨胀，物价暴涨。全年物价平均上涨了19.5倍。同时，边币比价不断下跌。

注：西北财经办事处

西北财经办事处（以下简称"西北财办"）是在模范抗日民主根据地——陕甘宁边区最困难的20世纪40年代初，为了反击国民党蒋介石接二连三的军事进攻和经济封锁，统一管理陕甘宁边区和晋绥边区的财政经济工作，于1942年6月成立的。它隶属于中共中央西北局，陕甘宁晋绥联防军司令贺龙兼主任，曹菊如任秘书长。同年10月，西北财办正式办公，地址设在延安光华农场静舍。1944年初，陈云任西北财经办事处副主任，主持工作，继续贯彻"发展生产、保障供给"的财经工作总方针，全面深入开展大生产运动。1945年9月15日，根据党中飞机赴东北。至此，陈云结束了在西北财经办事处的工作。

文献原文：

一九四三年上半年度发行工作总报告

财金字第二十七号

一、发行边币与发行库

甲、半年来的发行数目、用途、分配及作用

自高干会以来，银行根据“发展经济，保障供给”的总方针，与西北财经办事处关于银行工作所指示的任务和业务方针，以及检查工作所获得的经验教训，确定了下面三项主要任务：

（一）发展公私经济

（二）支持财政预算

（三）发行并调济（剂）货币

上述三项中以尽量吞吐发行为中心，在吞吐发行的过程中来扶助公私营经济的发展，支持财政预算的支付。

在发行上，过去银行采取金融本位主义的保守观点，主观上是不想增发的，而实际需要又逼得不能不增发，因此发行常常是被动的没有计划的，逐月发行累计数，其购买力指数有时竟低于一九四零年十二月的指数，即增发的边币的流通额还不足以补足四零年十二月的需要额（参看边币发行总额购买力指数比较表）。高干会议以后，我们打破了过去的观点，在发行上积极争取主动，适应财经工作需要，及时的解决各项迫切的问题，计自去年十月高干会以来，截至今年六月底共计增发了二万万七千六百三十七万元。几个月的发行总额约等于朱理治经手发行的五年累计数六千六百万的四倍多，其分配的比率如次：经济周转的，一一七七二万元，占增发总额百分之四十二点六。

财政周转的一〇八三九万元，占增发总额百分之三十九点二二。

金融周转的三七〇六万元，占增发总额百分之十三点四十一。

发行消费的一三二〇万元，占增发总额百分之四点七七。

边币发行总额逐月购买力比较表

年度	月份	票面金额累计	逐月购买力指数
1938	7—12	99	16.1
1939	1—6	281	38.3
	7—12	316	30.3
1940	1—6	547	37.6
	7—10	1021	47.9
	11	1836	62.2
	12	3111	100
1941	1	3411	94.9
	2	4349	104.7
	3.1—3.14	5360	114.3
	3.15—3.31	7445	158.7
	4	10205	212.2
	5	12985	206.6
	6	15350	192.8
	7	16435	184.4
	8	17849	155.8
	9	20288	167.9
	10	22976	164.6
	11	24028	149.4
	12	27373	142.9

续表

年度	月份	票面金额累计	逐月购买力指数
1942	1	32335	162.1
	2	35884	173.2
	3	38440	143.0
1942	4	38900	104.6
	5	44000	104.4
	6	45000	96.4
	7	46000	90.3
	8	56200	94.4
	9	57700	100.5
	10	73400	122.9
	11	92900	148.1
	12	118450	188.2
1943	1	150825	216.6
	2	178650	206.6
	3	243950	207.4
	4	273850	178.8
	5	295650	171.5
	6	342815	162.3
	7	397774	144.9

半年来边币发行统计表

为便利按月比较，说明发行情况起见，特列出下面简表：二

四十一年来边币发行统计表（附发行总指数与物价指数比较表）

	累计数	每月增发数	每月递增率	增发指数
四二年终	一一一〇〇万	——	——	100
一月份	一四六〇八万	三五〇八万	三一六〇%	一三一六〇
二月份	一七九四〇万	三三三三万	二二八一%	一六一六二
三月份	二四六四〇万	六七〇〇万	三七三五%	二二一九八
四月份	二七三〇〇万	二六六〇万	一〇七九%	二四五九五
五月份	二九五〇〇万	二二〇〇万	八〇六%	二六五七七
六月份	三四二三七万	四七三七万	一六〇六%	三〇八四〇

注：“每月递增率”是该月发行数比上月发行累计数的百分比率。“增发指数”是该月累计数比四二年终累计数为100的比率数。上半年平均递增率为二六·三三

边币发行总指数与物价指数比较表（根据物资局五日商情附刊第六期发表的延市四三年上半年廿三种物价总指数）

	一月	二月	三月	四月	五月	六月	四二年十二月
物价总指数 比上月增减	99.4 -6	144 +45	169 +25	208 +39	260 +52	340 +80	以四二年十二月为基期 100
进口物价指数 比上月增减	98.4 -1.6	157 +59	172 +15	205 +33	265 +60	340 +84	
边产物价指数 比上月增减	105 -1.6	120 +15	166 +46	217 +51	251 +24	327 +76	
边币发行增减指数比上月增减	132 +32	162 +30	222 +60	246 +24	266 +20	308 +42	以四二年十二月为基期 100

从此可见，农贷按时支付了两千三百五十万元，机关生产及时拨下了一千五百六十四万，建设事业按照建设厅计划支付了二一二四万。这些直接属于生产范围的生产投资共占二七六三七万，增发额中的六〇三八万，即百分之二十一点八五，其次，交物资局军用支配周转的五七三四万，是依据发展经济保证供给任务而运用的，占增发额的百分之二十点七五，再次财政贴款依时支付了一万万零八百三十九万，是用于财政周转，解决困难的，占增发额的百分之三十九点二二，综合以上三项数目约占两万万七千六百三十七万，增发额的百分之八十二，这与政府确定的发行用途和分配的指示，财政周转百分之三十，经济周转百分之五十，金融周转百分之二十的精神是相符合的。

进一步要考查这些款项究竟起了多少作用，解决了些什么具体问题，即还需要建设厅、物资局和财政厅从其所属的实际工作中去深入检查，以银行范围亲身体验到的，九个月来边币增发的多，增发的快，虽然在金融上起了一些波动，可是在整个生产贸易和财政上已获得了具有决定意义的收获。

第一，生产投资今年做到了不失时效，不违农时，比去年春耕过后才陆续散放农贷的效力大的多。

第二，给物资局周转五千七百多万，使物资局更有力地克服了食盐及特货统销过程中所遇到的困难（如预支红利、预支代销款、购存物资保证供给之类），继续坚持并巩固了这两个统销政策，加强了对敌顽经济与物资斗争的力量，这与去年春间二个统销事业统了又涣散的情景是不相同了。

第三，及时的（地）给财政厅拨了巨款，预先解决了机关、部队、学校、团体春季的财政困难，使他安心于生产和学习。这种财政困难的解决反映工作上是彻底消除了机关，部队，学校，团体对财政厅和银行的不满和彼此间的互相摩擦，而且使银行走出了孤立无援的境地，而变为真正为大众服务的、也为大众所支持的国家银行和国民银行。

发行观点与发行工作的改变不仅在生产贸易和财政上起着巨大的作用，即在金融本身也打下了良好的基础。首先是支持了物资局，使得食盐特货的统筹事业逐步纳入正规，因此，所有入口的法币白银将有百分之八十或百分之九十控制于公家之手，如高干会后，物资局土产公司及各机关交银行的法币、关金及银行卖出的法币、关金均逐渐地增加。参看边区银行总行 1943 年 1—6 月法币买卖统计表，即可见一般（斑）。（附表）“总行上半年买卖法币统计简表”如次:（以下表格）

这一数字说明了稳定金融的经济力量与其趋势是会逐渐好转的。这种经济力量的掌握一面可以发挥公私商贩入必需品限制非必需品，免去各方面不必要的浪费（参看延安市四五六三个月分兑换法币的货物分类统计表）另方面可以法币打击法币，支持边币的推行，这对于边币金融的稳定，边币的推广均有不可忽视的作用。例如今年三四五月间法币供不应求，商民到处追逐法币，明暗地拒用边币，影响农民也追逐法币，结果边币退缩，法币得寸进尺地侵占边币市场，绥德、三边、陇东、关中均有此反映。今年五月以后，因为法币大部分进入公家手里，情况即有了开始的转变，陇东曲子人民实在找不到法币，而又不能用货币解决问题时，边币也就成为大家使用的工具了。

到今天，这个前途已经摆在我们面前，就是民间法币将逐步被挤，公家法币更逐渐集中于物资局，银行以及机关部队的生产部门，如此加以有力的控制与调剂，则在金融与物资的指挥上必有更大的力量，这是我们要力争实现的目的，同时也是我们改变发行观点要换得的果实。

乙、总库和四个发行库的库存变动

今年三月确定了银行业务基金与货币交换基金汇兑基金分开，在绥德，三边，关中，陇东四个分区建立发行库，责由各分行长代管，并公布了边区银行各银行货币交换基金汇兑基金运用暂行办法，与特定公款汇兑暂行办法，半年来实行结果尚称便利，起了调剂货币灵活资金周转的作用，半年来银用运用的边币与法币，月终结账的数目，举一例列成下面，"各行处每月终一天的库存边法币统计表"，借此可以看见各分支行的实力与调剂力，同时还可以推断全边区的边币流通量（表见下页）。

延市四、五、六三个月兑换法币的货物分类表

金额 类别	四月		五月		六月	
	金额	%	金额	%	金额	%
棉花	2403580	45.07	1025610	15.77	303400	
布匹	1216060	22.80	694240	10.64	399870	
军纱	141100	2.64	641150	9.83	204650	
铁丝	42000	0.78	40650	0.62	16300	
器材	24000	0.45	207000	3.17	58360	
原料	34000	0.63	227000	3.48	104400	
器械	240200	4.67	217300	3.33	36640	
纸张	445400	0.83	564900	8.66	861050	
医具	157000	2.94	399200	6.12	228500	

续表

金额 类别	四月		五月		六月	
	金额	%	金额	%	金额	%
出外购货	249200	4.67	1560800	23.93	750300	
运作费	327100	6.12	516900	7.92	706950	
□家费	110750	2.07	177260	2.72	76700	
□货	151300	2.83	152600	2.34	30735	
□报	2100	0.04	6100	0.90	——	
其他	180200	3.38	80400	1.37	800000	
总计	5331990	100	652000		4602305	

各行处每月库存边、法币统计表

四、各行处每月库存数以月底结存为标准。陇东分行五月份库存数为五月二十五日截止日。	三、合计边币库存数包括发行库存在内，计四月份二千五百五，五月份六千万，特此注明。	二、法币一律以二元一角折合边币。	说明：一、以万为单位，万以下四舍五入，故合计数边、法币合计数稍有出入。

行名	币别 \ 月份	一月份	二月份	三月份	四月份	五月份
延安业务处	库存边币	266	82	485	232	605
	库存法币	25	102	204	660	1433
	共合边币	319	296	1102	1618	3614
延安市交换所	库存边币	44	30	84	54	54
	库存法币	60	——	5	15	1
	共合边币	170	30	95	86	56
绥德分行	库存边币	755	820	219	786	265
	库存法币	100	35	60	60	460
	共合边币	965	894	345	912	1231

续表

行名	币别 \ 月份	一月份	二月份	三月份	四月份	五月份
三边分行	库存边币	412	396	234	594	534
	库存法币	15	55	80	195	195
	共合边币	444	512	402	1004	1004
陇东分行	库存边币	127	15	163	1186	2429
	库存法币	30	70	25	35	295
	共合边币	190	162	216	1260	3043
买中分行	库存边币	128	160	294	383	1344
	库存法币	100	210	85	180	105
	共合边币	338	601	475	761	1565
延长办事处	库存边币	3	34	26	30-6	700
	库存法币	5	3	9	15	100
	共合边币	14	40	45	338	910
鄜县办事处	库存边币	153	238	310	286	286
	库存法币	——	——	——	——	——
	共合边币	153	238	310	286	286
米脂办事处	库存边币	41	——	91	76	76
	库存法币	10	——	4	10	10
	共合边币	62	——	99	97	97
合计	库存边币	1929	1775	1906	3905	6352
	库存法币	345	475	562	1170	2599
	共合边币	2655	2773	3087	6362	11811

二、推行边币与管理外汇

甲、在分支行长联席会议时的考查和准备工作

发行边币的继续是推行工作。这里必须解决两个基本问题：第一是加强政权的支持与充足物资的保证。第二是实行外汇基金制度，保证一

定数量的外汇（法币）供给，与合理的管理外汇。

在分行长联席会议上我们做了一些调查和分析。（子）对边法币的估计：去年八一以后边币流通区域扩大了，但所占区域仅占全边区面积的百分之三十四点六，而法币还占百分之六十三点四，（见银行在高干会上的调查估计表）。

法币在边区境内，有其优越的条件，即：

（一）法币腿长。

（二）边币三十一个县市二百一十三个区，四周二十四个县八十一个区与友区犬牙交错的相连接，即百分之三十八的地区其经济生活与友区经济密切的结合着，其半数以上的人民非使用法币不可。即中心地区例如吴旗全县没有一个集市，到友区市上买东西比到边区的市场还更便利。

（三）边区内部有些生活必需品，今天还要依靠外面输入，非获得法币不可。

（四）边区金融法令规定了边区境内只禁止法币行使，但还准携带和储藏。这里隐藏着一个黑市买卖的合法保障。

两年多来，边法币的斗争，边币常处于劣势的地位，其变动趋势，表现于"购买力"方面的：（一）战时物价继续猛涨，边法币的对内对外的购买力都继续下跌。（二）有时稳定，也只是相对的暂时的（详见五年来延币物价指数表）。表现于比价方面的，边币对法币的比价和边币的流通范围，其相互关系常呈现三种状态：（一）比价下跌时即退缩（二）稳定能推行（三）上涨也能推行。

推行边币的过程实际上是和法币斗争的过程。

（丑）对货币交换所的检讨：

自去年交换所成立后，因没有确定兑换的原则（依照发行基金制还是依照外汇基金制），故收效还小。

从今年四月确定了采用外汇基金制度以后，交换所的工作对于管理外汇稳定金融与管理入口物资是有很大帮助的。全边区大小四十二个货币交换所（包括临时的流动的），延安市交换所能起决定的领导作用，中心交换所有九个（定边、庆阳、西华地、柳林、绥德、米脂、瓦窑堡、张家畔），能起推动作用，要相对的稳定比价，依据管理外汇的需要。

1937—1943 年延市物价总指数表

年份	1937	1938	1939	1940	1941	1942	1943
上半年	100	127.54					
下半年	118.37	158.70					
全年		143.12	237.26	500.55			
1 月			182.24	334.74	926.21	5139.1	17927.4
2 月			178.40	353.84	1069.8	5336.2	22261.6
3 月			185.71	366.03	1208.7	6923.1	30294.4
4 月			194.46	388.45	1242.7	9581.6	39397.6
5 月			197.83	405.18	1619	10854.2	44471.7
6 月			201.56	420.82	2052.6	12021.4	54417.5
7 月		153.32	228.68	456.63	2295.8	13116	70783.1
8 月		157.32	236.12	505.40	2951.9	15060	
9 月		159.10	253.62	579.13	3114.1	14787.8	
10 月		159.80	296.01	718.09	3595.2	15383.4	
11 月		161.29	315.42	761.25	4142.9	16379.1	
12 月		161.41	317.06	801.54	4935.2	16215.4	

采取一定限度的许可制，在发行到一万万一千万的四二年十二月底的情况下，每月最低限度必须一千万至一千五百万的法币，才能供给全边区各个交换所的兑换，才能使边币与外来物资相交流，使边币能到处

换得必须（需）的东西，如果边币逐月增发，则最低限度的法币也必须随之增加。

（寅）依据以上的估计与探讨，规定了各分支行二个月为一期应吸收外汇的任务：

关中分行一一〇〇万、三边分行一〇〇万、陇东分行一〇〇〇万、鄜县办事处二〇〇万、绥德分行二〇〇万延长办事处一〇万。

其主要条件为加强特货食盐的统销，经过土产盐业两公司集中外汇于银行。实际上即经过各分行要求，他们按月供给法币一千万至一千五百万，分配调剂如下几个主要地区：延安五〇〇万、绥德三〇〇万、定边三〇〇万、其他四〇〇万。

我们总结了两年来的货币斗争经验，规定了这样的方针：

1. 分行的中心任务之一是：调剂法币，推行边币。并确定今后推行边币是银行办事处的经常工作。

2. 协同物资局及其所属企业单位，依据“管理外汇办法”批审外汇，并经过买卖法币，以达到力争边币独立的地位，保证供给物资及群众必需品的输入。

3. 在上半年采取“保持边币对法币的比价的稳定政策”以推广边币到各边境市场与农村（具体项目详见卅二年度工作计划）。

乙、管理外汇办法的实施与各分支行的推行工作

一、金融情况的变化

自一月起，延安、三边、绥德、延长等地，法币时感不足，自二月下旬以后，则是经常供不应求，鄜县除三月初因收公盐代金，法币稍有余裕外，也是供不应求，因此首先在三边、绥德某些地区发生黑市，各交换所换出法币多，换入法币少，陇东、关中虽然到三月间还没有明显的黑市，而交换所出多入少的情况，是与其他区域相同的。检查各主要交换所几个月来换入换出数目及各地区一月至六月法币的明黑市价格即

可看见一般。

由于法币的供不应求，二月二十日（旧历正月十五）以前没有生意，尚不感困难，二月下旬物资陆续输入，贸易上入超，外汇不敷，黑市随之产生，但只有绥德、三边曾有黑市发现。三月下旬金融上呈现出了不稳的现象，这种金融不稳，对于边币的推行发生了阻碍，而且在许多地方受到相当的打击，例如：

（一）在绥德，花、纱、盐、油、布疋（四）等，原先可以用边币买到东西，到三月中旬用边币很难买到了。

（二）在三边三月份因土布大量输入，贸易大大的入超，黑市也随着高涨（参看边法币比价表）。初由包头、平凉、吴忠堡开始运到一批货——布疋、水烟、玻璃、瓷器、大黄等几百担，这时边币比较好买货，因货要上税，客人要消耗，但做大批的生意还是法币。此时延安物价高，延安去了二三十家买货的竞买布疋什货，因此三月内销货比上月激增六倍，加以政府生产放款，机关部队财政开支，一时齐吐边币，而旧历正月做的期货生意也到期（三月底）了，交期款都需要法币，因此，三月十八日由黑市二元三、四到月底，竟涨到三元，个别的黑市交易还有三元一、二的，这时西关店行已是对边币不谈生意了。

（三）在陇东方面，由三边到陇东卖盐的脚户、盐公司非付给三分之一至二分之一的法币不可。

各主要市场半年来边、法币比价变动表　六月制

地区	旬	一月		二月		三月		四月		五月		六月	
		明	黑	明	黑	明	黑	明	黑	明	黑	明	黑
延安市	上 中 下	2.1		2.1		2.1	2.5	2.1	2.5–7 3.8–4 11	2.1	3.3 3.5 11	2.1	11 3.3–5 3

续表

地区	旬	一月		二月		三月		四月		五月		六月	
		明	黑	明	黑	明	黑	明	黑	明	黑	明	黑
绥德	上中下	2.0		2.1	2.2–2.5	2.1	2.2 2.35 2.4–5	2.1	2.5–3 3.8–9 3.5–4.2	2.1	4.2–3 4.35 4.2–3.6	2.1	3.8–6 3.4–3 3.2–3
柳林关中	上中下	2.0		2.0		2.0		2.0		2.0		2.0	
庆阳陇东	上中下	2.0		2.0		2.0	2.5	2.0	2.3 2.7 2.5	2.0	2.5–3 3.7–2.5 3.0–5	2.0	2.3–5 3–2.5 2.5–3
定边三边	上中下	2.0	2.1–2.2 2.2–3	2.0	2.3 2.3–4 2.4	2.0	2.3 2.3 2.4–3	2.0 2.5	3.0–1 2.7 2.5	2.5	3.1–5 3.5 3.5	2.5	
鄜县	上中下	2.1		2.0		2.1	2.3–6	2.1–3	2.3 2.8 不定	2.1	4 4–3 3	2.1	3.5 3.5 3.5–4
延长	上中下	2.1		2.1		2.1	2.4	2.1	2.9 — 4	2.1	4 4	2.1	— 2.7–3.6 3.1–5
张家畔靖边	上中下	2.1		2.1		2.2	2.4	2.3	2.5–3 3 3	2.3	4.5	2.5	3
临镇	上中下	2.1		2.1		2.1		2.1	2.5 2.8–4.2 3.6	2.1	3.5–6 3.5–3 2.5–3	2.1	3.0–5 2.5–3 3
借故：一、陇东分区六月中旬农村黑市高至四元—五元，有些地方骡马店收法币边币高至十元。 二、关中大市镇，边币流通少，法币入口区，黑市很少见。													

边区各主要市场法币买卖统计表

地点	日期	换入	换出	出超	入超	明市	黑市平均数
延安市	一月	914220	4998200	4084000		2.1	—
	二月	365350	3183650	2818300		2.1	—
	三月	22000	4884350	4862350		2.1	2.24
	四月	38390	5331990	5293600		2.1	3.1
	五月	300900	6520110	6219210		2.1	3.3
	六月	40585	4602305	4561720		2.1	3.5
绥德	一月	221048	437065	216017		2.0	—
	二月	4750	494990	390240		2.1	2.23
	三月	1200	361300	360100		2.1	2.3
	四月	—	223290	223290		2.1	3.27
	五月	4200	200153	195944		2.1	4.09
	六月	214209	1373665	1159456		2.1	3.52
关中柳林	一月	372550	113850	—		2.0	—
	二月	151850	103450	—		2.0	—
	三月	645100	751450	106450	260700	2.0	—
	四月	784710	1137310	352600	48400	2.0	—
	五月	481650	504450	22800		2.0	3.0
	六月	—	—	—		2.0	2.5–3.0
陇东西华口	一月	504240	1035185	530945		2.0	2.04
	二月	104500	619078	586578		2.0	—
	三月	33182	1538595	1505413		2.0	—
	四月	4560562	4574579	14017		2.0	2.4
	五月	—	—	—		2.0	2.83
	六月	—	—	—		2.0	3.0
定边市	一月	66740	682510	615770		2.0	2.2
	二月	51840	63755	11915		2.0	2.22
	三月	93894	535280	441386		2.0	2.3
	四月	—	—	—		2.5	2.14
	五月	2765	946810	944045		2.5	3.5
	六月	14229	260770	446541		2.5	3.5

续表

地点	日期	换入	换出	出超	入超	明市	黑市平均数
□采茶房	一月	243060	265630	22570		2.02	—
	二月	439080	151147	287933		2.0	—
	三月	360420	654140	293720	481405	2.1	2.3
	四月	151460	242700	91240	1219615	2.1	2.9
	五月	675051	193645	—		2.1	3.0
	六月	2424050	1184375	—		2.1	3.3
米脂城	一月	188707	535581	344874			
	二月	10300	81880	71580			
	三月	10172	147359	137187	19688		
	四月	265	56012	55747			
	五月	19688	—	—			
	六月	21613	71700	50087			
延长	一月	62315	49173	—		2.1	—
	二月	—	25500	25500		2.1	—
	三月	—	86270	86270	13142	2.1	2.2
	四月	—	128850	120850		2.1	3.43
	五月	1100	7580	6485		2.1	3.92
	六月	1323	37200	35877		2.1	3.3

（四）鄜县三月廿八日报告，外来的货物公开卖法币，就是公家的益民商店也要法币，甚至张村驿的土产麻也要卖法币，以前的工作基础大有被摧毁的可能。

（五）延安三月中旬以后曾有黑市，其方式不是买卖法币，而是以法币买货，价值比较便宜。公商过□站少数的□买卖。这项买卖。四月初即物资局买棉花也要保证兑换半数的法币，有的保证三分之二，如不能保证法币，每百斤棉花即高五千至六千元，此事也明显说明了延安市场用边币和用法币买货有两种不同的价格了，即是说延安也产生了黑市，有点变相拒用边币的现象。

初期金融不稳的原因：这一时期的金融不稳与边区内外物价上有很大关系，而边区对外贸易上的入超，以使外汇不敷，则是金融波动的主要原因。一月份当旧历年关以前，边区内购囤货物者少，清还债务者多，故该月物价虽较平稳而法币需要仍甚多，至二月中旬以后（即旧历正月十五以后）物价节节上涨，无论延安、绥德、三边，无论陇东、关中，均无例外，尤其延安、绥德上涨速度甚猛，各项主要物品三个月间少者涨30%，多则涨二倍至三倍，各地区之主要物价的变动可参看“边区友区四个月物价变动指数表”。

（一、二月份）

（1）初期波动的原因：第一是受友区限价失败、物价飞涨的影响；第二是边区进货少，物资感到缺乏；第三是边币发行增多，一时集中城市抢购货物，尚未向整个边区散开；第四，法币不能全部集中（统销特货食盐的事业尚未成功）供不应求，难于有整个计划的支配。

（2）至三月份物价猛涨，月底黑市猖狂，其原因反变为：

1. 主要是边币发行多而快，各主导市场以至边境据点形成边币堆积和拥挤的现象（参看高干会后九个月来发行表）。

2. 入口货骤多，法币的供给与需要相差的程度更见增大，这是由于：（甲）特货与食盐统销不彻底，走私者甚多，其所收入法币数额较公家所得者大几倍，结果不只是公家收入法币减少，而且变成了法币黑市买卖的资本。（乙）入口法币未能控制，不法之徒利用。经济力量和某种地位（四月初鄜县发现二【两】次都是公营商店所为）在边境收买入口法币，因此公家收入的法币就大大减少。（三）受友区物价上涨的影响，在这一末期还是相当大的，（参看五日商情特刊友区四个月物价变动指数表）。

（3）当时我们的对策

（一）调剂法币管理外汇。银行与物资局于三月底四月初由陇东调回法币六百万，由关中调回三百五十万，共计九百五十万。此项法币以二十万接济绥德，以二百万送三边，余数悉留延安，维持中心交换所，同时决定改变兑换方针，以以百分之四十至百分之八十的法币供给物资局所领导的货物交易所，争取必须（需）品入口，并规定“交换所买卖法币与外币的办法草案”（即管理外汇办法），先在延安市试办。当时规定：凡由外采购或出售下列物品者，只要依照规定的手续，即兑给一部或全部；棉花、宽窄面、原土布、土纱洋纱，必须（需）的五金、染料、军用器材、医疗用具，必须（需）的中西药品，必须（需）的文具纸张。

（二）建设财经办事处。第一、暂缓发行；第二、加紧特货食盐的统销，并在统销中防止代销货主及找代销者套取外汇；第三、严密管理公营商店，防止游资作出桌，并请批准兑换法币的办法；第四、防止敌顽的经济破坏；第五、强调金融措施上的统一指挥，避免各分区各自为政。

在财经办事处贺主任正确领导之下，曾经批准这一措施，并给各分区以不断的指示。

（4）延安市及各分区各分支行执行稳定金融，推行边币指示的经过。

（一）金融大波动的过程。延安市金融与物价的大波动是在四月十二、三日开始的。金融先波动，黑市三元七、八，甚至达到四元，随后物价也大波动，表现在疋头上，如三八布，在四月十日每疋是八〇〇—七五〇元，四八布每疋九〇〇—九五〇元，到十二、三日三八布涨至一千二、三,四八布涨至一千四、五。

在此以前，银行能给交换所大量法币，并改变了办法，即从分散兑换改为集中兑换，加以配合物资局的力量。使最初几周扶摇直上的物价曾转向下跌，花纱土布跌落到百分之三十，黑市也稍杀。由于法币来源的不继，采办非需品的商人因兑不到法币转入黑市，因此黑市又达到二元七角，至四月中旬以后更大起波动。

我们统计三月中旬至四月上旬的进货（三边有三千余万，陇东也同此数。延安市一千余万，关中鄜县也较前增加）。全边区约值法币一万万以上，而公家的两项统销，换入者只五千万左右，当时出入口极不平衡，影响关中、陇东无法币可调，总行也就无力调剂，各地法币供不应求，物价虽然曾一时稳定，而黑市仍继续上涨。到四月中旬交易顿失常轨，物价更见混乱，布疋（匹）猛涨，有行无市，加以破坏份（分）子造谣说："国共已打仗，边币将成废纸"。大家互相观望，市场呈现不稳状态。银行交换所配合物品交易所只得进行一定限度的采买，并按二元一的牌价限制兑换，黑市达至三元七、八，但商人也还不敢大胆大量买入，这一时期（四月中旬以后）的金融波动，查系顽方有计划的捣乱，我们已发现的有三种办法：

第一，倾销土布，促成边区大量入超，据统计三、四月份已达十五万疋之多。第二，在洛川附近组织黑市，每元法币兑换三元二角边币，并由特务机关勾通边区商人，拉拢盐脚行商，利诱威迫，务使他们在洛川一带兑换，兑了法币之后则在边区内地给以边币，使我们的食盐特货买不到法币，同时又派专人来延安市贩卖法币，捣乱金融。第三，顽方又利用商人贩金子，白洋，准商人在西安带金戒指来边区，以贩金子方式吸收边区的法币。

（二）我们克服波动的办法和收获

针对这些情况，银行配合物资局采取了如下的办法：

1. 制定新的管理外汇办法，请求政府批准公布。

2. 经过物资局力量，使各方面冻结土布。

3. 压低白洋价钱，银行挂牌八十元收兑白洋一元。

4. 银行所属单位即停止购货，并在经费支付上限制机关部队和公营商店购货。

5. 打击法币的黑市，命令交换所严格限制兑换。

其目的在于配合物资局贯彻物资政策与稳定金融政策。这就是：1. 把入超的物物变为增加我们出口的推动力，用实行物以交换的办法继续增加我们的出口，逐步的对销入超的数目，使出入口仍然得到平衡。2. 把以物物交换所得的土布和日用品大量的推销到农村去，使他又变为流通边币的工具，以逐渐恢复金融的常态。

这些对策曾经西北财经办事处不断给予延市与分区以指示，并督促他们迅速执行，各分区分支行在各分区地委与专属和财经委员会领导下，都曾讨论与执行。

四月十七日西北财经办事处又在银行大楼召集延市公营商店经理联席会，贺师长亲临训示，说明顽方倾销白洋、倾销土布的阴谋。宣布严禁公营商店买卖白洋及捣乱边币，要求公商遵守统购办法，坚决执行物资政策与金融政策，一致进行对敌顽的经济斗争，并号召公商将资金转向农村贩运土产品。

坚持这一新措施的结果，延安机关部队暂时不拿现款买货了，也不敢再做法币黑市买卖了，随着认识与行动的转变，四月下旬以至五月初旬，物价逐渐下降了，延安四八布每疋价由一五〇〇元跌至一千一百元，三八布每疋价格由一三〇〇元跌至九百元，其他各布也回跌了一些。这些物价的下降同时就表现了金融逐渐稳定（因为不久以前物价的高涨，主要是由于边币跌价所致）。在这次斗争的过程中，土产的出口大大地增加了，例如四月份的特货推销额比一二月的推销总额为百分之一千（即十倍）比之三月份则为二百五十（即三倍半）。土产的大量出口，法币的继续收入，银行不能掌握外汇，延安的法币黑市乃大减少，在少数的黑市买卖中价钱更不一定，但照布价计算，如三八布用法币购价每疋四百元，用边币购价则每疋（四）九〇〇——一〇〇〇元，照此比率计算则实际黑市当在二元三角至二元六角。（四月底价钱）比之以前猖獗时已有大的好转了。从这一斗争的开展联联到各分区来看，在四月中下旬，定边黑市已由三元一角回跌到三元七角，绥德的黑市由四元二角回跌到三元五角，陇东除西华地外其他地区都已趋平稳。关中和鄜县则没有黑市，四月下旬的金融可说是已趋稳定状态。而延安市的黑市也低于洛川特务机关的黑市定额（三元二角）这些情形，使得我们对于稳定金融的信心更加强了。事实证明，不论在延安市或其他地区，从思想上我们克服了过去两种不正确的观念：

第一，克服了每见法币供不应求时，除以法币把注之外就没有其他办法的观念。第二，克服了每见物价高涨就觉得只有以大批存货抛售出去，才能平抑物价的观念。同时增强了金融贸易干部如何了解情况。执行政策的认识，而商人也看见金融物价趋稳敢于出售存布，对边币和物价也有不同看法了。

（三）新的情况的发展与实行“管理外汇”

至四月底土布进口已属不多，顽方封锁棉花，大量的棉花进口困难，但食盐出口转旺，每日达六万斤以上（日可收法币三十万元），出口趋于平衡状态（因此进入五月间我们又能掌握一千四百多万的法币，这对边区金融的稳定有极大的作用）。至此，物资局开始发现敌占区贸易的问题，西北财经办事处决定立即进行研究对敌占区的贸易方针，并确定准备出口的原料及商品积极争取出口，同时争取必需品的入口，有计划的限制与防止非必需品的入口，银行在金融上服从于这个对敌占区的贸易政策，也进行了一些发行准备与买卖生金银的工作。

五月初旬，各地进货渐少，各口岸法币收入仅关中陇东两地物资局每日可收法币一百万元，这证明出入口已转入平衡，可达出超象征，金融本可稳定，但绥德黑市达四元二角，三边达三元一角，陇东达二元八，仍继续上涨，其中原因主要是破坏份（分）子捣乱和投机商人专门搞黑市套取差额的利润（如公私商在绥德买入边币到三边，陇东，关中换法币。）陇东到三边路上的公营骡马店脚户客店强收法币，有给边币的则以六元折合法币一元计算的。我们对此曾采取镇压办法，除拟具管理外汇办法呈请西北财经办事处与边区政府批准施行外，经过物资局检查机关，在站口上实行检查法币，计延安市查获携带入口的，五天内共达二十余万，均令到交换所兑换边币行使。

由于友区对敌占区贸易已开放，从关中三边临镇等地入口之消费品也日见增加，这证明敌占区货物已逐渐侵入我市场，为避免其坏影响而求其实利，遵照西北办事处的指示，配合“战时管理入口物品条例”与“管理外汇办法”同时施行，五月间实行虽未普遍，但在金融方面已见一些效力，例如延安、关中、陇东、西华池等地每日仍可收入法币一百万元，唯绥德三边两地则仍在继续波动，洞察全边区情况，五月份（一）发行已缓至二千于万，（二）出入口贸易已达平衡，估计有些出超，（三）所缺者管理外汇工作尚未严格实行，致使奸徒与货币投机商人兴风作浪，查绥德，三边更是如此，延市管理较严，一般已达平稳。只有得不到兑换的贩运非必需品者追逐黑市间有达三元四角的。

五月中旬金融波动一般的可说已达顶点，中旬以后更趋平稳，各市场交易清淡，除绥德黑市达四元四、五角及三边商在波动外，其他已无多大起伏，五月下旬以后由于：

1. 陇东友区遭回民事变，沿途商旅裹足，生意冷淡。

2. 洛川军队换防，封锁加严，大批进货已少。

3. 农时已届，老百姓忙于耕作，农村销场大大缩减。

商业市场逐入清淡周期，货价无大波动，只按常度上升，但有些地区如三边进货五月上半月达一千二百万，出口仅值四十余万，追逐法币黑市达三元五。

此时银行存法币达一千六百多万，关中，陇东存法币也达千万左右，每日收入尚逐日增加，银行已掌握了大量法币，本可使全边区金融入于稳定，但因：

1. 绥德、三边为仇货入口区域，管理入口物品尚未臻完善，管理外汇办法也还未正式开始，非必需品的进口已逐日增加，我们不敢大量抛出法币已助长黑市的资金。

2. 陇东食盐走私很凶，且销路快，特货收入的法币还要供给收买食盐，并准备收买白洋，输送晋西北以应付新货上市的局面，我们对黑市进攻乃采取镇压的步骤，积极布置与督促各分区实行六月三日边府公布的管理外汇办法。

六月上旬各地金融如绥德、定边、庆阳黑市的比价虽然还有，但自管理外汇以后，各地出口贸易收入的法币很多（食盐销得快，五日盐池运出了三万驮尚供不应求），黑市的成交很少，并向下跌，绥德黑市跌至三元五角，西华池跌至二元三至二元五角，华池囤货者过去用边币不卖，至此有少数商人用边币也卖了，这些似已证明：管理外汇办法是对的。但各分区实行这一办法还有它的困难：

1. 首先是有不少的同志怀疑这一政策，并指责这个办法，他们说："禁止使用法币必然行不通，相反的如果准许老百姓自由使用法币，则黑市自然会消减"。实际上这是反对边币的独立地位，否认边府已定的政策，这说明我们一些干部在思想上未能一致。

2. 其次是各个地区的干部尤其是交换所干部，他们了解新的政策不够，同时与各分区物资局所属企业单位的配合也不够，有些至今还未能很好地步调一致。

因此这一办法正式公布后还要实行一个时期，才得臻于完善。

六七八月是边区贸易上的淡月，来货不多，加以顽方封锁棉花布疋，入口更少，须要外汇不多，因此各地金融市场已趋平稳，关中比价逐渐回复到二元一角（但因本来是法币市场，故买卖并不多见）绥米及西华池黑市均跌，但在延安市因外汇管理办法实施较严，在延市上黑市已转变方式，商人按黑市价（约三元二至三元五角）向边区外汇兑，在延安汇交边币，在外面兑取法币，因此市场上不见交易迹象，实即变相黑市，这种现象至今尚严重的存在而发展着（详情见交换所工作报告）。

由于黑市的差价很大，影响到食盐走私很凶，为消减黑市，即变黑市为明市，米脂支行曾采用公开代买代卖办法，收效不小，唯整个方面对边法币（黑市）的比价，半年来常处于被动状态，我们是无力操纵黑市，货边币比价的升降能操纵自如，这是值得深刻研究与考虑的。

三、经验教训

高干会以后，银行的发行和边币与法币的斗争教训了我们什么呢？

（一）它首先证明了高干会的发行方针是正确的。

从发展经济支持财政的观点上来处理金融问题，在发行上积极争取主动，及时的解决各项迫切要求，依此方针大量发行之后，发生的金融波动，只要加强政权的支持和充足物资的保证，只要供给一定数量的法币，作为外汇基金合理地管理外汇，相对的稳定是能达到的，这里证明了无需什么发行准备金，只需要物资局能按月保证兑出法币一千万至一千五百万和银行准备保持增发额百分之十八的货币交换基金。

（二）边币要稳定在物价上是不可能的，边币购买力一九四三年上半年平均逐月下降 20%，为保持一定数量边币的总购买力，最低限度可按物价上涨的总指数来发票子，边币逐月发行的增率可保持到百分之十二以上，即从 12—37%。

（三）总增发额的分配，必须保持生产第一，财政次之，金融又次之。

（四）发行有季节性，为调剂发行避免每年第一季度的过多与过急吐出，农贷、经济建设投资和被服费等可提早到八九月支付。

（五）要推行边币必须打击法币。如果不坚持在边区内边币绝不与任何货币同流的原则，力争边币独立地位并经过买卖外汇以达到此目的，则边币是会被挤掉的，要打击法币，如果不集中统一管理外汇，银行是无法调剂货币，指挥货币斗争的，如果不集中统一管理外汇，银行发行也就会遭到困难，甚至陷于失败，要集中统一管理外汇，银行必须支持和依靠食盐和特货两个统销政策，因为只有支持这两个统销政策：1. 公家的法币才可能集中。2. 民间的法币才可能减缩，并挤出法币的市场，以扩大边币的区域。

（六）收缩边币并不能推行边币。因为边币的流通区域并不是固定的，边币对法币的比价提高时才能推行，降低时则缩小。因此要推行边币，必须采取稳定比价的政策。

（七）在吞吐发行上银行只能吐出不能吞进，必须有机的与财政厅物资局相结合，边币才能吞吐自如。

（八）解决边区的金融波动问题，是不能离开革命与战争的具体条件，孤立地从金融本身来求稳定，它需要西北财经办事处的统一指挥，它需要服从战时管理物资政策和财政政策，它需要机动地处理发行数量和善于配合物资局所属企业单位管理出入口贸易，并协同管理外汇。

四、今后发行工作

（一）贯彻高干会已定的发行方针，准备突然事变的到临，必须按月印出六千万至一万万的边币，保证一面能支付一面能存库。为此应保持如下材料：

1. 物资局代买道令纸，按月供给三十令。

2. 印刷厂继续囤集（积）二年的印刷材料。

3. 立即筹设制造钞票纸的造纸工厂，请由军工局负责，限其到年底交出三百令。

（二）票面金额须增大，立即印发二百元、五百元的边币，并筹印一千元、五千元、一万元的本票，必要时代边币行使。

（三）农贷款可在今年高干会前后放出去。

（四）银行本身只能吐出边币，不能吞入边币，为求稳定金融，推行边币：1. 必须依靠财政收入和物资局将特货拍卖一部分吸收边币，以调剂金融。2. 必须从各方面贯彻管理外汇办法。

（五）逐月继续发行，保持在六千万元左右，使边币购买力不下降到一九四〇年的基期指数。

（六）

五日商情特刊

（一）友区四个月物价变动指数表

地区	名称（数目 / 时间）	1942.12		1943.1		1943.2		1943.3	
		平均价格	指数	平均价格	指数	平均价格	指数	平均价格	指数
西安	棉花	1300	100	1300	100	1400	107.60	2300	176.9
	小麦	57	100	58	101.70	110	192.90		
	小米	50.30	100	88.50	175.90	94	186.80		
	猪肉	10	100	10	100	28	280.00		
	总平均	119.40				191.80		228.40	
洛川	花	1400	100	1345	96			2000	142.8
	细军布	1350	100	1450	107.4				
	三八布	8855	100	94.50	166.7				
	小香	180	100					600	333.3
	小米	150	100					480	320
	总平均	123.36						265.36	

续表

地区	名称	1942.12		1943.1		1943.2		1943.3	
		平均价格	指数	平均价格	指数	平均价格	指数	平均价格	指数
榆林	军纱	920	100	1300	141.3			1800	195.6
	三八布	171.80	100	187.5	109.1	203	118.10	187.5	109.1
	火柴	3000	100	3300	110	4000	13330	4300	143.3
	总平均	120.10				125.70		149.30	
蒲城	棉花	1100	100	1250	115.60			2166	196.9
	纱							720	
	三八布	7875	100	78.7	99.90				
	细军布							2400	
	总平均			106.77					

边区四个月物价变动指数表（边1）

地区	货品	1942.12		1943.1		1943.2		1943.3	
		平均价格	指数	平均价格	指数	平均价格	指数	平均价格	指数
延安	棉花	8533.3	100	8467	99.22	12500	146.49	20000	234.38
	纱	2360	100	2142	90.76	2800	118.64	3475	147.25
	细洋布	2000	100	1800	90	5150	257.5	7938.2	399.16
	三八布	357.5	100	350	97.9	845	152.74	810	226.58
	晋恒纸	1340	100	1250	93.28	1600	119.40	2816.60	210.19
	乐昌纸	155	100	144	92.9	156.30	100.84	205	132.26
	火柴	79.25	100	8350	105.36	10417	131.22	12600	159
	小麦	181	100	210	116.02	283.80	156.75	360	198.89
	小米	135	100	157.5	116.76	167.50	124.07	260	192.59
	猪肉	30	100	30	100	35	116.67	45	150.00
	清油	4250	100	4567	107.46	5300	124.71	12000	282.35
	总平均	100.87		100.87		140.87		210.54	

续表

地区	货品	1942.12		1943.1		1943.2		1943.3	
		平均价格	指数	平均价格	指数	平均价格	指数	平均价格	指数
关中	花	4000	100	3600	90	4400	110	6300	157.50
	纱		100					2575	
	细洋布	1100	100	1500	136.30	1600	145.40	2000	181.80
	三八布	240	100	300	125	360	150	400	166.60
	小麦	240	100	282.70	118.80	520	216.60	666	275
	小米		100	240					
	猪肉	24	100	26	108.30			39	162.50
	清油	2200	100			5600	259.10	6600	300
	总平均	115.70		115.70		176.20		207.20	
鄜县	花	4000	100	4000	100	6000	150	12000	300
	细洋布	5000	100					6500	130
	三八布	342	100					1877	548.80
	晋恒纸	480	100					465	96.80
	乐昌纸	140	100					175	125
	麦	180	100	180	100	200	111	500	277.70
	小米	200	100	200	100	400	200	480	240
	猪肉	24	100					37	154.10
	总平均			100	100	153.67	153.67	234.05	234.05

陕甘宁边区银行一九四三年七月份法币买卖统计表

机关名称	买入				卖出				说明
盐业公司		380	685	00		200	000	00	
难民工厂	1	500	000	00		500	000	00	
门市		91	480	00		40	395	43	
邮局		135	825	00		36	825	00	
土产公司	31	897	603	00					
陇东分行	6	600	000	00					
鄜县办事处	1	300	000	00					
交换所					4	950	000	00	

续表

机关名称	买入				卖出				说明
三五九旅						300	000	00	
建设厅					1	500	000	00	
财政厅					1	441	513	00	
中央书记处						166	870	25	
总行绥远□					20	000	000	00	
后勤部					1	000	000	00	
换关金用造币					1	101	780	00	
合计	41	906	593	00	32	237	383	68	

边区四个月（边2）物价变动指数表

地区	时间 数目 名称	1942.12		1943.1		1943.2		1943.3	
		平均价格	指数	平均价格	指数	平均价格	指数	平均价格	指数
绥德	棉花	6500	100	7800	120	12000	184.6	17000	261.5
	纱	2060	100	2166.6	105.7	2990	145.8	3950.8	192.7
	细洋布	2200	100	2400	109.1	3000	136.3	3500	159.1
	三八布	430	100	1100	255.8				
	晋恒纸	450	100	425	94.4			475	105.5
	东昌纸		100	180		320		215	
	火柴	8100	100	8300	102.4	10000	123.4	12000	148.1
	猪肉	25	100	25	100	50	200	32.5	130
	清油	180	100	4700	97.90	7400	154.1	7400	154.1
	小麦	210	100	200	111	210	116.6	240	133.3
	小米			240	114.2	213	101.4	350	166.6
	总平均			121.05		145.20		161.20	
定边	细洋布					2606		4840	
	三八布	100	100	120	120	140	140	170	170
	火柴					8000	133.3	7200	

续表

地区	名称 \ 数目 \ 时间	1942.12		1943.1		1943.2		1943.3	
		平均价格	指数	平均价格	指数	平均价格	指数	平均价格	指数
定边	小麦	150	100	160	106.6	200	132.1	200	133.3
	小米	140	100	180	120.4	185		185	132.1
	清油	2400	100	2500	104.1	4500		4500	187.5
	总平均			114.77		148.20		155.70	
陇东	花	3400	100	5000		4700	138.2	17000	
	细洋布			3800	111.70	460		5200	152.90
	三八布								
	火柴			5400				6400	
	小麦			210				570	
	清油	1800	100	3800	211.10	3600	200	3300	183.30
	总平均			161.90		169.10		168.70	

三、《放款总论》

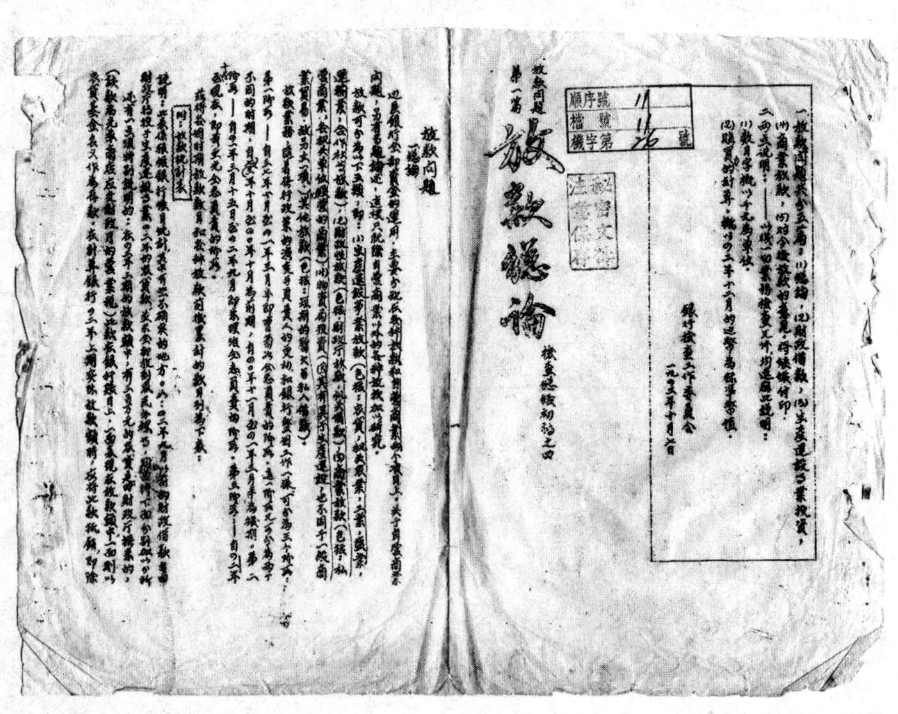

放款問題 第一篇

放款總論

順序號 11
檔號 11
機字第 26 號

文献概述：

《放款总论》（检查总结初稿之四）是陕甘宁边区银行检查工作委员会于1943年10月7日编写的，该文献陈述了边区银行放款的五个类别：生产建设事业放款、财政性放款、商业放款、物资局投资、其他放款，以及放款业务的三个阶段：1937年10月至1941年3月（曹菊如负责的阶段），1941年3月至1942年9月（朱理治负责的阶段），1942年10月至1943年9月（黄亚光负责的阶段）。

文献解读：

1942年上半年，边区经济形势有了好转，财政放款减少，币值基本保持平稳。1943年1月，朱理治被免去了边区银行行长职务，1943年，边币发行过快增长，导致通货膨胀，物价暴涨，边币比价不断下跌。1944年初，为了切实加强西北财办的工作，中央任命陈云为西北局委员、西北财办副主任兼政治部主任，统管陕甘宁边区和晋绥边区财政经济。1944年3、4月间，在第二次西北局高干会议上，决定将边区银行确定为企业性质，并从组织上加强边区银行本身的领导力量。6月9日，陈云同贺龙颁发西北财经办事处《关于陕甘宁边区银行特别放款办法的决定》，从此，把货币发行大权收到财经办事处，加强了货币发行的控制。

文献原文：

放款总论

检查总结初稿之四

第一篇　放款问题

一、放款问题共分五篇

（1）总论

（2）财政借款

（3）生产建设事业投资

（4）商业放款

（5）对今后放款的意见，将继续复印

二、两点说明

以后一切业务检查文件，均适用此说明：

（1）数目字概以千元为单位

（2）购买力的计算：概以四二年十二月的边币为标准币值

银行检查工作委员会

一九四三年十月七日

放款问题

一、总论

边区银行全部资金的运用，主要分配在各种放款和自营商业两个项目上，关于自营商业问题，另有专题论述，这里只就除自营商业以外的各种放款加以研究。

放款可分为以下五类，即：（1）生产建设事业放款（包括：农贷、机关农业、工业、盐业、运输业、合作社等放款）。（2）财政性放款（包括：财政厅放款，机关借款）。（3）商业放款（包括：私营商业，各机关单位经营的商业）。（4）物资局投资（因其有异于生产建设，也不同于一般商业贸易，故另立一项），其他放款（包括：短期的暂欠与私人借款）。

放款业务，随着发行政策的演变与负责人的更动，和银行整个工作一样，可分为三个阶段：

第一阶段——自三七年十月至四一年三月半即曹菊如同志负责的阶段，这一阶段又可分为两个不同的时期，自三七年十月至四〇【零】年十月为前期，自四〇【零】年十一月至四一年三月半为后期。

第二阶段——自四一年三月十五日至四二年九月即朱理治同志负责的阶段。

第三阶段——自四二年十月至现在，即黄亚光同志负责的阶段。

兹将各个时期放款数目和各种放款前后累计的数目列为下表:（附:放款统计表）

说明: 此表系根据银行账目统计，其中有些不确实的地方。如:四二年九月以前的财政借款多由财政厅转投于生产建设事业。四二年的农贷款，并未全部放到农民手里等，均留待下面分别加以分析。

还有一点须特别说明的，在四二年上期的放款额中，有三佰万元的农贷是由财政厅拨来的,（放款为光华商店应交财政厅的营业税）此款在银行账目上，一面表现在放款额中，一面则以农贷基金名义作为存款，在计算银行四二年上期实际放款额时，应将此款抵销（消），即除【下文缺失】

四、《陕甘宁边区政府、联防军司令部命令》

陕甘宁边区政府
联防军司令部 命令

财字第 号

中华民国三十[illegible]

各[illegible]政府
各分区[illegible]
各级[illegible]

案由：为令发战时管理白洋行使办法及战时[illegible]

为稳定边区金融，保护边区人民经济利益，支持[illegible]定「战时管理白洋行使办法」及「战时[illegible]行使办法」[illegible]令之后，严饬所属，一律遵照执行为要。

此令！

主　　席　林伯渠
副 主 席　李鼎铭
　　　　　刘景范
司 令 员　王世泰
政　　委　习仲勋
副司令员　王维舟
　　　　　阎揆要
副 政 委　张仲良

陕甘宁边区政府
联防军司令部 战时管理白洋行使办法

（各分区可本此精神，依不同情况[illegible]边区政府批准后执行之）

为稳定边区[illegible]以边币（流通券）为本位币，[illegible]以稳定金融支持自卫战争，争取战争胜利，特制定本办法。

（一）陕甘宁边区[illegible]在边区境内行使。

（二）白洋准许民间储藏。

（三）凡以白洋作价、论价、记账、签订契约、清理债务、交易买卖，均为不合法行为，于涉及诉讼时，政府概不受理。

（四）政府指定边区银行为买卖白洋机关，其他任何机关团体个人不得自由买卖。

（五）凡有特殊用途，欲携带白洋出境者，须持有银行之白洋通行证，没有银行之边境地区，须取得当地政府之证明文件，始准通行。

（六）凡有下列行为之一者，除将所有白洋[illegible]兑换外，科以百分之十到百分之三十的罚金。

甲、市场行使白洋者。

乙、自由携带白洋出境者。

丙、所携带之白洋与通行证不符者，其多带之数以违法携带论。

（七）凡群众报告查获之罚金，以百分之五十归政府，百分之三十归报告人（或缉送人），百分之二十归查获人。

（八）税局检查站及政府公安局始有检查权，其他群众人等不得随便检查，但发现使用或私藏白洋时，有当场扭送政府报告之权。

（九）检查机关人员只限于市场上税卡上执行检查或指定之检查站口进行检查职务，检查时须携带证件出示，不得进家翻箱倒柜，随便拦路搜查，否则被检查人有拒绝检查，并可向政府控诉。

（十）被罚之罚金均以各级政府正式收据为凭，任何人不得私出条子，如发现检查人员有假公济私，中饱贪污或敲诈等情事，被检查人得依法控告，各级政府须依法处理，[illegible]

（十一）本办法自公布之日施行。

附件:《战时严禁“法币”的行使办法》、《货币交换所买卖和批审法币外带办法(草案)》

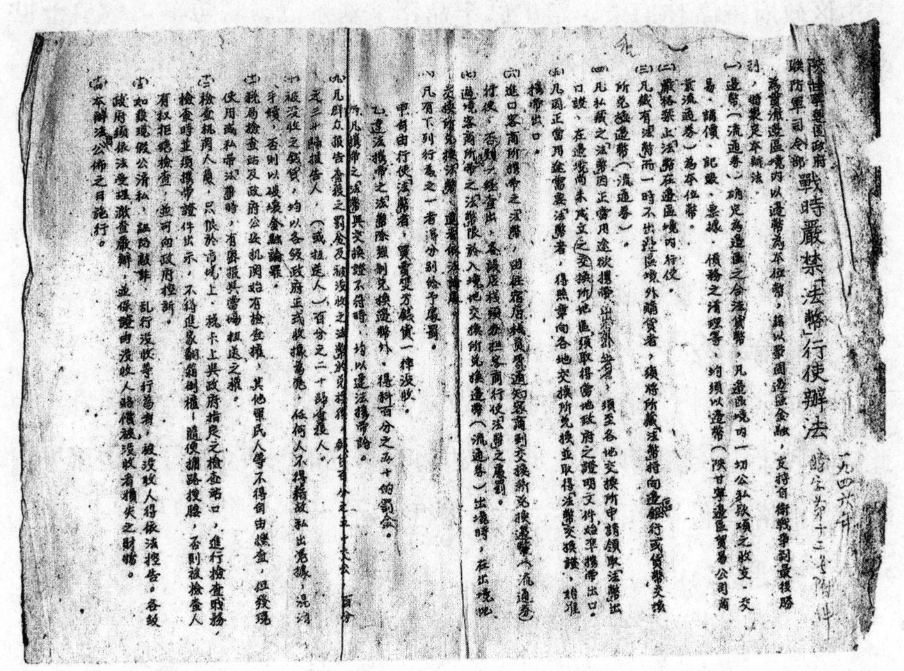

陝甘寧邊區政府
聯防軍司令部
戰時嚴禁「法幣」行使辦法

為貫徹邊區境內以邊幣為本位幣，藉以鞏固邊區金融，支持自衛戰爭爭取最後勝利，特製定本辦法。

(一) 邊幣（流通券）確定為邊區之合法貨幣，凡邊區境內一切公私款項之收支、交易、讀償、記賬、票據、債務之清理等，均須以邊幣（陝甘寧邊區貿易公司商業流通券）為本位幣。

(二) 嚴格禁止「法幣」在邊區境內行使。

(三) 凡藏有「法幣」而一時不出邊區境外購貨者，須將所藏「法幣」持向邊區銀行或貨幣交換所兌換邊幣（流通券）。

(四) 凡私藏之「法幣」因正當用途欲携帶出境者，須至各地交換所申請領取「法幣」出口證，在邊境尚未成立之交換所地區，須取得當地政府之證明文件，始準携帶出口。

(五) 凡因正當用途需要「法幣」者，得照章向各地交換所兌換並取得「法幣」交換證，始准携帶出口。

(六) 進口客商所携帶之「法幣」，由住宿店棧負責通知客商到交換所兌換邊幣（流通券）行使，否則一經查出，各該店棧須分担客商行使「法幣」之處罰。

(七) 過境客商所帶之「法幣」限於入境地交換所兌換邊幣（流通券），出境時，在出境地交換所兌換「法幣」，違者依法論處。

(八) 凡有下列行為之一者得分別給予處罰。

甲、有由行使「法幣」者，買賣雙方錢貨一律沒收。

乙、違法携帶之「法幣」除強制兌換邊幣外，得科百分之五十的罰金。

丙、凡携帶之「法幣」與交換證不符時，均以違法携帶論。

(九) 凡群众报告查獲之罰金及被沒收之「法幣」或貨物，以百分之五十交公，百分之三十歸報告人（或扭送人），百分之二十歸查獲人。

(十) 被沒收之錢貨，均以各級政府正式收據為憑，任何人不得藉故私出憑據，混淆手續，否則以破壞金融論罪。

(十一) 稅局檢查站及政府公安機關始有檢查權，其他軍民人等不得自由搜查，但發現使用或私帶「法幣」時，有密報與當場扭送之權。

(十二) 檢查機關人員，只限於市境上、稅卡上與政府指定之檢查站口，進行檢查職務，檢查時並須携帶證件出示，不得進家翻箱倒櫃、隨便攔路搜腰，否則被檢查人有权拒絕檢查，並可向政府控訴。

(十三) 如發現假公濟私、誣陷敲詐、亂行沒收等行為者，被沒收人得依法控告。各級政府須依法受理，澈查嚴辦，並保證由沒收人賠償被沒收者損失之財物。

(十四) 本辦法公佈之日施行。

文献概述：

《陕甘宁边区政府、联防军司令部命令》是1946年12月22日陕甘宁边区政府主席林伯渠，副主席李鼎铭、刘景范，联防军司令员王世泰，政委习仲勋联合签名颁布的《关于战时管理白洋行使办法的命令》（共计2页），以及陕甘宁边区政府联防军司令部发布的《关于在战时严禁“法币”的行使办法以及货币交换所买卖和批审法币外带办法（草案）》。两份文献均是为了稳定边区金融、保护边区人民经济利益和支持长期自卫战争而特别制定的。

文献解读：

1946年6月，国民党公然撕毁《停战协议》，内战全面爆发。为此，陕甘宁边区政府明令规定：定边币为本位币，禁止白洋在边区境内行使。严格禁止“法币”在边区境内行使。

文献原文：

陕甘宁边区政府、联防军司令部命令

胜字第十二号

中华民国三十五年十二月二十二日

事由：为令行“战时管理白洋行使办法”及“战时严禁止法币行使办法”由

各级政府、各旅团部、各机关学校：

为稳定边区金融，保护边区人民经济利益，支持长期自卫战争起见，特制定“战时管理白洋行使办法”及“战时严禁法币行使办法”随令公布，希于接令之后，督饬所属确实遵照执行为要。此令！

主　席　林伯渠

副主席　李鼎铭　刘景范

司令员　王世泰

政　委　习仲勋

副司令员　王维舟　闫揆要

副政委　张仲良

陕甘宁边区政府、联防军司令部　战时管理白洋行使办法

（各分区可本此精神依不同情况另拟办法，经边区政府批准后施行之）

确立边区境内以边币（流通券）为本位币，借以稳定金融支持自卫战争到最后胜利，特制定本办法。

1. 陕甘宁边区银行之边币（贸易公司商业流通卷），定为边区本位币，禁止白洋在边区境内行使。

2. 白洋准许民间储藏。

3. 凡以白洋作价、讲价、记账、填写票据、清理债务、交易买卖，均为不合法行为，于涉及诉讼时，政府概不受理。

4. 政府授权边区银行为买卖白洋机关，其他任何机关、团体、个人不得借故自由买卖。

5. 凡有特殊用途欲携带白洋出境、过境者，需持有银行之白洋通行证，没有银行之边境地区，需取得当地政府之证明文件，始准通行。

6. 凡有下列行为之一者，除将所有白洋强制兑换外，得依情节轻重，科以百分之十到百分之三十的罚金。

甲、市场白洋者，乙、自由携带白洋出境者，丙、所携带之白洋与通行证不符者，其多带之数以违法携带论。

7. 凡群众报告查获之罚金，以百分之五十归政府，百分之三十归报告人（或扭送人），百分之二十归查获人。

8. 税局检查站及政府公安局始有检查权，其他军民人等不得随便检

查，但发现使用或私贩白洋时，有当场扭送或密报之权。

9. 检查机关人员只限于市场上、税卡上与政府指定之检查站口进行检查职务。检查时并需携带证件出示，不得进家翻箱倒柜，随便拦路搜腰，否则被检查人员有权拒绝检查，并可向政府控诉。

10. 被罚之罚金均以各级政府正式收据为凭，任何人不得借故私出条据，如发现有检查人员有假公济私，中饱贪污或证陷敲诈等情事，被检查人员得依法控告，各级政府须依法受理，彻查严办，并保证没收人赔偿被没收者损失之财物。

11. 本办法自公布之日施行。

五、《陕甘宁边区银行、税务总局联合指示信》

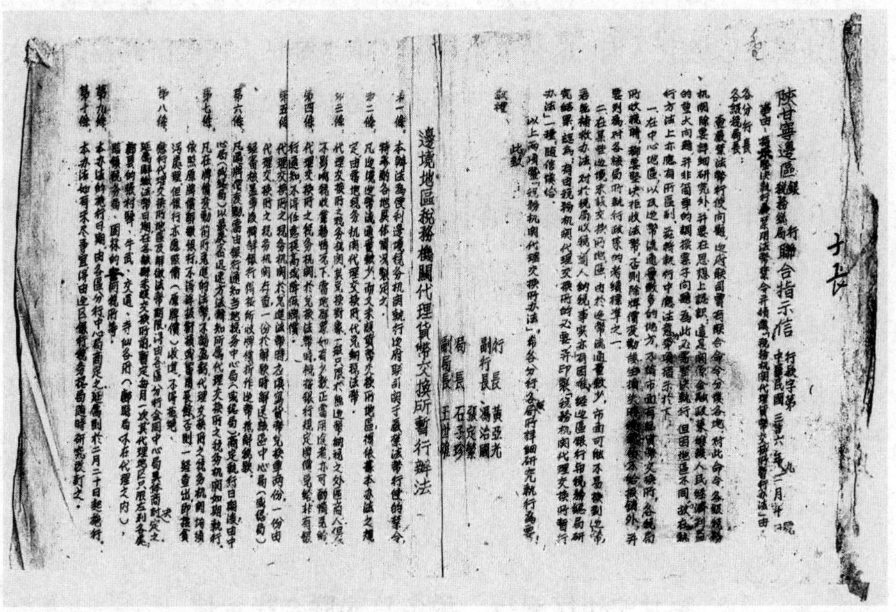

陕甘宁边区银行、税务总局联合指示信　行政字第　号　中华民国三十六年二月廿　日

事由：为坚决执行禁用法币命令并颁发"税务机关代理货币交换所暂行办法"由。

各分行长
各级税局长：

查严禁法币行使问题，边府联司曾有联合命令分发各地，对此命令，各级税务机关除要详细研究外，并要在思想上认识，这是关系金融政策维护人民经济利益的重大问题，并非简单的缉获案子问题，为此必需坚决执行，但因地区不同，故在执行方法上亦应有所区别，兹将执行中应注意事项指示于下：

一、在中心地区，以及边币流通量较多的地方，不论市面有无货币交换所，各税局所收税款，都要坚决拒收法币，否则除赔偿变动损失[illegible]外，并要列为对各税局所执行政策的考绩标准之一。

二、在某些边境未设交换所地区，由于边币流通量较少，市面可能不易换到边币，若无补救办法，对于税局以及商人纳税事实亦有困难，经边区银行和税务总局研究结果，认为有由税务机关代理交换所的必要，并印发"税务机关代理交换所暂行办法"一种，随信发给。

以上两项暨"税务机关代理交换所办法"，希各分行、各局详细研究执行为要！

此致

敬礼

行长　黄亚光
副行长　冯治国、张定繁
局长　石子珍
副局长　王世雄

边境地区税务机关代理货币交换所暂行办法

第一条、本办法为便利边境税务机关执行边府联司关于严禁法币行使的禁令，特参酌各地具体情况制定之。

第二条、凡边境边币流通量较少，而又未设货币交换所地区，得依本办法之规定，由当地税务机关代理交换所，代兑纳税法币。

第三条、代理交换所之税务机关，其兑换对象，一般只限于无边币纳税之外区商人，但在不影响税收业务情况下，当地群众如有少数正当用途者，亦可酌情兑给。

第四条、代理交换所之税务机关，于兑换法币时，概按银行规定牌价兑给，非有银行通知不得任意提高或降低牌价。

第五条、代理交换所之税务机关于兑进法币时，应填写货币兑换单两份，一份由代理交换所之税务机关存查，一份于解款时解送总区中心局（或税局）。[illegible]所收法币，得折作边币抵解税款。

第六条、凡遇牌价变动，当由银行通知当地税务中心局（或税局）确定执行日期后，由中心局（或税局）以最及时迅速方法转知所属代理交换所之税务机关如期执行。

第七条、凡在牌价变动前所兑进的法币，不论盈亏，代理交换所之税务机关均须依照原牌价折缴银行，不得借故折低或私自提高，否则一经查出，即按贪污处理，但银行亦应照价（原牌价）收进，不得拒绝。

第八条、应行代理交换所地区及解缴法币期限，得由各区分行会同中心局具体商讨决定之；延属解缴法币日期在各县未设交换所前暂定每月一次，其代理地区只限在[illegible]鄜县的张村驿、牛武、交道、寺仙各所（鄜县局不在代理之内），[illegible]税务局、[illegible]的[illegible]税所等。

第九条、本办法的施行日期，由各区分行中心局商定之，延属则于二月二十日起施行。

第十条、本办法如有未尽事宜，得由边区银行税务总局随时研究改订之。

文献概述：

《陕甘宁边区银行、税务总局联合指示信》是陕甘宁边区银行、税务总局于 1947 年 2 月 10 日联合下达，由边区银行行长黄亚光、副行长冯治国、张定繁、税务总局局长石子珍、副局长王世雄共同签发。《指示信》主要内容是坚决执行严禁用法币禁令并颁发《税务机关代理货币交换所暂行办法》，要求各分行长、各级税局长“查严禁法币行使问题，边府联司曾有联合命令分发各地，对此命令各级税务机关除要详细研究外，并要在思想上认识：这是关系金融政策、维护人民经济利益的重大问题，并非简单的调换票子问题，为此必须坚决执行。”

文献解读：

1946 年 7 月中旬，胡宗南在西安召开军事会议，部署进攻陕甘宁边区。8 月 2 日，国民党飞机开始轰炸延安。9 月以后，国民党军队的进犯活动在边区周围不断发生，边区开始面临国民党大军进攻的严重威胁。在这种情况下，为了维护边币稳定，边区政府和边区银行数次下文严禁法币在边区流通。

文献原文：

陕甘宁边区银行、税务总局联合指示信

行款字第九号

中华民国三十六年二月十日

事由：指示坚决执行严禁用法规禁令并颁发《税务机关代理货币交换所暂行办法》由

各分行长、各级税局长：

查严禁法规行使问题，边府联司曾有联合命令分发各地，对此命令各级税务机关除要详细研究外，并要在思想上认识：这是关系金融政

策、维护人民经济利益的重大问题，并非简单的调换票子问题，为此必须坚决执行。但因地区不同，故在执行方法上亦应有所区别。兹将执行中应注意的事项指示如下：

一、在中心地区，以及边币流通量较多的地方，不论市面有无货币交换所，各税局所收税时，都要坚决拒收法币，否则除牌价变动发生损失时税总局不给报销外，并要列为对各该局所执行政策的考绩标准之一。

二、在某些边境未设交换所地区，由于边币流通量较少，市面可能不易换到边币，若无补救办法，对于税局收税，商人纳税事实亦有困难，经边区银行与税务总局研究结果，认为：有由税务机关代理交换所的必要，并印制《税务机关代理交换所暂行办法》一种，随信发给。

以上两项暨《税务机关代理交换所办法》，希各分行各级局所详细研究执行为要！

此致

敬礼！

行　长　黄亚光

副行长　冯治国

张定繁

局　长　石子珍

副局长　王世雄

边境地区税务机关代理货币交换所暂行办法

第一条　本办法为便利边境税务机关执行边府、联司关于严禁法币行使的禁令，特参酌各地具体情况制定之。

第二条　凡边境边币流通量较少，而又未设货币交换所地区，得依据本办法之规定，由当地税务机关代理交换所，代兑纳税法币。

第三条　代理交换所之税务机关，其兑换对象，一般只限于无边币纳税之外区商人，但在不影响税收业务情况下，当地群众如有少数正当用途者，亦可酌情兑给。

第四条　代理交换所之税务机关，于兑换法币时，要按银行规定牌价兑给，非有银行通知，不得任意提高或降低牌价。

第五条　代理交换所之税务机关，于兑进法币时，应填写货币兑换单两份，一份由代理交换所之税务机关存查，一份于解款时解送该区中心局（或总局）经查核盖章后转解银行得按所收牌价折作边币抵解税收。

第六条　凡遇牌价变动，当由银行通知当地税务中心局（或总局）商定执行日期后，由中心局（或总局）以最严密迅速方法转知所属代理交换所之税务机关，如期执行。

第七条　凡在牌价变动前所兑进的法币，不论盈亏，代理交换所之税务机关均须依照原牌价解缴银行，不得浮报亏损或留用长馀（余），否则一经查出，即按贪污处理，但银行亦应照价（原牌价）收进，不得拒绝。

第八条　应行代理交换所地区及解缴法币期限，得由各区分行会同中心局具体商讨决定之。延属解缴法币日期在各该县未设交换所前暂定每月一次，其代理地区只限左列各处：鄜县的张村驿、牛武、交道、寺仙各所（鄜县局不在代理之内），临镇税务局、固林的安河税所等。

第九条　本办法的施行日期，由各区分行、中心局商定之。延属则于二月二十日起施行。

第十条　本办法如有未尽事宜，得由边区银行、税务总局随时研究改订之。

六、《陕甘宁晋绥联防军司令部布告》

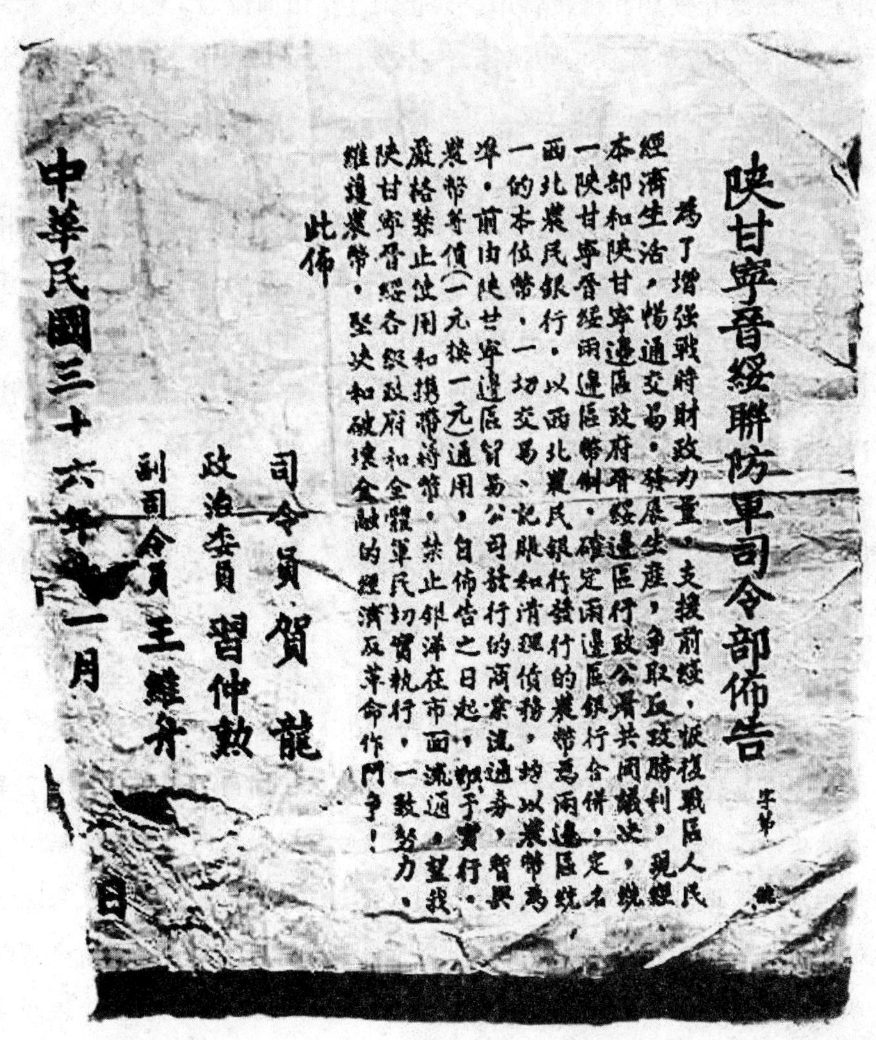

陝甘寧晉綏聯防軍司令部佈告

字第　號

為了增强戰時財政力量，支援前綫，恢復戰區人民經濟生活，暢通交易，發展生產，爭取反攻勝利，現經本部和陝甘寧邊區政府晉綏邊區行政公署共同議決，統一陝甘寧晉綏兩邊區幣制，確定兩邊區銀行合併，定名西北農民銀行。以西北農民銀行發行的農幣為兩邊區統一的本位幣，一切交易、記賬和清理債務，均以農幣為準。前由陝甘寧邊區貿易公司發行的商業流通券，暫與農幣等價（一元換一元）通用，自佈告之日起，即予實行。嚴格禁止使用和携帶蔣幣，禁止銀洋在市面流通，望我陝甘寧晉綏各級政府和全體軍民切實執行，一致努力，維護農幣，堅決和破壞金融的經濟反革命作鬥爭！

此佈

司令員　賀龍

政治委員　習仲勳

副司令員　王維舟

中華民國三十六年一月　日

文献概述：

《陕甘宁晋绥联防军司令部布告》是陕甘宁晋绥联防军司令员贺龙、政委习仲勋于1947年11月联名签发的关于“发行农币作为西北解放区的本位币”的布告。《布告》指出，为了增强战时财政力量支援前线，恢复人民生活、发展生产等，经议决，统一陕甘宁晋绥两边区币制，两边区银行合并后，发行“农币”作为两边区统一的本位币。《布告》要求：“严格禁止使用和携带蒋币，禁止银洋在市面流通，望我陕甘宁晋绥各级政府和全体军民切实执行，一致努力，维护农币，坚决和破坏金融的经济反革命作斗争！”

文献解读：

1947年3月19日胡宗南占领延安，标志着陕甘宁边区由10年相对和平转入全面的大规模自卫战争。陕甘宁边区银行进行战略转移，于同年8月到达晋绥解放区。1947年10月，边区和晋绥解放区在山西兴县蔡家崖举行联席会议，商讨了两个地区财政经济统一的问题，以解决边区政府在财政上的困难，首先开始了山、陕两个地区的财政工作的联合。之后，陕甘宁边区银行与晋绥西北农民银行合并为西北农民银行，以“西北农民银行”发行的农币为西北解放区的本位货币，商业流通券为辅币。

注：陕甘宁晋绥联防军司令部

1942年，中国共产党领导的敌后抗日战争处于极端困难阶段，国民党顽固派加紧对中共中央所在地陕甘宁边区的围困、封锁，并准备军事进攻。为加强保卫边区的力量和统一陕甘宁、晋绥两个区域的军事指挥和军事建设，中共中央军委于5月13日决定成立陕甘宁晋绥联防军司令部，任命贺龙为司令员，关向应为政治委员，徐向前任副司令员兼参谋长。6月10日，联防军司令部正式成立，统一陕甘宁、晋绥两区军事、财经和协调两区党政军民关系。1945年10月，习仲勋任中共中央西北局书记，兼任陕甘宁晋绥联防军政委。1947年7月，习仲勋再次兼任陕甘宁晋绥联防军政委，与司令员贺龙统一领导西北地方武装和后方工作。

文献原文：

陕甘宁晋绥联防军司令部布告

字第　号

为了增强战时财政力量，支援前线，恢复战区人民经济生活，畅通交易，发展生产，争取反攻胜利，现经本部和陕甘宁边区政府晋绥边区行政公署共同议决，统一陕甘宁晋绥两边区币制，确定两边区银行合并，定名西北农民银行，以西北农民银行发行的农币为两边区统一的本位币，一切交易，记账和清理债务，均以农币为准，前由陕甘宁边区贸易公司发行的商业流通券，暂与农币等价（一元换一元）通用，自布告之日起，给予实行。严格禁止使用和携带蒋币，禁止银洋在市面流通，望我陕甘宁晋绥各级政府和全体军民切实执行，一致努力，维护农币，坚决和破坏金融的经济反革命作斗争！

此布

司令员　贺　龙

政治委员　习仲勋

副司令员　王维舟

中华民国三十六年十一月

七、《陕甘宁边区税务总局通知》

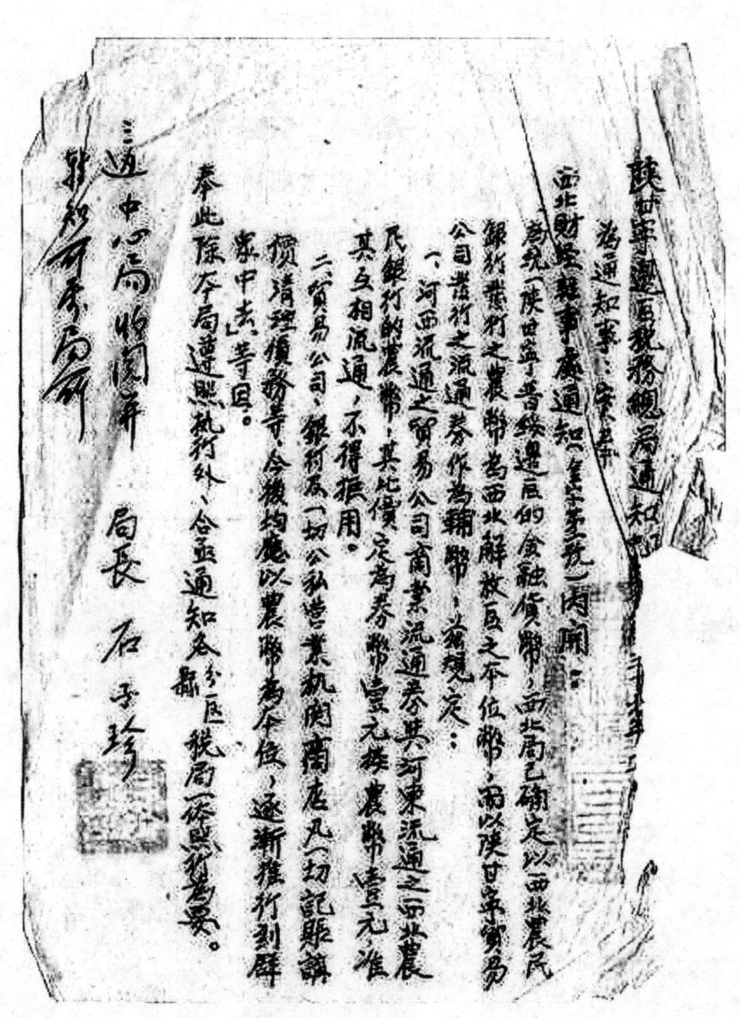

陝甘寧邊區稅務總局通知

為通知事：案奉

西北財經辦事處通知（會字第　號）內開：

為統一陝甘寧晉綏邊區的金融貨幣，西北局已確定以西北農民銀行發行之農幣為西北解放區之本位幣，而以陝甘寧貿易公司發行之流通券作為輔幣，並規定：

一、河西流通之貿易公司商業流通券與河東流通之西北農民銀行的農幣，其比價定為券幣壹元換農幣壹元，准其互相流通，不得拒用。

二、貿易公司、銀行及一切公私營業機關商店凡一切記賬論價清理債務等，今後均應以農幣為本位，逐漸推行到群眾中去。等因。

奉此，除本局遵照執行外，合亟通知各分區稅局一体照行為要。

局長 石子珍

三邊中心局收閱并轉知所屬局所

文献概述：

《陕甘宁边区税务总局通知》是陕甘宁边区税务总局局长石子珍于1947年11月写给西北财经办事处的通知，主要内容为：为统一陕甘宁晋绥边区的金融货币，确定以西北农民银行发行的农币为西北解放区本位币，而以陕甘宁贸易公司发行之流通券作为辅币，制定相应规定。

文献解读：

农币发行之后，为了巩固农币在边区本位币的地位，1947年11月陕甘宁晋绥联防军司令部专门就农币的地位、使用和要求颁发布告。之后陕甘宁边区税务总局也就农币的使用发文：贸易公司、银行及一切公私营业机关商店凡一切记账讲价清理债务等，今后均应以农币为本位，逐渐推行到群众中去。

文献原文：

陕甘宁边区税务总局通知

为通知事：案奉

西北财经办事处通知（金字第一号）内开：

为统一陕甘宁晋绥边区的金融货币，西北局已确定以西北农民银行发行之农币为西北解放区之本位币，而以陕甘宁贸易公司发行之流通券作为辅币，兹规定：

一、河西流通之贸易公司商业流通券与河东流通之西北农民银行的农币，其比价定为券币一元换农币一元，准其互相流通，不得拒用。

二、贸易公司、银行及一切公私营业机关商店凡一切记账讲价清理债务等，今后均应以农币为本位，逐渐推行到群众中去，等因。

奉此除本局遵照执行外，合亟通知各分区、县税局一体照行为要。

局　长　石子珍

八、《陕甘宁边区税务总局通知》

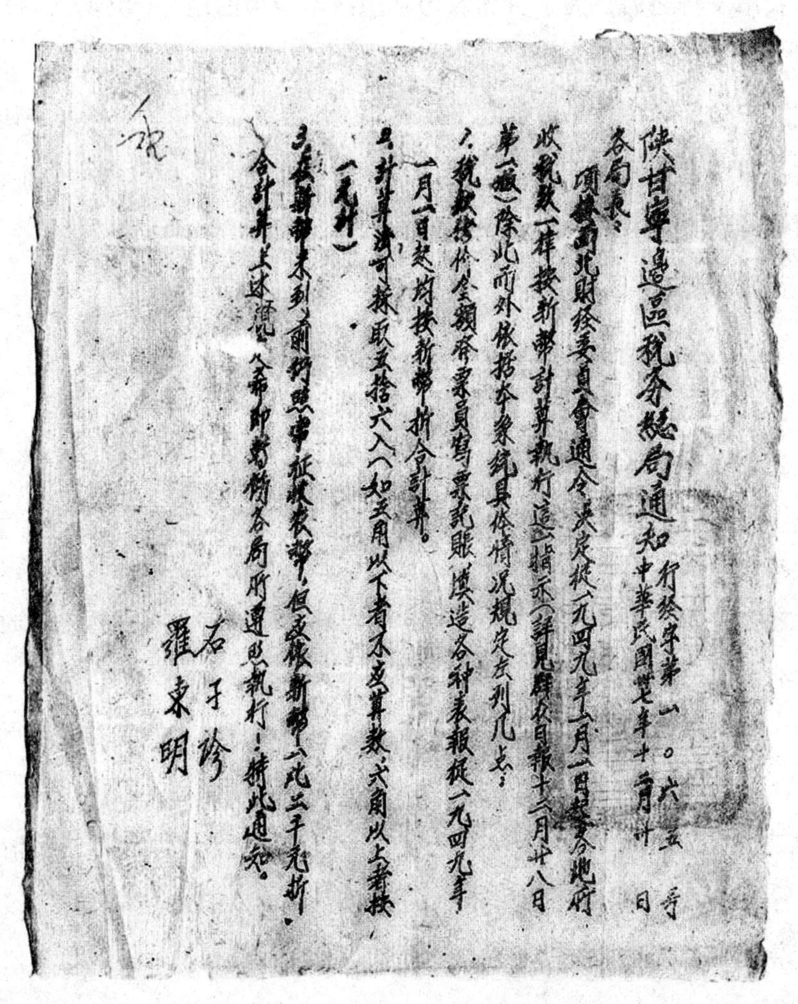

陝甘寧邊區稅務總局通知 行發字第一〇六五號 中華民國卅七年十二月廿日

各局長：

頃接西北財經委員會通令，決定從一九四九年一月一日起各地府收稅款一律按新幣計算執行，（邊區指示詳見群衆日報十二月廿八日第一版）除此而外依據本系統具體情況規定如下幾點：

1.稅款結價全額登錄員寫票記賬，填造各種表報從一九四九年一月一日起，均按新幣折合計算。

2.計算法可採取五捨六入（如五角以下者不要算數，六角以上者按一元計）

3.在新幣未到前，均照常征收農幣，但應依新幣一比二千元折合計算並上述通知，希即轉飭各局所遵照執行！特此通知。

石子珍
羅東明

文献概述：

《陕甘宁边区税务总局通知》是陕甘宁边区税务总局于 1948 年 12 月 3 日颁发的关于“执行西北财经委员会的通令”的通知。《通知》指出，决定从 1949 年元旦起，各地所收税款一律按新币（人民币）计算并做具体规定。由陕甘宁边区税务总局局长石子珍、副局长罗东明联名签发。

文献解读：

1947 年，中共中央设立了华北财经办事处，统一领导华北各解放区财经工作。同时着手合并华北、山东、西北三区金融机构，筹建中国人民银行。1948 年 10 月，华北财委确定在西北设立中国人民银行西北区行，归西北财委和人民银行双重领导。同年 11 月 22 日，华北人民政府发布（训令）宣布：华北银行、北海银行、西北农民银行合并成立中国人民银行，以华北银行为总行。12 月 1 日，在河北省石家庄市成立中国人民银行。同日，开始发行统一的人民币。当时任华北人民政府主席董必武同志为该套人民币题写了“中国人民银行”行名。同日，华北人民政府发布公告：于本年 12 月 1 日起，发行中国人民银行钞票，定为华北、华东、西北三区的本位货币，统一流通。

文献原文：

陕甘宁边区税务总局通知

中华民国三十七年十二月三十日

行经字第一〇六五号

各局长：

顷接西北财经委员会通令，决定于一九四九年一月一日起各地所收税款一律按新币计算执行，这一指示（详见群众日报十二月二十八日第一版）。除此而外，依据本系统具体情况规定左列几点：

1. 税款估价金额开票员写票记账、填造各种报表从一九四九年一月一日起均按新币折合计算。

2. 计算法可采取五舍六入（如五角以下者不应算数，六角以上者按一元计）。

3. 在新币未到前，仍照常征收农币，但要依新币一比二千元折合计算，上述规定希望即转饬各局所遵照执行！特此通知。

石子珍

罗东明

（上文缺失）

四、邻区新解放城市之旧存蒋美货，如为禁止进口者由邻区运销本区时一律按百分之二十至百分之三十征税。

第八条　凡邮寄货物依左规定

一、邮递货物均须在投邮前，向当地税务机关报请查验，办理纳税的手续后邮局方可接收，否则邮局得拒绝寄递。

二、凡向邮局提取邮寄货物时，应报告当地税务机关派员查验，并照章纳税后方准提货。

第九条　凡运行之纳税免税或特许进出口货物，均需向当地或就近税务机关申请查验登记方准运行（进出口货物登记统计办法另定）。

第十条　进口应税货物均需在进口之第一税务机关报验纳税，如已经纳税准许运销出境者，不得重征。

第十一条　出口有税货物须在起运地报验纳税，中途改销内地者概不退还。

第十二条　凡在境内免税或特税运销之货物如改运出境者，应在当地或就近税务机关报请查验，并按出境货物规定办理手续。

第十三条　已税货物不论在中途或到达落货地点销售，特须先向当地或就近税务机关报请查验并举办查验手续后方可出售。

改装转运货物均须报请当地税务机关查验并割取转分运证，始得起运，已税贴花盖章之货物不再割转运证。

第十四条　凡运输应税货物因故延误，不能依税票限期到达落货地时，运货人须于税票未过期前报，请沿途税务机关批明，运行或到达落货地时，票已过期者，须先具保售货，经查明属实后方得销保。

第十五条　从价征税货物由分区估价委员会根据该分区中心市场现行市场现行市价八折计算，估定纳税价格通知该分区，各税务机关遵照执行（估委会组织反估价办法另定）。

第十六条　凡经边府批准减税免税之货物运销，特须取得税务总局之证明文件，并具备查验手续后方得运行。

第三章　奖惩

第十七条　凡商贩有遵反左列规定之一者，除责令补交应纳税额外，得按应税额处以两倍以下之罚金。

一、违犯本条例第二章各条规定之一者。

二、拒绝检查涂改税票花证或税票花证有重用情事者。

三、货票不符无正当理由及证明者。

四、有税票无花证戳记手续者。

五、用其他方法偷税者。

第十八条　凡偷运禁止进口之货物经查获后，所用之私货全部没收。

第十九条　暴力抗税者得送司法机关惩办。

第二十条　如有伪造税票花证戳记者，除没收其货物外，人送司法机关惩办。

第二十一条　凡群众发现偷税及运销违禁品情事，报告税局因而查获者，得按缉私规章规定给予奖励。

第二十二条　凡税务人员有违章收税或敲诈勒索行为者依法办理。

第四章　附　则

第二十三条　本条例施行细则另定之。

第二十四条　本条例自边府公布之日起施行，陕甘宁晋绥边区三七年度公布货物税条例即行作废。

陕甘宁边区进出口货物税率表

（一）进口货物税率表

类别	货名	税率	说明
杂货类	火柴	20%	
	玻璃	20%	
	玻璃制品	10%	
	瓷器	20%	
	牙膏、牙粉、牙刷	10%	
	自行车	5%	
	安黄	10%	
	照相器材	5%	
	洋瓷器	10%	
	手电筒	15%	
	手电池	10%	
	漂白粉、料漆	5%	
	料制品	20%	
	体育用品	10%	
	玩具	30%	
	煤油	5%	
	蜡烛	20%	
	肥皂、香皂	40%	

续表

类别	货名	税率	说明
杂货类	铜铁器	5%	
	镜子	15%	
	纽扣、别针、曲形针	5%	
	订梳针	5%	
	钉针	5%	
	水容器行制器、藤制器	15%	
	各种草编物、硫磺	10%	
	各种乐器	15%	
	黄白蜂蜡	10%	
	头灯座、罗底、烟袋头嘴	5%	
	麻绳头、洋石灰、银珠	5%	
棉质成品	白色布疋	10%	
	有色布疋	15%	
	各种纱线	10%	
	毛巾、袜子	20%	
	其他棉织品	25%	
	棉花	5%	
皮毛类	羊毛、驼毛	5%	
	毛织品	25%	
	兽皮、牲畜皮	5%	
	各种皮制品	25%	
文具类	各种纸张	10%	
	各种文具用品	5%	
	牲畜	5%	
食品类	食盐	10%	
	各种醋料	15%	
	各种＊料	20%	
	茶	20%	
	海菜	30%	
	其他食品饮料	30%	

续表

类别	货名	税率	说明
油类	植物油	10%	
	动物油	10%	
烟酒类	旱烟叶	20%	
	毛烟叶菜	30%	
	水烟	30%	
	各种丝烟	30%	
	酒精	20%	
	各种颜料	15%	
	中西药材	5%	

免税入口货物

各种交通器材	各种印刷器材
各种医疗用具	粮食
除铁以外之金属原料	汽油
各种军用器材	
各种画书仪器	
各种机器及零件	
各种通讯器材	

禁止入口货物

美国货一律禁止	漫画、各种纸烟
鸦片及其制成品	烧酒
各种吗啡	各种装饰化装（妆）品
未列名毒品	各种迷信品
毒品用具	各色丝麻绸缎 *
各种赌具	
漫书、反动刊物	

（二）出口货物税率表

货名	税率	说明
粮食	20%	
油籽	40%	
棉花	25%	
各种牲畜	20%	
蒜	5%	
丝土布	5%	
兽皮各种丝麻棉制品	5%	
各种皮毛制品	5%	
蜂蜡	15%	
硝	40%	
磺	10%	
各种糖水烟、纸烟、烟叶	5%	
烧酒、肥皂	5%	
洋火各种草编物	5%	
土产、药材、红枣、甘草	5%	
植物油	10%	
动物油	5%	
粉条、面粉	5%	
羊毛、驼毛、羊绒、猪鬃	5%	
迷信品	5%	
装饰、化装（妆）品	5%	
各种玩具	5%	
各种水菜	5%	
钢铁制品	5%	

九、《西北财政经济委员会通令》

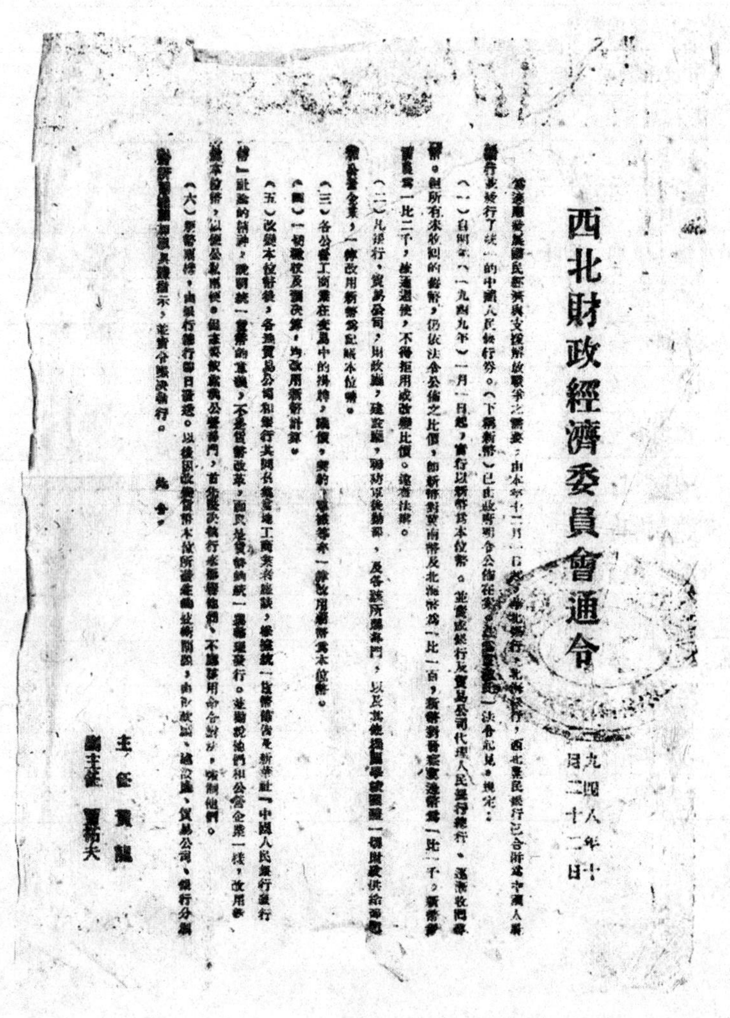

西北財政經濟委員會通令

一九四八年十二月二十二日

為適應發展國民經濟與支援解放戰爭之需要，由本年十二月一日起，華北銀行、北海銀行、西北農民銀行已合併成中國人民銀行，並發行了統一的中國人民銀行券。（下稱新幣）已由政府明令公佈在案（[illegible]）法令記見。規定：

（一）自明年（一九四九年）一月一日起，實行以新幣為本位幣。並責成銀行及貿易公司代理人民銀行發行。逐漸收回舊幣。但所有未收回的舊幣，仍依法令公佈之比價，即新幣對冀南幣及北海幣為一比一百，新幣對晉察冀邊幣為一比一千，新幣對西農幣為一比二千，繼續通使，不得拒用或改變比價。違者法辦。

（二）凡銀行、貿易公司，財政廳，建設廳，聯防軍後勤部，及各該所屬部門，以及其他機關學校團體一切財政供給部門暨公營企業，一律改用新幣為記賬本位幣。

（三）各公營工商業在交易中的掛牌，議價，契約，單據等亦一律改用新幣為本位幣。

（四）一切預算及預決算，均改用新幣計算。

（五）改變本位幣後，各地貿易公司和銀行共同召集當地工商業者座談，並經統一[illegible]傳新華社『中國人民銀行發行新幣』社論的精神，說明統一貨幣的意義，不是貨幣改革，而是貨幣的統一[illegible]發行。並勸說他們和公營企業一樣，改用新幣為本位幣，以便公私兩便。但[illegible]公營部門，首先堅決執行本通令外，不應採用命令辦法，強制他們。

（六）新幣單位，由銀行總行即日發送。以後因改變貨幣本位所發生的技術問題，由財政廳、建設廳、貿易公司、銀行分別[illegible]具體指示，並責令堅決執行。

此令。

主任 賀龍

副主任 賈拓夫

文献概述：

《西北财政经济委员会通令》是西北财政经济委员会于1948年12月22日下发的关于统一发行新币（人民币）的通令。由西北财政经济委员会主任贺龙，副主任贾拓夫联合签发。

文献解读：

1948年12月1日，在河北省石家庄市成立的中国人民银行开始发行统一的新币——人民币。为了维护新币的权威性，西北财政经济委员会于1948年12月22日颁布通令：自明年（1949年）1月1日起，实行以新币为本位币，并责成银行及贸易公司代理人民银行总行，逐渐收回农币。至此，西北解放区与华北、山东解放区的金融统一遂告完成。

文献原文：

西北财政经济委员会通令

一九四八年十二月二十二日

为适应发展国民经济与支援解放战争之需要，由本年十二月一日起，华北银行、北海银行、西北农民银行已合并为中国人民银行并发行了统一的中国人民银行券（下称新币）已由政府明令公布在案，兹为贯彻此一法令起见，规定：

（一）自明年（一九四九年）一月一日起，实行以新币为本位币。并责成银行及贸易公司代理人民银行总行，逐渐收回农币。但所有未收回的旧币，仍依法令公布之比价，即新币对冀南币及北海币为一比一百，新币对晋察冀边币为一比一千。新币旧为一比两千，流通周使，不得拒用或改变比价，违者法办。

（二）凡银行、贸易公司、财政厅、建设厅、联防军后勤部，及各该所属部门，以及其他机关学校团体一切财政供给部门和公营企业，一律改用新币为记账本位币。

（三）各公营工商业在交易中的挂牌、议价、契约单据等，一律改用新币为本位币。

（四）一切税收及预决算，均改用新币计算。

（五）改变本位币后，各地贸易公司和银行共同召集当地工商业者座谈，根据统一货币布告及新华社《中国人民银行发行新币》社论的精神，说明统一货币的意义，不是货币改革，而只是货币的统一与整理发行。并劝说他们和公营企业一样，改用新币为本位币，以使公私两便。但主要依靠我公营部门，首先坚决执行来影响他们，不应该用命令办法，强制他们。

（六）新币票样，由银行总行即日发送。以后因改变货币本位所发生的技术问题，由财政厅、建设厅、贸易公司、银行分别对所辖机关加以具体指示，并责令坚决执行。

此令。

主　任　贺　龙

副主任　贾拓夫

缉私法规

概述

边区税务稽查缉私法规建设始于1939年。

抗战初期，边区政府只有缉查仇货（敌对国家的商品和货物）、鸦片的法规，随后制订了缉查食盐、粮食、纸币等物品的法律法规。但不是真正意义上的税务稽查缉私法规。抗战期间，由于陕甘宁边区非生产人员大量增加，行政费用和军费开支增大。皖南事变后，国民政府完全停发了八路军和新四军的军饷，并且对边区实行了严密的经济封锁。1943年，共产国际宣布解散，不再向各支部共产党提供经费（原来共产国际拨给中共每月30万美元活动经费）。边区财政上遇到了前所未有的困难。在外援有限的情况下，边区政府要求和提倡自给自足。在金融上，发行边币，代替法币，解决各机关、部队的经费和生产资金问题；在财政上，开始了各机关部队的自力更生与努力生产运动；在贸易上，对外各自采购，经营食盐和特产出口，经营内地商业和骡马店栈，发展工农业生产；在税收上，加强各项税收的征收，尤其是货物税。在边区政府加强征税过程中，很快出现了走私、偷漏税现象。走私货物中，奢侈品走私多，必需品走私少。走私者中，有商人，也有群众，还有军队和政府机关。

猖獗的走私、偷漏税行为，使得陕甘宁边区政府的财政税收大量流失，对边区的经济发展和政治稳定也极为不利。这种严重走私不仅减少了陕甘宁边区的财政税收，破坏了边区工农业的生产与市场繁荣，还扰乱了边区政府物资管理政策的有效执行。因此，边区政府开展缉私工作，势在必行。

边区的税务缉私工作自从税局成立，即由各地税务机关统一领导进行。1939 年 6 月 10 日，边区政府颁布了《陕甘宁边区政府禁止仇货取缔伪币条例》，这是边区最早的关于缉私的规章制度。此后十年间，边区政府根据形势的变化，就反走私方面的法律法规颁布三十种之多。

一、《陕甘宁边区政府胜字第15号命令》

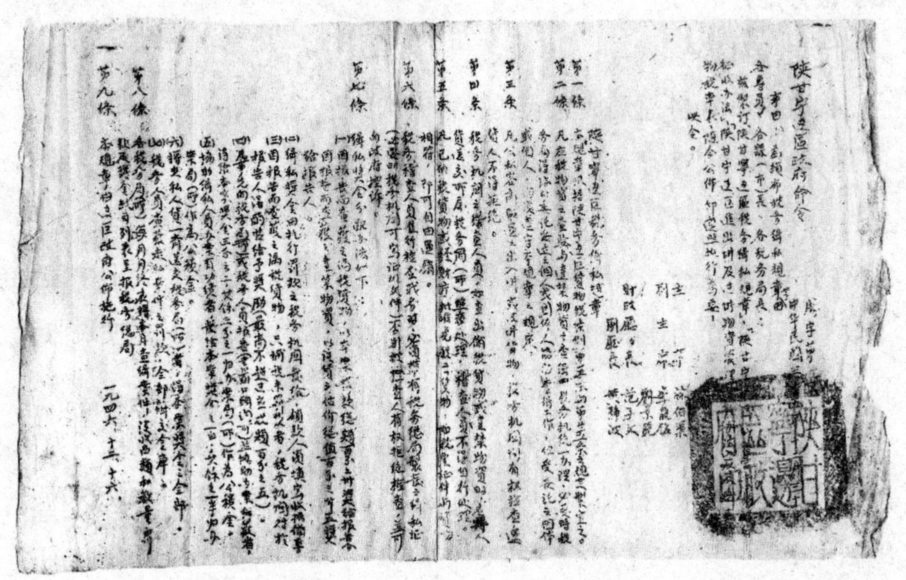

文献概述：

《陕甘宁边区政府胜字第15号命令》是陕甘宁边区政府于1946年12月30日颁布的，其内容是关于实施《陕甘宁边区税务缉私规章》。《规章》规定税务机关负责缉私工作，指出“凡应税物资之查验与违禁物资之查缉由税务机关统一办理”、“凡公私客商贩运之出入境货物或过境货物，税务机关均有权检查，运货人不得拒绝”。《规章》还明确了缉私奖金分配办法。

文献解读：

1941年，税务总局成立武装缉私大队。

1944年初，为了统一检查，将税务检查缉私工作连人带枪一并移交边区保安处领导。从此缉私人员任务有两个：一是政治保卫任务，一是货物税缉私任务。由于保卫处领导者对税收业务不熟悉，无形中偏重了政治保卫工作与违禁物资的没收，放弃了应税货物的缉私，使税收受到了很大的损失。

1944年7月，边区将税务缉私工作由保安处交回各地税局。为了规范、有效地开展缉私工作，陕甘宁边区政府颁布了《陕甘宁边区税务缉私规章》。

文献原文：

陕甘宁边区政府命令

胜字第十五号

中华民国三十五年十二月三十日

事由：为颁布税务缉私规章等由

各专员、各县（市）长、各税务局长：

兹制定《陕甘宁边区税务缉私规章》、《陕甘宁边区临时营业税暂行征收办法》、《陕甘宁边区进出境及过境物资管理暂行办法》及“边区货物税率表”，随令公布，仰遵照执行为要。

此令。

主　席　林伯渠

副主席　李鼎铭

刘景范

财政厅长　范子文

副厅长　黄静波

二、《陕甘宁边区税务缉私规章》

陕甘宁边区税务缉私规章（一九四七年十一月十六日颁布）

第一条：本规章根据陕甘宁边区货物税条例第五条暨第二十五条之规定制定之。

第二条：凡应税货物之查验、缉私，统由税务机关统一办理，必要时税务局得临时委托当地之机关、部队、群众团体协助，但受委托之团体或个人，均须遵守本规章之规定。

第三条：凡公私客商贩运之应税货物，税务机关均有权检查，运货人不得拒绝。

第四条：税务机关之稽查人员，如查获偷漏税货物或违禁物资时，应将人货送交所属税务局（所）照章处理，稽查人员不得自行处理。

第五条：凡已纳税货物或经税局批准免税之货物，如有税票证件与货物相符，即可自由运销。

第六条：税务稽查人员进行检查职务时，必须带税务总局所发之缉私证（或带税务机关可资证明文件），否则被稽查人有权拒绝检查，并可向政府控诉。

第七条：缉私奖励分配办法如下：[illegible]

甲．协助缉私人员办案有功绩者，发给本案奖金总额之一半，其余一半归办案局（所）作为公积金。

乙．凡事先向税务局（所）或税务人员报告（书面口头均可），并协助办案者，得给本案奖金三分之二，其余三分之一得归办案局（所）作为公积金。

丙．凡走私人货一齐送交税务局（所）者，得本案奖金全部。

丁．税务人员查获走私案件之罚款全部解交金库。

（二）因报告而查获之漏税货物，只补税未处罚款者，税务机关对于报告人得酌情给予奖励（最高不超过应补税额百分之五。）

（三）缉私奖金由执行罚款之税务机关发给，领取人需填写收据备查。

第八条：各税务局（所）每月月终应将本月查缉案件、没收品数额和数量、罚款及奖金数目列表呈报税务总局。

第九条：本规章由边区政府公布施行。

注：税务机关查获的款、货，自将货一并送交当地缉私委员会[illegible]

一九四八年[illegible]月晋翻印

文献概述：

《陕甘宁边区税务缉私规章》是陕甘宁边区有关部门于 1948 年 4 月 3 日翻印的陕甘宁边区政府于 1946 年 12 月 30 日颁布的《陕甘宁边区税务缉私规章》。

文献解读：

1947 年 11 月，边区政府为了加强缉私工作，成立边区缉私委员会，各分区成立分会，领导缉私工作。边区的缉私工作，取得了不少成绩。首先，大幅提高了边区政府的财政收入。其次，稳定了边区军民的社会生活。第三，保障了边区经济建设的正常运行。

文献原文：

陕甘宁边区税务缉私规章

一九四六年十二月十六日颁布

第一条　本规章根据陕甘宁边区货物税条例第五条与二十五条规定制定之。

第二条　凡应税货物之查验与违禁物资之查缉，由税务机关统一办理。必要时税务局得临时委托妥适之个人或团体协助查缉工作，但受委托之团体或个人，均须遵守本规章之规定。

第三条　凡公私客商贩运之出入境或过境货物，税务机关均有权检查，运货人不得拒绝。

第四条　税务机关之稽查人员，如查出偷税货物或违禁物资时，应将人货送交所属税务局（所）照章处理，稽查人员不得自行处理。

第五条　凡已纳税货物或经财政厅批准免税之货物。如有税案证件与货物相符，即可自由运销。

第六条　税务稽查人员进行检查职务时，必须带税务局制发之缉私证（必要时税务机关可写证明文件）否则被稽查人有权拒绝检查，并可向政府控诉。

第七条　缉私奖励分配办法如下：

（一）凡经查获之漏税货物以本案罚款总额百分之三十作为奖金，如查获违禁物资以该货估价总值百分之二十五作为奖金，分配办法如下：

甲：协助缉私人员办案有功绩者发给本案奖金额之一半，其余一半归办案局（所）作为公积金。

乙：凡事先向税务局（所）或税务人员报告（书面、口头均可）并协助办案缉获者，得给本案奖金三分之二，其余三分之一得归办案局（所）作为公积金。

丙：将走私人货一齐送交税务局（所）者得本案奖金全部。

丁：税务人员查获走私案件之罚款全部解交金库。

（二）因报告而查获之漏税货物，只补税未罚款者，税务机关对于报告人得酌情给予奖励（最高不超过应税额百分之五。）

（三）缉私奖金由执行罚款之税务机关发给，领款人需填写收据备查。

第八条　各税务局（所）每月月终应将本月查缉案件、没收品类和数量、罚款及奖金数目列表呈报税务总局。

第九条　本规章由边区政府公布施行。

注：税务机关查获的黄金、白银、特货一律送当地缉私委员会处理，其群众密报应得之奖金，亦由缉私委员会酌情发给。

三、《陕甘宁边区贸易公司、税务总局联合通知》

陝甘寧邊區貿易公司稅務總局聯合通知 中華[illegible]

各經理局長：

查以往各地稅局緝私所沒收之特貨白洋金銀[illegible]的高低不統一，茲為便於各地統一執行起見，特暫[illegible]

一、凡稅局解交公司之特貨（只限沒收品）以十成[illegible]元作[illegible]

[illegible]計算。

二、凡稅局解交公司之白洋每元以法幣六萬元，金[illegible]

三、稅局解交公司的特貨，白洋應於作價之後由公司批給收據並由稅局記入稅款賬，該為沒收品拍賣款收入。

四、各分支公司接收上述物資作價後即開具清單並打收據將總公司報由總司就以轉交財政。

五、此通知以前所交之價仍照以前不變，自接到本通知后即依此通知办理之。

上述規定希各地公司稅局接到通知后即按規定執行。特此通知！

經理 喻杰

監委 史唯然

付經理 劉卓甫

局長 石子珍

付局長 羅東明

文献概述：

《陕甘宁边区贸易公司、税务总局联合通知》是陕甘宁边区贸易公司、税务总局于 1949 年 10 月 28 日联合下发的，其内容是关于缉私所没收的特货、白洋和金银规范管理的通知。通知对税局缉私所没收的特货、白洋和金银等贵重物品如何处理做出统一规定，并令遵照执行。

文献解读：

同上。

文献原文：

陕甘宁边区贸易公司、税务总局联合通知

中华民国三十八年十月二十八日

各经理、局长：

查以往各地税局缉私所没收之特货白洋、金银解交各地公司□作的高低不统一，兹为便于各地统一执行起见，特暂行规定如左：

一、凡税局解交公司之特货（只限没收品）以十成货为标准，每两折价四十万元计算。

二、凡税局解交公司之白洋每元以农币六万元，金按牌价银每两六万元计算。

三、税局解交公司的特货，白洋应于作价之后，由公司扯给收据并由税局计入税款账，作为没收品拍卖款收入。

四、各分支公司接收上述物资作价后应即开具清单，并打收据转总公司账，由总公司统一转交财政。

五、此通知以前所交之价仍照以前不变，自接到本通知后，即以此通知办理之。

上述规定希各地公司、税局接到通知后即按规定执行。

特此通知。

经　理　喻　杰

监　委　史唯然

副经理　刘卓甫

局　长　石子珍

副局长　罗东明

禁止外烟

概述

烟草是抗日战争时期陕甘宁边区经济发展和贸易管理的重要组成部分，也是领导层和大众百姓日常生活不可缺少的一部分。

抗战之前，边区的百姓以旱烟为主要烟草消费方式，社会中上层则有吸水烟的习惯。抗战以后，陕甘宁边区是爱国青年向往的圣地，大量来自城市的知识青年进入延安，他们带来了纸烟消费习惯。另外，中共领导层中有很多人在城市生活过，也有吸纸烟的习惯。这些人构成了边区纸烟消费的主体，使边区对纸烟的需求大大增加。虽然边区对纸烟征收高税率（1941 年 9 月 29 日颁布的《陕甘宁边区货物税修正暂行条例》，规定纸烟税率为 40%，比其他烟草制品高一倍），使得纸烟成为当时边区的“奢侈品”，然而由于纸烟吸食方便、味道独特、口感舒适，边区的纸烟需求量依然很大。

皖南事变前，边区的纸烟供应主要来自周边的国统区，甚至有辗转从日本占领区运入的。1941 年初皖南事变后，国民党对边区实行经济封锁，使之面临巨大的财政经济困难。纸烟供应需要从边区外“进口”，“进口”纸烟使边区本以捉襟见肘的现金更加匮乏，吸食纸烟被视为奢侈性消费，加剧了边区的贸易逆差，影响了边区的生产和生活。

1941 年 12 月 23 日，边区政府为了减少纸烟消费引起的现金外流，颁布了禁烟令，规定从1942年1月15日开始禁止所有纸烟“进口”，从3月1日起所有商店不得售卖纸烟。由于纸烟禁售令只禁卖不禁吸，使得纸烟消费群体依然存在，尤其是高层领导纸烟需求不减，结果是一方面对外明令禁止，另一方面内部“特许进口”，导致纸烟不仅不能在市场上禁绝，反而促进了纸烟市场走私和黑市交易。

由于纸烟“进口”禁令实施不力，走私猖獗，反而减少了边区税收，所以1943年6月，边区政府颁布了烟类征税暂行条例，用“寓禁于征”方式代替从1942年初开始的纸烟进口禁令，边区对不同烟草制品的税率，按照旱烟、水烟（包烟）、卷烟、纸烟的顺序递增，鼓励边区自产纸烟，希望减低“进口”纸烟消费。

1943年，边区已经能生产纸烟了，而且为了保护边产纸烟，其税率大大低于进口纸烟，与旱烟和水烟税率相同。

1944年1月15日，中共中央办公厅发出通知，“要求全边区所有公营商店和脱产人员，抵制外来纸烟，经营、吸食边产纸烟。”为了响应中央号召，边区政府主席林伯渠以身作则，在1月28日的《解放日报》头版头条上刊登了他的声明：“自三十三年（1944年）一月二十五日起，戒绝吸外来纸烟。”1944年2月8日，边区政府宣布纸烟进口再次全面禁止。禁止纸烟“进口”后，边区政府为了确保本地纸烟业的良性发展，于同年7月颁布了《陕甘宁边区纸烟制造业管理及征税试行办法》，对纸烟生产的资格和纸烟产品的品质进行管理和监控。

日本投降后，当时边区一些人认为和平如实现，全国可统一，对原有的贸易政策做了一些调整，放松了入口管理。为了增加税收，准许外来纸烟开禁。因此纸烟大量入口，八个月入口20余万条，其价值等于2万多石小米，纸烟的入口占1946年入口总值的8%，比任何年都多，导致边区内部200余家手工纸烟作坊倒闭。

面对这种形势，边区政府采取对策，再一次颁发禁烟令。1947年3

月8日，陕甘宁边区政府颁发《陕甘宁边区政府胜字第35号命令》。《命令》指出，前期为了增进边区贸易事业，准许外产纸烟进入边区内销售。但外产纸烟入境数量惊人，在很短时间内损失相当多的外汇。为了保护边区经济发展，支援自卫战争的胜利，决定从1947年4月1日起，严禁外产纸烟入境。边区政府从成立到撤销的12年4个月中，曾先后三次禁止外产纸烟入境，又三次解除禁令，禁进时间累计达4年3个月。这种“时禁时启禁”的现象，反映了边区政府在战争年代利用行政手段和税收政策打破经济封锁、稳定市场物价、保障财政收入、支援前线需要的理政策略。

一、《陕甘宁边区税务总局产字第239号通知》

陕甘宁边区税务总局通知

产字第二三九号

民国三十五年九月十九日

朱局长：

由于边产纸烟近年来之飞速发展，我们也应有进一步加强管理之必要。检讨我们过去在边产纸烟管理工作方面，实际上除征收纸烟印花税以外，其他并无什么管理。就在征印花税上，也由于过去方法上之不当，致使漏掉的也实为不少。今后在这个工作的改进办法：以发动各公私烟厂组织联合会，并使其加强，为基本方式。必要时由当地税局派干部充任联合会秘书职务。联合会的主要工作目的为（一）团结各公私大小烟厂，改进质量，保护利润。（二）加强外来私烟的组织工作，以减少其走私。（三）建立各烟厂产量一定税制工作，其税务局断，取得密切配合，以保证税收之不受损失。以上三个互为重要，均不可忽视任何一个。同时，尚望各地根据以上精神，配合实际情况，在实施上得出具体有效办法，接到后，即即遵行为要。

附：给烟厂一封信 份（并将烟厂及经理名填上）。烟厂联合会简章草案 份。

局长 石予珍

副局长 王世雄

文献概述：

《陕甘宁边区税务总局产子第239号通知》是陕甘宁边区税务总局于1946年1月17日颁发的，其内容是指示所属分局加强边产纸烟管理的通知。《通知》指出，由于边区纸烟近些年飞速发展，由于过去方法不当，致使漏掉不少税收，为此有进一步加强管理的必要。加强外烟缉私的组织工作，以减少其走私；建立各烟厂产量统计工作，以保证税收之不受损失。《通知》由陕甘宁边区税务总局局长石子珍、副局长王世雄联合签发。

文献解读：

随着边区戒绝吸外来纸烟的要求，促进了边区自己生产纸烟。随着边产纸烟的增长，相应的税收工作提上了议事日程，加强边产纸烟税收管理刻不容缓。

文献原文：

陕甘宁边区税务总局通知

产字第二三九号

民国三十五年元月十七日

朱局长：

由于边产纸烟近年来之飞速发展，他们也应有进一步加强管理之必要，检讨我们过去在边产纸烟管理工作方面，实际上除征收纸烟印花税以外，其他并无什么管理，就在征印花税上，也由于过去方法上之不当，致使漏掉的也实属不少。今后在这个工作的改进办法：以发动各公私烟厂组织联合会，并使其加强为基本方式，或必要时由当地税局派干部充任联合会秘书职务，联合会的主要工作目的为：

一、团结各公私大小烟厂，改进质量，保证利润。

二、加强外烟缉私的组织工作，以减少其走私。

三、建立各烟厂产量一定统计工作，与税务局所取得密切配合，以保证税收之不受损失，这三个互为重要，均不可忽视任何一个。同时，尚望各地根据以上精神，配合实际情况，在实施上得出具体有效办法，接到后，仰即遵行为要。

附：给烟厂一封信　　份（并将烟厂及经理名填上）。烟厂联合会简章草案　　份。

局　长　石子珍

副局长　王世雄

二、《陕甘宁边区税务总局税政字第1号命令》

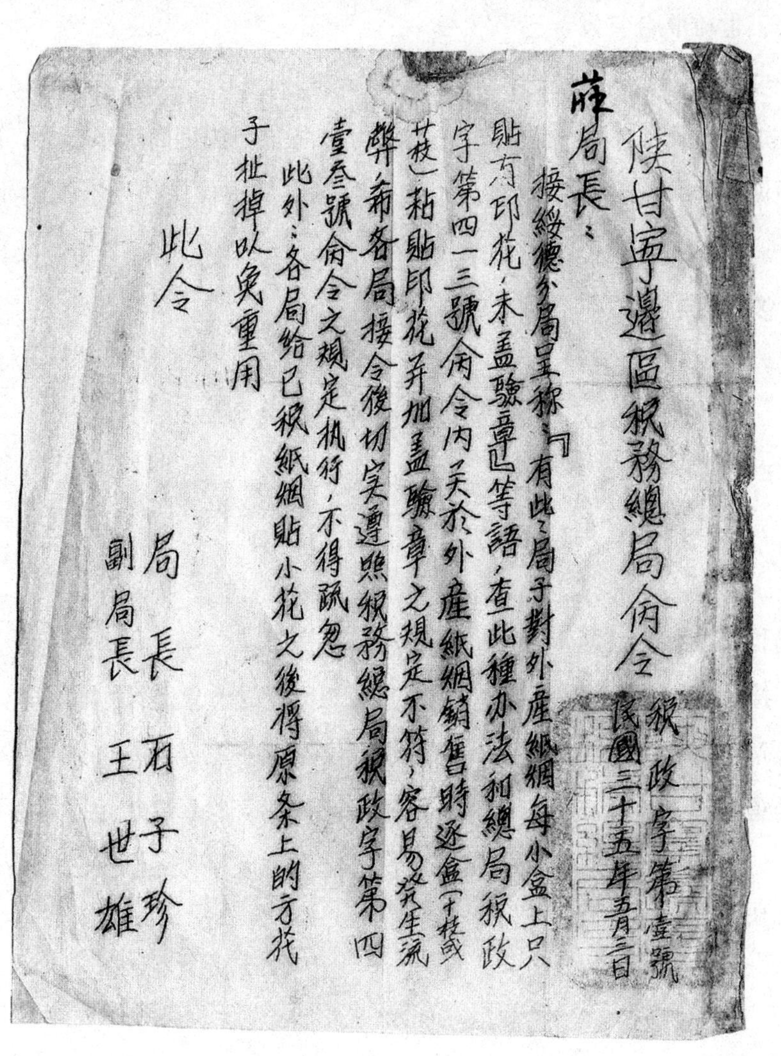

陝甘寧邊區稅務總局命令

稅政字第壹號

民國三十五年五月三日

薛局長：

接綏德分局呈稱："有些局子對外產紙烟每小盒上只貼有印花，未盖驗章"等語，查此種辦法和總局稅政字第四一三號命令內关於外產紙烟銷售時逐盒（十枝或廿枝）粘貼印花并加盖驗章之規定不符，容易發生流弊，希各局接令後切实遵照稅務總局稅政字第四壹叁號命令之規定執行，不得疏忽。

此外：各局給已稅紙烟貼小花之後，得原条上的方花子扯掉以免重用。

此令

局長 石子珍

副局長 王世雄

文献概述：

《陕甘宁边区税务总局税政字第 1 号命令》是陕甘宁边区税务总局于 1946 年 5 月 3 日颁发的，其内容是要求对外产纸烟贴印花税并加盖验章。《命令》指出，由于个别税局对外产纸烟只贴印花，未盖验章，容易发生流弊，要求各税局今后要按照总局相关规定执行，对外产纸烟贴印花税并加盖验章。《命令》由陕甘宁边区税务总局局长石子珍、副局长王世雄联合签发。

文献解读：

加强外产纸烟的税收管理，不仅可以防止不法烟商走私行为，减少偷税漏税，增加边区财政收入，而且可以有效地保护边产纸烟的生产，使外产纸烟“进口”涨势得到一定的抑制。

文献原文：

陕甘宁边区税务总局命令

税政字第壹号

民国三十五年五月三日

薛局长：

接绥德分局呈称：“有些局子对外产纸烟每小盒上只贴有印花，未盖验章”等语，查此种办法和总局税政字第四一三号命令内关于外产纸烟销售时逐盒（十支或二十支）粘贴印花并加盖验章之规定不符，容易发生流弊，希各局接令后切实遵照税务总局税政字号第四一三号命令之规定执行，不得疏忽。

此外：各局给已税纸烟贴小花之后，将原条上的方花子扯掉以免重用。

此令。

局　长　石子珍

副局长　王世雄

三、《陕甘宁边区政府胜字第35号命令》

陝甘寧邊區政府命令

勝字第[illegible]號
中華民國[illegible]年[illegible]月八日

事由：嚴禁外產紙烟入境。

各專員、各縣（市）長
各稅務局長：

當去春全國和平局面開始，為了增進邊[illegible]貿易，[illegible]月十日起開放外產紙烟入境。自此以後，外產紙烟即源源不斷[illegible]各地市場，現據初步統計，去年四至十二月短短九個月內[illegible]二十五萬條，每條平均以券幣五千元計，損失外匯當在[illegible]萬元以上，影響邊區人民經濟利益殊大，現又值蔣介石擴大內戰，積極進攻邊區之際，為了保護邊區經濟發展，支援自衛戰爭的勝利，茲決定從本年四月一日起，嚴禁外產紙烟入境，已入境者，必須限期銷售完竣。希即轉飭當地軍民各界，切實遵照執行為要。

此令！

主席　林伯渠
副主席　李鼎銘
劉景範

文献概述：

《陕甘宁边区政府胜字第35号命令》是陕甘宁边区政府于1947年3月8日颁发的，起内容是严禁外产纸烟入境令。《命令》指出，前期为了增进边区贸易事业，准许外产纸烟进入边区内销售。但外产纸烟入境数量惊人，在很短时间内损失相当多的外汇。为了保护边区经济发展，支援自卫战争的胜利，决定从1947年4月1日起，严禁外产纸烟入境。

文献解读：

1946年4月10日，边区政府为了增进边区内外贸易，再次开放外产纸烟入境。然而随着内战爆发，边区“外汇”吃紧,1947年3月8日，边区政府又颁布命令，决定从同年4月1日起再次禁止外来纸烟入境，以保护边区经济发展，支援自卫战争胜利。这次禁烟是边区政府第三次禁止外产纸烟入境。

文献原文：

陕甘宁边区政府命令

胜字第三十五号

中华民国三十六年三月八日

事由：严禁外产纸烟入境

各专员、各县（市）长、各税务局长：

当去春全国和平局面开始，为了增进边区内外贸易，曾通令从四月十日起开放外产纸烟入境。自此以后，外产纸烟即蜂拥而入，倾销于境内各地市场。现据初步统计，去年四至十二月短短九个月时间，入境纸烟即达二十五万条，每条平均以券币五千元计，损失外汇当在十二万万伍仟万元以上，影响边区人民经济利益颇大。现又值蒋介石扩大内战，积极进攻边区之际，为了保护边区经济发展，支援自卫战争的胜利，兹决定从本年四月一日起，严禁外产纸烟入境，已入境者必须限期销售完竣，希即转饬当地军民各界，切实遵照执行为要。

此令。

主　席　林伯渠

副主席　李鼎铭

刘景范

四、《陕甘宁边区税务总局税总字第 15 号通知》

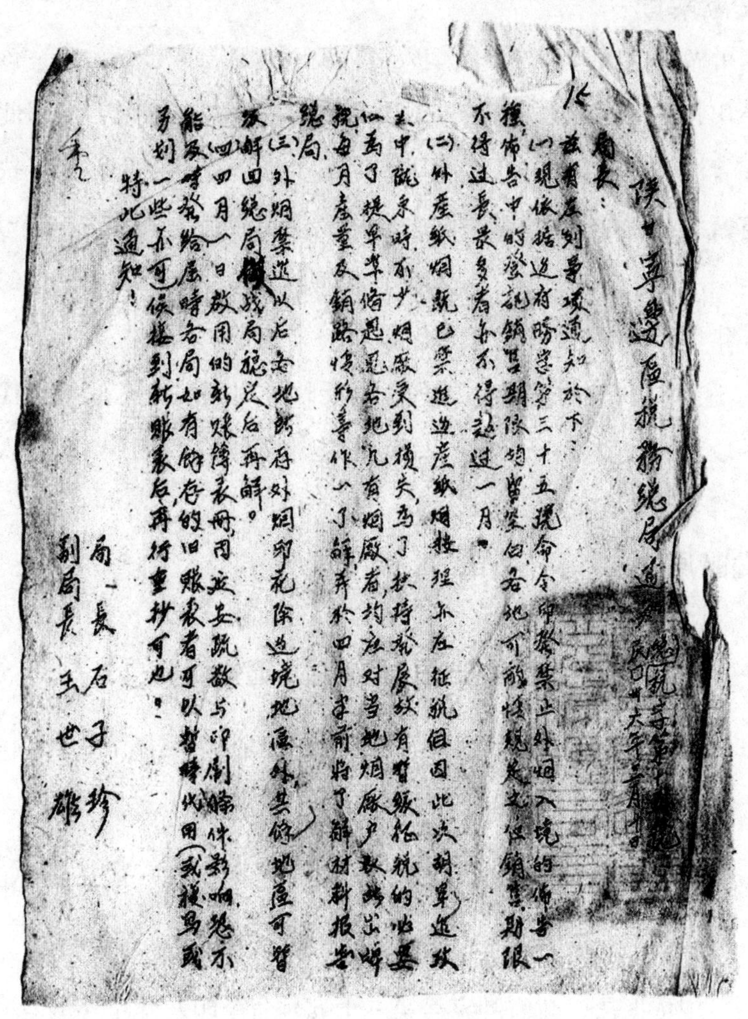

15

陕甘宁边区税务总局通知　总税字第十五号　民国卅六年三月廿日

局長：

兹有左列事项通知於下：

(一)现依据边府颁發第三十五號命令，印發禁止外烟入境的佈告一種，佈告中的登記銷售期限均留交由各地可酌情規定，但銷售期限不得过長，最多者亦不得超过一月。

(二)外産紙烟既已禁進，边産紙烟整理亦在征税，但因此次胡軍进攻中，既衆時亦少，烟厰受到損失，為了扶持發展，故有暫緩征税的必要，但為了提早準備意見，各地凡有烟厰者，均应对当地烟厰户数、出産、每月産量及銷路情形等作一了解，并於四月半前將了解材料报告總局。

(三)外烟禁進以后，各地所存外烟印花除边境地區外，其餘地區可暫緩解回總局，戰局穩定后再解。

(四)四月一日啟用的新賬簿表冊，因延安疏散与印刷條件影响，恐不能及時發給，届時各局如有餘存的旧賬表者，可以暫時代用（或按照式樣刻一些亦可），候接到新賬表后再行重抄可也。

特此通知！

局長　石子珍

副局長　王世雄

文献概述：

《陕甘宁边区税务总局税总字第15号通知》是陕甘宁边区税务总局于1947年3月10日颁发的，其内容是外产纸烟禁运和边产纸烟征税。《通知》指出，根据边区政府有关禁止外烟入境的命令（《陕甘宁边区政府胜字第35号命令》），外产纸烟登记销售期限最多不得超过一月，同时暂缓边产纸烟征税。

文献解读：

为了做好这次严禁外产纸烟入境，鼓励边区自产纸烟生产，该《通知》指出，"外产纸烟既已禁进，边产纸烟按理亦应征税，但因此次胡军（编者注：胡宗南）进攻关中陇东时不少烟厂受到损失，为了扶持发展故有暂缓征税的必要。"边区政府从成立到撤销的12年零4个月中，曾先后三次禁止外产纸烟入境，又三次解除入境禁令，其中禁进时间累计达4年零3个月（《陕甘宁边区烟草》第二章"烟政"第一节"进出口"）。这种"时禁时启禁"的现象，反映了边区政府在战争年代利用行政手段和税收政策打破经济封锁、稳定市场物价、保障财政收入、支援前线需要的理政策略。

文献原文：

陕甘宁边区税务总局通知

税总字第十五号

民国三十六年三月十日

局长：

兹有左（下）列事项通知于下：

一、现依据边区政府胜字号第三十五号命令印发禁止外烟入境的布告一种，布告中的登记销售期限均留空白，各地可酌情规定之，但销售期限不得过长，最多者亦不得超过一月。

二、外产纸烟既已禁进，边产纸烟按理亦应征税，但因此次胡军进攻关中陇东时不少烟厂受到损失，为了扶持发展故有暂缓征税的必要。为了提早准备起见，各地凡有烟厂者均应对当地烟厂户数、新出牌号、每月产量及销路情形等作一了解，并于四月半前将了解材料报告总局。

三、外烟禁运以后，各地所存外烟印花除边境地区外，其余地区可暂缓解回总局，俟战局稳定后再解。

四、四月一日启用的新账簿表册，因延安疏散与印刷条件影响，恐不能及时发给，届时各局如有余存的旧账表者，可以暂时代用（或复写或另划一些不可）俟接到转账表后，再行重抄可也。

特此通知。

局　长　石子珍

副局长　王世雄

禁止酿酒

概述

陕甘宁边区土地贫瘠，农业经济基础薄弱，粮食生产能力有限，粮食本身就不够当地民众消费。边区成为首府之后，党、政、军、学等非生产人员增加，加剧了粮食困难。边区粮食供给有两个来源：一是征收救国公粮，二是不足部分通过购买或向民众借粮来解决。征粮给边区民众带来了巨大压力。

在边区粮食是最主要的战略物资，边区政府对粮食贸易与消费有明确的政策限制，其中一个很重要的政策就是禁止用粮食酿酒与熬糖。酿酒是边区民间传统的手工业，据不完全统计抗战时期边区大小酒坊共计两百五十余处，每年消耗粮食十万石以上。遇到灾荒与粮食紧缺的时候，禁止粮食酿酒成了救荒补缺的主要措施。

1939 年后，不论抗战形势还是国共关系都发生了很大变化，为了应付困难局面，同年 10 月，边区颁布训令："为避免粮食浪费，应动员人民，不准蒸酒熬糖"。同年 12 月，边区政府发布禁止粮食酿酒具体办法："凡在本府禁令（布告）尚未颁布之前面已经做成之酒料糖料，经政府派人切实登记后，准其用完，如再有私造情事，得给以相对处罚"。

1945 年春季旱象严重，为了保障边区军民粮食，备战备荒，4 月

18 日，边区政府颁发了陕甘宁边区酒业管理及增税试行办法，明确规定边区各县市村镇，不论任何公私团体机关或个人，一律禁止酿酒、熬糖。因粮食酿酒屡禁不止，5 月 21 日，边区政府就颁布了布告《重申禁止粮食“出口”蒸酒熬糖》，布告禁令:“绝对禁止蒸酒熬糖，如有违犯，无论公私，一律没收酒、糖及其蒸酒熬糖之一切工具，人另惩办”。

1947 年初，国民党军队开始向陕甘宁边区蠢蠢欲动，边区财税工作由备战转向全力支援解放战争。粮食作为战备物资，此时显得尤为珍贵和重要。为了保障战争需要，边区政府不得不限制酿酒，以便减少粮食非战备支出。

边区政府从成立到撤销的 12 年零 4 个月中，曾先后三次禁止酿酒，反映了边区政府在战争年代为了备战备荒、减轻民负、克勤克俭的行为，体现了边区政府既要解决党、政、军、学等人的吃饭问题，又要体恤边区百姓疾苦的良苦用心。

一、《陕甘宁边区政府胜字第21号命令》

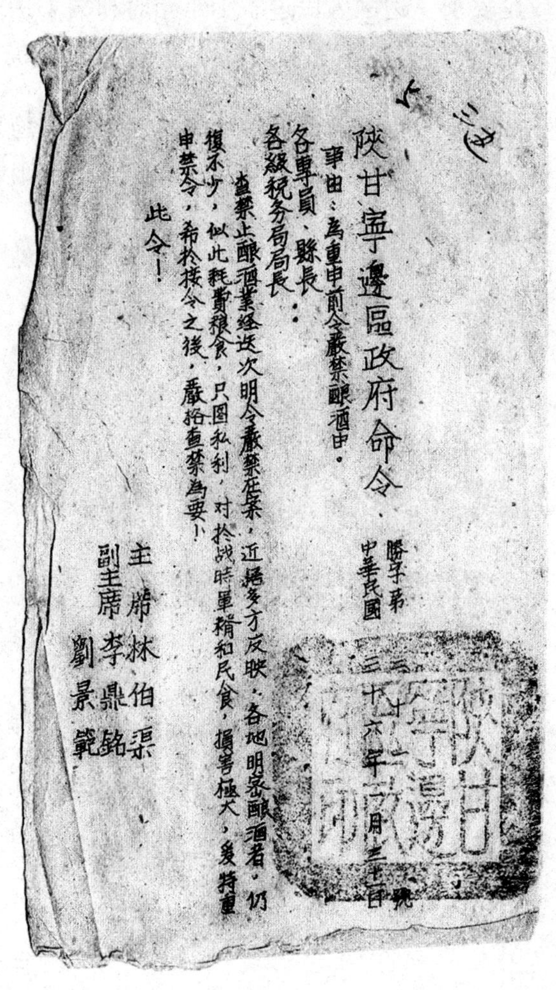

陝甘寧邊區政府命令

勝字第二十一號

中華民國三十六年 月二十日

事由：為重申前令嚴禁釀酒由。

各專員、縣長

各級稅务局局長：

查禁止釀酒業经迭次明令嚴禁在案，近据多方反映，各地明密釀酒者，仍復不少，似此耗費糧食，只圖私利，对於战時軍糈和民食，損害極大，爰特重申禁令，希於接令之後，嚴格查禁為要！

此令！

主　席　林伯渠

副主席　李鼎銘

劉景範

文献概述：

《陕甘宁边区政府胜字第21号命令》是陕甘宁边区政府于1947年1月31日颁布的，关于“重申前令，严禁酿酒”。《命令》指出，各地明、密酿酒者不少，只图私利，耗费粮食，对于战时军粮和民食损害极大。为此，重申严禁酿酒。

文献解读：

胡宗南进攻延安前，边区人民过了十年相对和平（1936—1946）日子，边区人民的生活正走上丰衣足食，并不断向前发展。1947年初，国民党军队开始向陕甘宁边区蠢蠢欲动。粮食作为战备物资，此时显得尤为珍贵和重要。为了保障战争需要，边区政府不得不限制酿酒，以便减少粮食非战备支出。

文献原文：

陕甘宁边区政府命令

胜字第二十一号

中华民国三十六年一月三十一日

事由：为重申前令严禁酿酒由

各专员、县长、各级税务局局长：

查禁止酿酒业经迭次明令严禁在案，近据多方反映，各地明密酿酒者仍复不少，似此耗费粮食，只图私利，对于战时军糈和民食，损害极大。爰特重申禁令，希于接令之后，严格查禁为要！

此令！

主　席　林伯渠

副主席　李鼎铭

刘景范

接收工作

概述

1945年8月10日24时，朱德在延安总部向解放区发布第一号命令，指出:“日本已宣布无条件投降，同盟国在波茨坦宣言基础上将会商受降办法。”要求“各解放区任何抗日武装部队均得依据《波茨坦宣言》规定，向其附近各城镇交通要道之敌人军队及其指挥机关送出通牒，限其于一定时间向我作战部队缴出全部武器。”“我军对任何敌伪所占城镇交通要道，都有全权派兵接受，进入占领，实行军事管制，维持秩序，并委任专员负责管理该地区之一切行政事宜。”抗战胜利之初，随着八路军接管敌伪占领区域，陕甘宁边区政府有关机构也随之开始接收伪政权的有关部门。

1947年，为了更好地领导华北各解放区财经工作，中共中央设立了华北财经委员会。随着西北地区的不断解放，边区财税人员开始大批进入新解放区从事接收工作。新解放区形势复杂，一方面，国民党军队虽然败走，但旧的财税系统依然发挥着作用，在大部分地区还占着主导地位；另一方面，随着解放区的不断扩大，不仅财政供给压力越来越大，而且财税人员十分匮乏，为了解决财税人员“青黄不接”局面，确定了在宁缺毋滥的前提下，大量吸收财税人员的原则：一是吸收无不良嗜好的旧职员，二是吸收青年知识分子。由于边区财税人员有了接收敌伪时期税收机构的经验，所以他们保证了解放军每占领一座城市，财税工作就能在那里展开，为发展经济和继续支援西北地区解放做出新贡献。

一、《陕甘宁边区税务总局关于接收敌伪税务机构的命令》

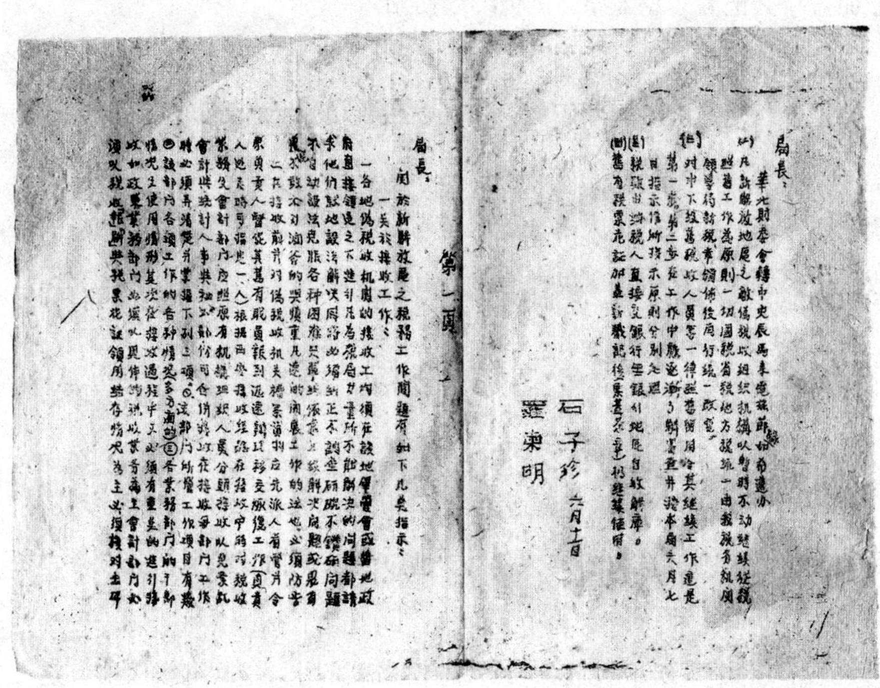

局長：

華北財委會轉中央長馬來電茲節錄如下遵辦

(一) 凡新解放地區之敵偽稅收組織機構以暫時不动繼續從[illegible]舊工作為原則一切國稅省稅地方稅統一由稅務機關領導稅務稅章[illegible]統一改[illegible]

(二) 對中下級舊稅收人員[illegible]一律照舊留用令其繼續工作並是第一步第二步在工作中[illegible]逐漸予以調整並[illegible]本局六月七日指示作所指示原則分別處理

(三) 稅款由納稅人直接交銀行[illegible]地區自收解庫。

(四) 舊有稅票花証加蓋新戳記後[illegible]繼續使用。

石子珍 六月十三

羅東明

第一頁

局長：

關於新解放區之稅務工作問題有如下幾點指示：

一、關於接收工作：

一、各地偽稅收機關的接收工作均須在該地軍管會或當地政府直接領導之下進行，凡為[illegible]所不能解決的問題都請示他們[illegible]

[illegible]

文献概述：

《陕甘宁边区税务总局关于接收敌伪税务机构的命令》是陕甘宁边区税务总局于（1947 年） 6 月 11 日颁布的，其内容是关于接收敌伪税务机构时的要求（共计 3 页）。《命令》要求，各局要按照华北财经委员会的来电做好敌伪税收机构的接收工作，对于敌伪税务机构的旧税收人员先留用，后审查。《命令》指出，“凡新解放地区之敌伪税收组织机构以暂时不动、继续征税、照旧工作为原则，一切国税、省税、地方税统一由我税务机关领导，待新税章颁布后再行统一改变。”“旧有税票花证加盖新戳记后（票盖条章）仍继续使用。”

文献解读：

随着西北地区的不断解放，边区财税人员开始大批进入新解放区从事接收工作。新解放区形势复杂，国民党军队虽然败走，但旧的财税系统依然发挥着作用，在大部分地区还占着主导地位。严谨有序的税收接收工作，保障了接收地区的社会稳定和财政收入。

文献原文：

局长：

华北财委会转中央辰马来电，兹节录如（下），希遵办。

（一）凡新解放地区之敌伪税收组织机构以暂时不动、继续征税、照旧工作为原则，一切国税、省税、地方税统一由我税务机关领导，待新税章颁布后再行统一改变。

（二）对中下级旧税收人员等一律照旧留用，令其继续工作，这是第一步。第二步在工作中应逐渐了解审查，并按本局六月七日指示信所指示原则分别处理。

（三）税款由纳税人直接交银行，无银行地区自收解库。

（四）旧有税票花证加盖新戳记后（票盖条章）仍继续使用。

石子珍　罗东明

六月十一日

干部管理

概述

边区在健全税务机构，完善税收制度的同时，十分重视税务队伍的建设，造就了一支思想政治素质过硬，税收业务能力突出，具备艰苦奋斗和勇于牺牲精神的税收干部队伍。

边区对各级税务干部实行垂直管理，由专门机构或专门人员负责。在加强干部管理机构建设的同时，边区制定了一系列针对税收干部管理的规章制度，主要有《陕甘宁边区税务人员移交规则》《陕甘宁边区税务人员奖惩规则》《陕甘宁边区税务人员待遇及抚恤办法》等。从组织上和制度上保证了税务干部工作的正常进行。

边区政府十分重视对税务干部的培训工作，以提高干部的政治思想水平与政策业务素质。边区税收在完善的过程中，造就了一支思想政治过硬、懂得税收管理的干部队伍。他们经受过战火和艰苦生活的锻炼，具备艰苦奋斗的精神；他们懂得人民税收的理论，积累了丰富的税收经验。建国后，这批干部中的许多优秀分子成为我国社会主义初期税收建设的领导干部和骨干力量。

解放战争时期，战争由原来的游击战向大规模的运动战转变，军事需求不断加大，财政供给压力增加。为此，边区进一步加强了税收管理，税收收入不断增加，为革命战争提供了强大的物质保障。

一、《陕甘宁边区税务总局写给分局的函》

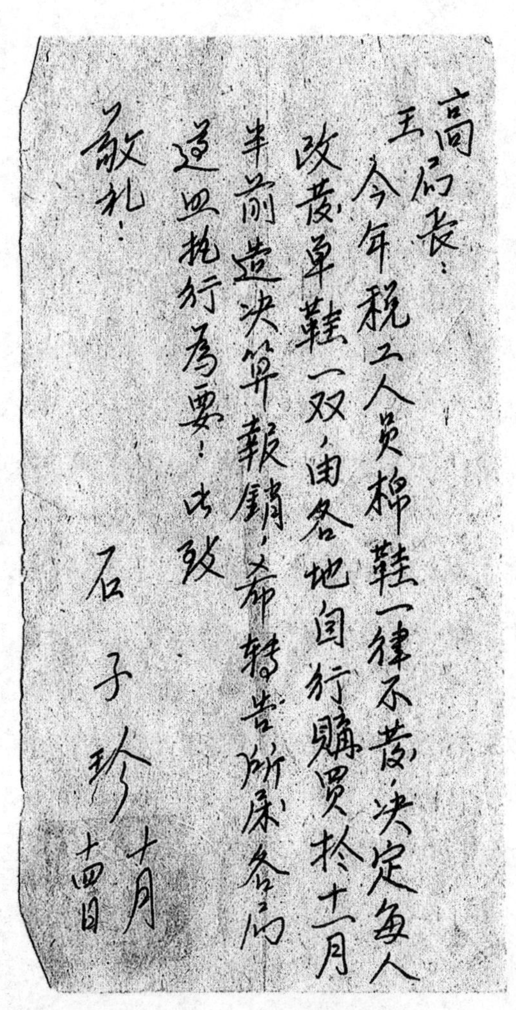
高
王局长：
今年税工人员棉鞋一律不发，决定每人改发草鞋一双，由各地自行購買，於十一月半前造决算報銷，希轉告所属各分局遵照执行為要！此致
敬礼！
石子珍
十一月十四日

文献概述：

《陕甘宁边区税务总局写给分局的函》是陕甘宁边区税务总局局长石子珍于（1945 年）10 月 14 日给所属分局高局长、王局长的函。信中说："今年税工人员棉鞋一律不发，决定每人改发单鞋一双。"

文献解读：

1941 年 7 月 8 日召开的陕甘宁边区税务总局延安区税务所长联席会议上，一致通过"取之于民，用之于民，廉洁无私，点滴归功"这条政府及上级指示。

皖南事变后，边区所负担的脱产人数超过了总人口的 10%。在"取之于民，用之于民"宗旨的指导下，边区政府在使用税收上十分注重合理分配，将钱尽可能地用在保卫边区、建设边区上，以至于行政人员的生活常常捉襟见肘。边区税务局作为税收主管部门对税务人员更是严格要求，对税务人员的工作及品行做出了具体规定。1941 年 10 月，边区颁布了《陕甘宁边区税务人员奖惩罚规则》，规定了对税务工作者的奖惩罚标准及办法。同时，税局要求税务人员要以身作则，勤俭节约。边区正是有这样一支廉洁自律，奖罚分明的税务干部，边区的税收工作才能在罕见的艰难困苦条件下，一步步发展壮大，使得税收成为皖南事变之后边区财政的主要来源，保障了党中央、边区政府和军队的开支，保障了边区经济的发展、市场的稳定和百姓的生活。

文献原文：

高、王局长：

今年税工人员棉鞋一律不发，决定每人改发单鞋一双，由各地自行购买，于十一月半前造决算报销，希转告所属各局，遵照执行为要！

此政

敬礼！

石子珍

十月十四日

二、《陕甘宁边区税务总局批答》

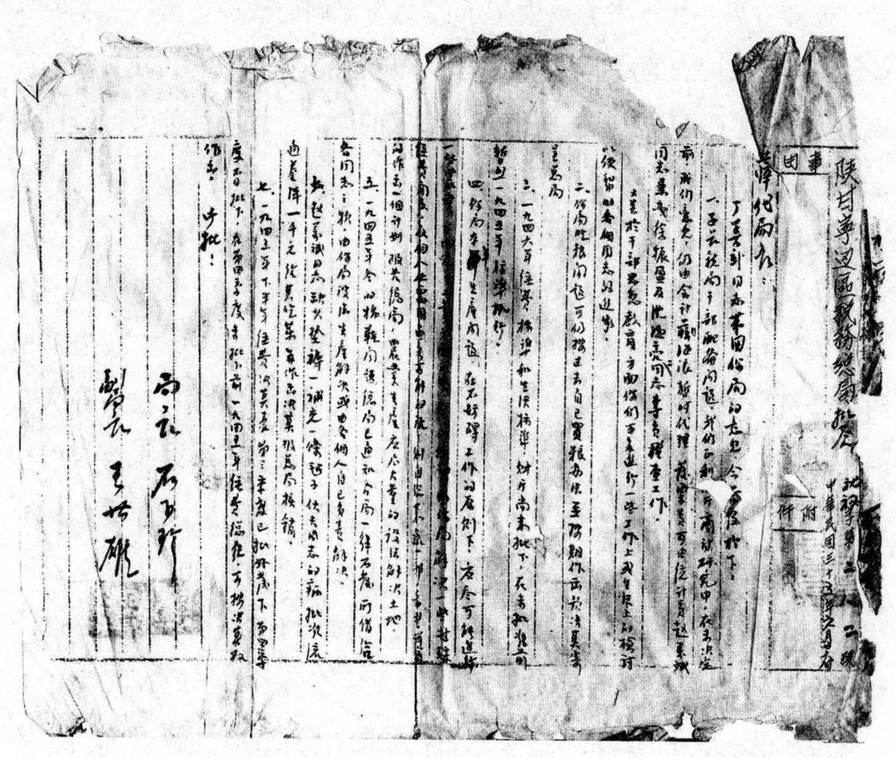

陕甘宁边区税务总局批答

文献概述：

《陕甘宁边区税务总局批答》是陕甘宁边区税务总局局长石子珍、副局长王世雄于1946年6月26日联名回复所属分局薛代局长的函，答复关于税局干部配备、吃粮和生产问题等。信中要求：在不妨碍工作的原则下，应尽可能推进一些农业方面及手工业方面的生产，以便帮助你局解决一些特殊经费开支及个人必需用品。1945年冬的棉鞋问题，总局已通知各局一律不发。信中指示："赵万斌同志缺少垫褥——补充一条毯子，伙夫同志的病批准流通券洋一千元给其吃药，作出决算报总局核销。"体现了税局领导在严格要求大家的同时，在力所能及的范围内也不忘关心自己的同志。

文献解读：

1944年，边区政府提出"厉行节约，备战备荒"的财政方针。在此方针指导下，边区各单位普遍注意了节约备荒。边区政府从节约财政开支的角度具体地制定了节约原则，如减少马匹和杂务人员的使用；一切衣着用具发新交旧，不交旧的不发新的；减少会议，减少应酬招待等。同时还调整了办公费的标准，以便减少开支。1944年，党中央和西北局做出表率，杨家岭中央机关共1,002人（包括小孩在内），共减少政府开支5,249万元，按当时市价折小米2,624.5石；1945年，全边区节约共达20亿元，足够公家一年的衣服费。

边区税务事业的经费很少，只占税收的百分之四，税务干部廉洁奉公，同时立足于自己生产，解决困难，与国民党税收迥然不同。

文献原文：

陕甘宁边区税务总局批答

税秘字第二八二号

中华民国三十五年六月二十六日

薛代局长：

丁善新同志带回你局的意见，今答复于下：

一、子长税局干部配备问题，我们正和财厅商讨研究中，在未决定前，我们意见：会计仍由薛海浪暂时代理，发票员可由统计员赵万斌同志兼办，徐振盈及沈海亮二同志专负稽查工作。

又关于干部思想教育方面，你们可多进行一些工作上或生活上的检讨，以便帮助各个同志的进步。

二、你局吃粮问题可仍按过去自己买粮办法，并按期作出预决算寄呈总局。

三、一九四六年经费标准和生活标准，财厅尚未批下，在未批准前暂照一九四五年标准执行。

四、你局本年生产问题，在不妨碍工作的原则下，应尽可能推进一些农业方面及手工业方面的生产，以便帮助你局解决一些特殊经费开支及个人必需用品。如可能的话，则自给菜蔬一部分，希望详密的作出一个计划报告总局，农业生产应尽大量的设法解决土地。

五、一九四五年冬的棉鞋问题，总局已通知各局一律不发，所借给各同志之款，由你局设法生产解决或由各个人自己负责解决。

六、赵万斌同志缺少垫褥——补充一条毯子，伙夫同志的病批准流通券洋一千元给其吃药，作出决算报总局核销。

七、一九四五年下半年经费决算表第三季度已批好发下，第四季度不日批下，在第四季度未批下前，一九四五年经费总结可按决算数作出。此批！

局　长　石子珍

副局长　王世雄

三、《陕甘宁边区政府财政厅财秘字第6号文》

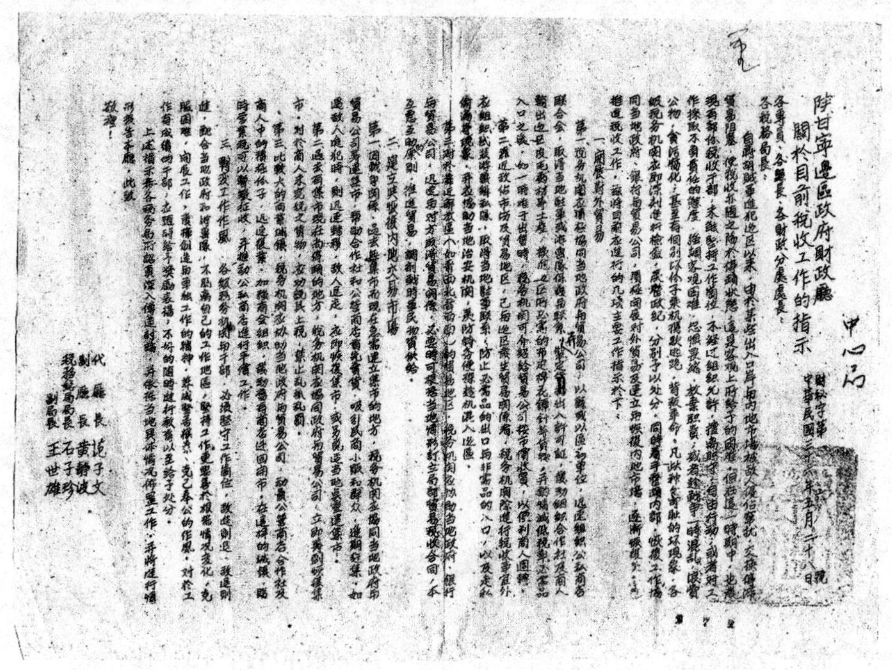

陕甘宁边区政府财政厅
关于目前税收工作的指示

财秘字第 号
中华民国三十六年五月二十八日

各专员、各县长、各财政分处处长、各税务局长：

自蒋胡贼军进犯边区以来，由于某些出入口岸与内地市场被敌人侵佔骚扰，交通[illegible]贸易阻塞，使税收亦随之陷于停顿状态，这是客观上所给予的困难。但在这一时期中，也发现有部份税收干部，未能坚持工作岗位，不经过组织允许，擅离职守，自由行动，或者对工作採取不负责任的态度，强调客观困难，怨恨畏缩，放弃职责，或者趁战争一时混乱，浪费公物，贪污腐化，甚至有个别坏份子乘机携款逃跑，背叛革命。凡此种种可耻的坏现象，各级税务机关应即深刻进行检查，严整政纪，分别予以处分。同时着手整顿内部，恢复工作，协同当地政府、银行与贸易公司，积极开展对外贸易及建立与恢复内地市场，逐渐恢复[illegible]税收工作。兹将目前应进行的几项主要工作指示于下：

一、开展对外贸易

第一、税务机关应协同当地政府与贸易公司，以县或以区为单位，迅速组织公私商号联合会，取得当地驻军或游击队保护与联系，[illegible]发出入许可证，发动组织合作社及商人输出边区皮毛药材等土产，换取边区所必需的布匹棉花、铁针等货物，并动员减低税率[illegible]品入口之税。如一时难于出售时，税务机关可介绍给贸易公司按市价收买，以便利商人周转。

第二、靠近敌佔市场及贸易地区，已与边区发生贸易关系，税务机关除进行税收事宜外，应组织武装缉私队，取得当地驻军联系，防止必需品的出口与非需品的入口，以及走私偷漏等现象，并应协助当地治安机关，严防特务便衣趁机混入边区。

第三、对于靠近敌区（如青西北、晋西南）的接敌地区，税务机关应协助当地政府、银行与贸易公司，迅速与对方政府贸易关系，必要时可根据当地情形订立局部贸易税收合同，本互惠互助原则，推进贸易，调剂战时军民物资供给。

二、建立与恢复内地交易市场

第一、因战争关系，过去无集市而现在急需建立集市的地方，税务机关应协同当地政府与贸易公司为建集市，帮助合作社和公营商店首先贵货，吸引民商小贩和群众，进行贸集。如遇敌人进犯时，则迅速转移，敌人退走，应即恢复集市，或另觅适当地点重建集市。

第二、过去有集市现在尚保留的地方，税务机关应协同政府与贸易公司，立即整顿市集，对于商人来完税之货物，应劝说其上税，禁止乱抓乱罚。

第三、比较大的商业城镇，税务机关应协助当地政府与贸易公司，动员公营商店、合作社及商人中的积极份子，迅速复业，加强商会组织，发动各商店迅回开市。在这样的城镇，临时营业税可以暂缓征收，并推动公私商店进行平价工作。

三、转变工作作风

各级税务机关干部，必须坚守工作岗位，敌进则退，敌退则进，配合当地政府和游击队，不脱离自己的工作地区，坚持工作，更要善于根据情况变化，克服困难，开展工作，发挥创造与艰苦工作的精神，并养成艰苦朴素、克己奉公的作风。对于工作有成绩的干部，应随时给予奖励表扬，不好的随时进行教育以至给予处分。

上述指示希各税务局所认真深入传达讨论，并依据当地具体情况布置工作，并将进行情形报告本厅。此致

敬礼！

代厅长 范子文
副厅长 黄静波
税务总局局长 石子珍
副局长 王世雄

文献概述：

《陕甘宁边区政府财政厅财秘字第6号文》是陕甘宁边区政府财政厅于1947年5月28日颁发的，其内容是“关于目前税收管理工作的指示”。文件指出，自蒋、胡贼军进犯边区以来，由于某些出入口岸与内地市场被敌人侵占窜扰，发现有部分税收干部，未能坚持工作岗位，不经过组织允许，擅离职守、自由行动，或者对工作采取不负责任的态度，强调客观困难，恐惧畏缩，放弃职责，浪费公物，贪污腐化。文件要求：“各级税务机关应即深刻进行检查，严整政纪，分别予以处分。同时着手整顿内部，恢复工作，协同当地政府、银行与贸易公司，积极展开对外贸易及建立与恢复内地市场，逐渐恢复推进税收工作。”

文献解读：

1947年3月，胡宗南开始对陕甘宁边区进行大规模的军事入侵，边区财税工作由备战转向全力支援解放战争。1947年6月到8月，边区政府在不断迁移中两次对政府机构做出重大调整，工作人员大幅减少，使边区财税工作困难重重。这个阶段是解放战争时期边区财税工作最困难的阶段，一方面，由于国民党军队进犯边区，许多地方遭受侵略，交换停滞，贸易阻塞，使税收限于停顿状态；另一方面，一部分税收干部擅离职守，或者趁战争一时混乱，贪污腐化，甚至乘机携款逃跑，背叛革命。面对这种情况，边区政府及时加强了财政和税收管理工作。

文献原文：

陕甘宁边区政府财政厅
关于目前税收工作的指示

财秘字第六号

中华民国三十六年五月二十八日

各专员、各县长、各财政分处处长、各税务局局长：

自蒋胡贼军进犯边区以来，由于某些出入口岸与内地市场被敌人侵占窜扰，交换停滞，贸易阻塞，使税收亦随之限于停顿状态，这是客观上所给予的困难。但在这一时期中，也发现有部分税收干部，未能坚持工作岗位，不经过组织允许，擅离职守、自由行动，或者对工作采取不负责任的态度，强调客观困难，恐惧畏缩，放弃职责，或者趁战争一时混乱，浪费公物，贪污腐化，甚至有个别坏份（分）子乘机携款逃跑，背叛革命。凡此种种可耻的坏现象，各级税务机关应即深刻进行检查，严整政纪，分别予以处分。同时着手整顿内部，恢复工作，协同当地政府、银行与贸易公司，积极展开对外贸易及建立与恢复内地市场，逐渐恢复推进税收工作。兹将目前应进行的几项主要工作指示于下：

一、开展对外贸易

第一，税务机关应积极协同当地政府与贸易公司，以县或以区为单位，迅速组织公私商店联合会，取得当地驻军或游击队保护与联系，并制定出入许可证，发动组织合作社及商人输出边区皮毛药材等土产，换进边区所必需的布匹、棉花、铧针等货物，并酌情减低税率。必需品入口之后，如一时难于出售时，税务机关可介绍给贸易公司按市价收买，以便利商人周转。

第二，靠近敌占区市场及贸易地区，已与边区发生贸易关系者，税务机关除进行税收事宜外，应组织武装游击缉私队，取得当地驻军联系，防止必需品的出口与非需品的入口，以及走私偷漏等现象，并应协助当地治安机关，严防特务便探趁机混入边区。

第三，对于靠近解放区（如晋西北晋西南）的贸易地区，税务机关应协助当地政府、银行与贸易公司，迅速与对方取得贸易关系，必要时可根据当地情形订立局部贸易税收合同，本互惠互助的原则，推进贸易，调剂战时军民物资供给。

二、建立与恢复内地交易市场

第一，因战争关系，过去无集市而现在急需建立集市的地方，税务机关应协同当地政府与贸易公司筹建集市，帮助合作社和公营商店首先卖货，吸引民商小贩和群众，逢期赶集。如遇敌人进犯时，则迅速转移，敌人退走，应即恢复集市，或另觅适当地点重建集市。

第二，过去有集市现在尚停顿的地方，税务机关应协同政府与贸易公司，立即筹划恢复集市。对于商人未完税之货物，应劝说其上税，禁止乱抓乱罚。

第三，比较大的商业城镇，税务机关应协助当地政府与贸易公司，动员公营商店合作社及商人中的积极份（分）子，迅速复业。加强商会组织，发动旧有商店迁回开市，在这样的城镇，临时营业税可以暂缓征收，并推动公私商店进行平价工作。

三、转变工作作风，各级税务机关与干部，必须坚守工作岗位，敌进则退，敌退则进，配合当地政府和游击队，不脱离自己的工作地区，坚持工作。更要善于根据情况变化，克服困难，开展工作，发挥创造与单独工作的精神，养成艰苦朴素、克己奉公的作风，对于工作有成绩的干部，应随时给予奖励表扬，不好的随时进行教育以至给予处分。

上述指示希各税务局所认真深入传达讨论，并依据当地具体情况布置工作，并将进行情形报告本厅。

此致

敬礼！

代厅长　范子文

副厅长　黄静波

税务局局长　石子珍

副局长　王世雄

附录1：

财税报表

1.边区税务总局1941年1月13日的“金库收据”(部分，共计30张)

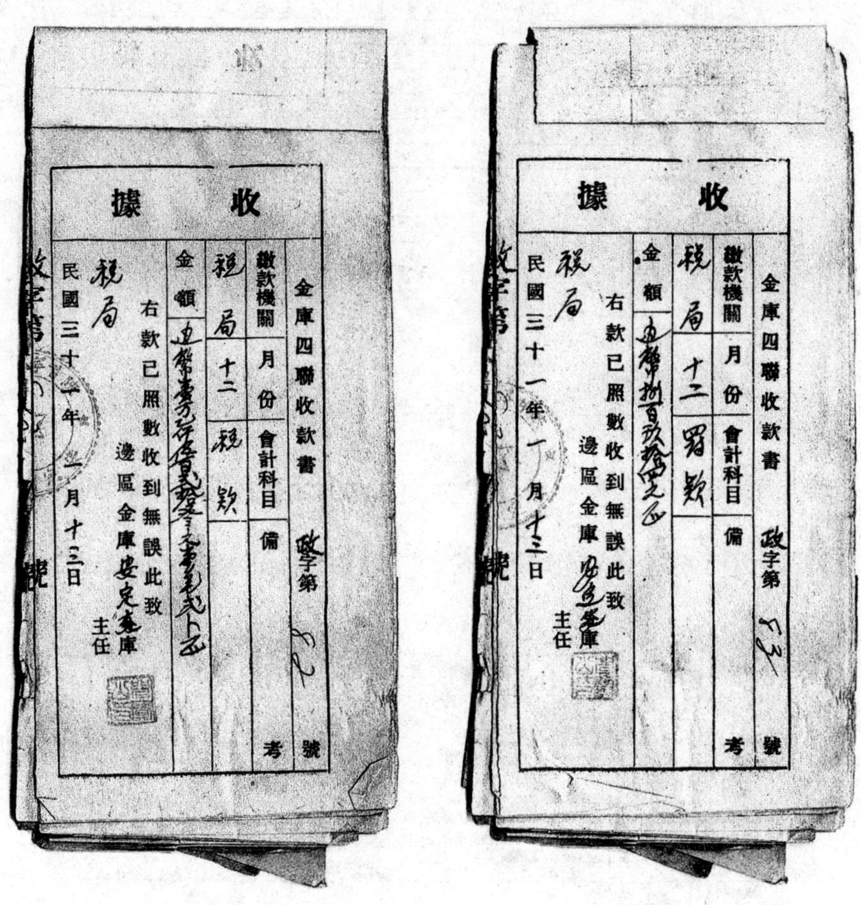

收據

金庫四聯收款書　政字第 82 號

繳款機關	月份	會計科目	備考
税局	十二	税款	

金額　边幣[illegible]

右款已照數收到無誤此致

税局

邊區金庫　主任　安定庫

民國三十一年一月十三日

收據

金庫四聯收款書　政字第 83 號

繳款機關	月份	會計科目	備考
税局	十二	罰款	

金額　边幣[illegible]

右款已照數收到無誤此致

税局

邊區金庫　主任　[illegible]庫

民國三十一年一月十三日

2. 延安市1946年3月1日制定的“边、法币比价表”

延安市边法币比价表

一九四六年三月一日制

月 \ 价 \ 年		一九四一年	一九四二年	一九四三年	一九四四年	一九四五年	一九四六年
一月	牌价		2.59	2.10	10.00	8.50	10.00
	市价		2.59	2.10	10.00	6.50	12.50
二月	牌价		2.58	2.10	11.00	8.50	10.00
	市价	1.10	2.58	2.10	11.00	8.50	10.00
三月	牌价		2.79	2.10	11.60	8.50	
	市价	1.15	2.91	2.24	8.00	8.50	
四月	牌价		2.83	3.10	10.00	[illegible] 7.89	
	市价	1.30	3.00	3.10	8.50	7.89	
五月	牌价		2.94	[illegible]	9.00	7.89	
	市价	1.35	3.50	[illegible]	8.00	7.89	
六月	牌价		3.15	[illegible]	8.50	7.69	
	市价	2.57	3.55	[illegible]	8.50	7.89	
七月	牌价		3.25	[illegible]	8.50	7.89	
	市价	2.00	3.47	[illegible]	8.50	7.69	
八月	牌价		2.94	[illegible]	8.50	8.00	
	市价	2.25	2.94	[illegible]	8.50	8.00	
九月	牌价		2.30	[illegible]	8.50	8.00	
	市价	2.00	2.30	[illegible]	8.50	8.00	
十月	牌价		2.20	[illegible]	8.50	10.00	
	市价	2.35	2.20	[illegible]	8.50	8.00	
十一月	牌价		2.20	[illegible]	8.50	8.88	
	市价	2.30	2.20	[illegible]	8.50	[illegible]	
十二月	牌价		2.17	[illegible]	8.50	10.00	
	市价	2.52	2.17	[illegible]	6.50	10.00	

3. 靖边税务局1948年12月份的“缉私案件处理奖金分配报告表”

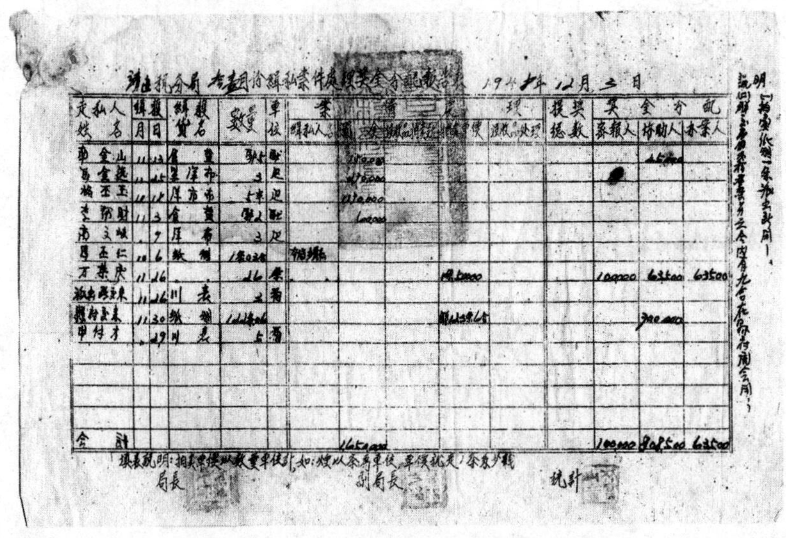

走私人姓名	缉获月	缉获日	缉获货名	数量	单位	案情处理					提奖总数	奖金分配		
						缉私人				没收品处理		察报人	协助人	本案人
合计							[illegible]					[illegible]	[illegible]	[illegible]

填表说明：[illegible]

局长　　副局长　　统计

4. 边区税务总局的“甲乙种货物出入境税率表”（部分，共计 4 张）

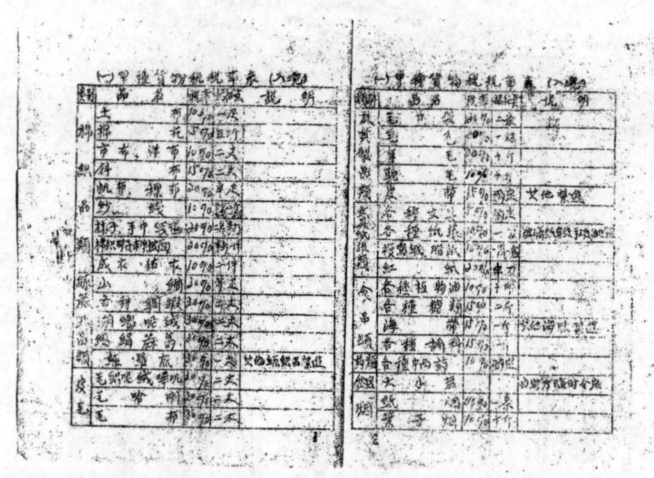

（一）甲種貨物稅稅率表（入境）

類別	品名	稅率	[illegible]	說明
棉織品類	土布	10%	一疋	
	棉花	5%	五斤	
	市布、洋布	10%	二丈	
	斜布	15%	二丈	
	帆布、裸布	20%	半疋	
	紗線	10%	[illegible]	
	袜子、手巾、线毯	20%	[illegible]	
	[illegible]	20%	[illegible]件	
	成衣、棉衣	10%	一件	
絲織品類	山綢	20%	半疋	
	各種綢緞	30%	二丈	
	湖縐呢絨	30%	二丈	
	絲絹蘇葛	30%	二丈	
	[illegible]	30%	一[illegible]	其他絲織品類推
皮毛	毛織呢絨嗶嘰	20%	二丈	
	毛嗶嘰	20%	二丈	
	毛布	30%	二丈	

（一）甲種貨物稅稅率表（入境）

類別	品名	稅率	[illegible]	說明
皮毛製品類	毛巾毯	20%	二条	
	毛衣	20%	一件	
	羊毛	20%	十斤	
	駝毛	10%	十斤	
	皮帶	15%	兩条	其他類推
文具紙張類	各種文具	15%	兩支	
	各種紙張	10%	一刀	[illegible]
	[illegible]紙、腊紙	10%	一[illegible]	
	紅紙	20%	半刀	
食品類	各種植物油	10%	十斤	
	各種糖類	15%	二斤	
	海帶	15%	一斤	其他海味類推
	各種調料	15%	[illegible]	
藥類	各種中西藥	10%	兩[illegible]	
食鹽	大小鹽			由總局隨時令定
烟	紙烟	15%	一条	
	葉子烟	15%	十斤	

5. 三边县税务分局 1948 年 10 月的“票照花证损失报告表”（部分，共计 5 张）

票照花證損失報告表

三边稅務分局

[illegible]三十七年[illegible]月[illegible]七日　1948.10.[illegible]

票名 \ 數目 \ 局別	定邊局	鹽池局	靖邊局	安邊局	[illegible]池局	鹽場堡	合計
貨物票	5756	1649	[illegible]				7506
運證	380	1000	[illegible]				1534
食鹽[illegible]證							115
牲畜票	6925	1567	[illegible]				9375
牲畜證	6939	2169					11064
稅納稅證	3500	[illegible]					[illegible]
罰款證	[illegible]	[illegible]	[illegible]		1	5	972
沒收證	997	100	244	4			1347
邊產證	5830	900	422	3			7161
臨時證	4898	410	547				5855
酒類牌照	140						140
甲种鹽票	2			6	7419	2210	16642
乙种鹽票	5796				3666	1834	11296
丙种鹽票	[illegible]			251	31168	2250	61422
丁种鹽票	1800						1800
合計	63409	8256	3144	2252	44254	16794	142084
大印花	126453						126453
小印花	173525						173525
查驗證	3129						3129
紙烟驗證	7760						7760
送信印花	3497						3497
合計	314344						314344

備攷：（1）[illegible]

局長　　副局長　　製表

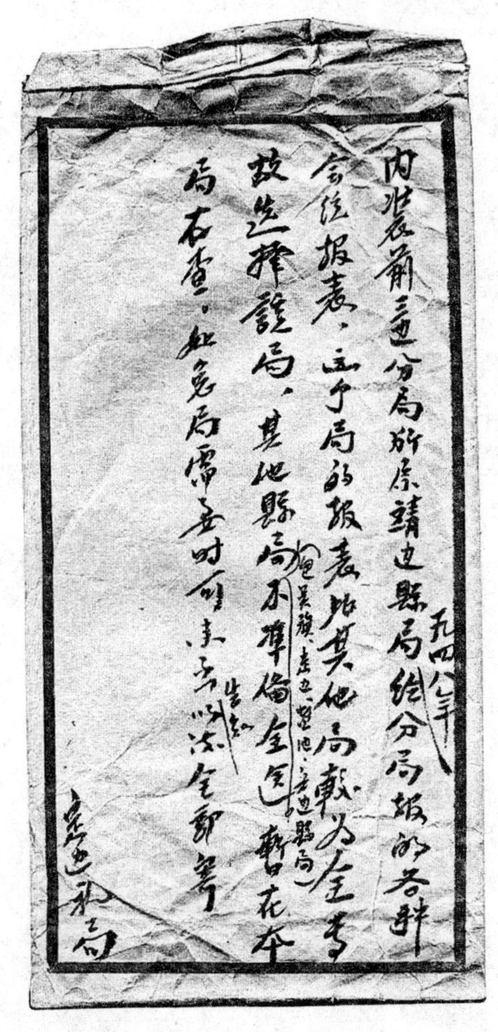

内装前三边分局所属靖边縣局一九四八年给分局报的各种会统报表，这个局的报表比其他局较为全面，故选择該局，其他縣局（包吴镇、定边、盐池、安边縣局）不准备全送。暂在本局存查。如总局需要时可来函告知以后全部寄

定边税局

信封内容：“内装前三边分局所属靖边县局一九四八年给分局报的各种会统报表。这个局的报表比其他局较为全面，故选择该局，其他县局（包吴镇、定边、盐池、安边县局）不准备全送。暂在本局存查。如总局需要时可来函告知，以后全部寄。”落款：“定边税局。”内页：（1）三边税务分局票照花证损失报告表；（2）苟池盐局 1948 年上半年票照总结表；（3）盐场堡盐局 1948 年上半年票照总结表；（4）靖边局各种表册。

6. 靖边县税务局 1948 年 8 月的 “货物统计报告表”（部分，共计 14 张）

靖边税务局 八月份貨物統計報告表 1948年8月30日

類別	貨名	數量	單位	金額	納稅額	備考
棉織品類	洋市布	158	疋	235500,000	23575,000	
	嗶嘰	166	〃	88000,000	13300,000	
	斜布	59	〃	31800,000	7610,000	
	条布	282	〃	146650,000	23790,000	
	土布	82	〃	28700,000	2870,000	
	毛巾	32	打	4750,000	950,000	
	襪子	16	〃	2120,000	424,000	
	[illegible]	11	捆	24600,000	2460,000	
雜貨類	麻油	42230	斤	1028,000,000	666,00,000	
	粉條類	11880	〃	658,320,000	133610,000	
	水烟	9077	封	428400,000	85680,000	
	火柴	68660	包	138600,000	27720,000	
	[illegible]	1150	斤	27900,000	2790,000	
	[illegible]	890	〃	27600,000	2846,000	
	姜片	790	〃	28500,000	2850,000	
	[illegible]	12	打	2800,000	280,000	
	[illegible]	90	把	540,000	54,000	
	蜂糖	70	斤	2100,000	210,000	
	駝毛	180	〃	9000,000	450,000	此表內[illegible]
顏料類	[illegible]	47	両	126500,000	25300,000	[illegible]
	硫化青	13	[illegible]	660,000,000	128,000,000	
	顏料	120	両	71000,000	17200,000	
合計				4620360,000		

局長　副局長　統計

7. 靖边县税务局 1948 年 1 月份的 “票照报告表”（部分，共计 12 张）

靖边局 一月份票照報告表 民國三十七年 月 日造

	名稱	上月結存 張數	本月請領 張數	本月解繳 張數	本月結存 張數	說明
票	貨物票	1620		273	1347	
	过境票					
	貨物[illegible]証	86			86	
	[illegible]出境票	100			100	
	境内[illegible]証	2528			2528	
	領納稅証	100			100	
	遺產証	158			158	
	食鹽[illegible]証	2360			2360	
	食鹽稅票					
	沒收品收据	110		10	100	
	罰款証	164			164	
	[illegible]証					
	[illegible]証	100			100	
	甲种[illegible]票	400			400	
	乙种[illegible]票	500			500	
	丙种[illegible]票	2000		41	1959	
証						
	合計	10236		324	9912	
	名称	個數	個數	個數	個數	
花	大印花	17100		180	16920	
	小印花	22250		114	22136	
	貨物[illegible]証					
	[illegible]印花	2250			2250	
	紙烟[illegible]証					
証	紙烟印花	10000			10000	
	合計	[illegible]1600		294	61306	

局長　會計

8.靖边税务局1948年5月份的“临时费决算表”(部分，共计10张)

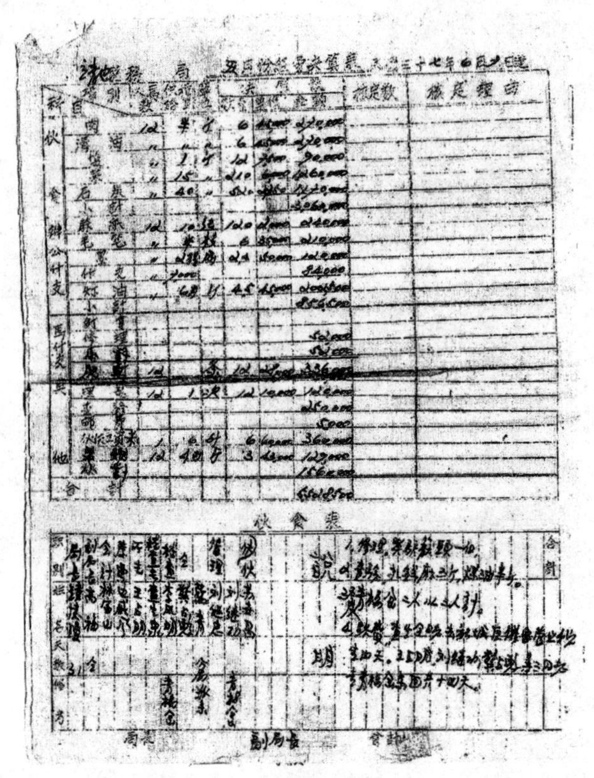

9.陕甘宁边区的“货物税税率表”。(部分，共计4张)

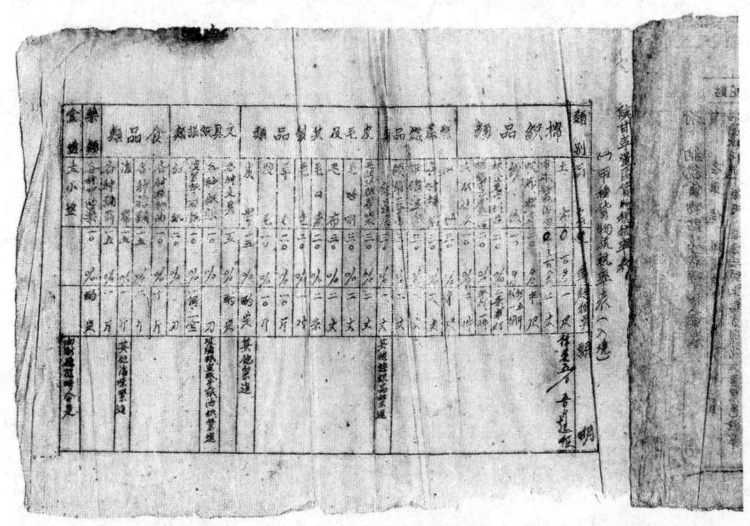

10. 县税局 1948 年 5、6、7 月份的“牲畜斗佣情形报告表”（部分，共计 2 张）

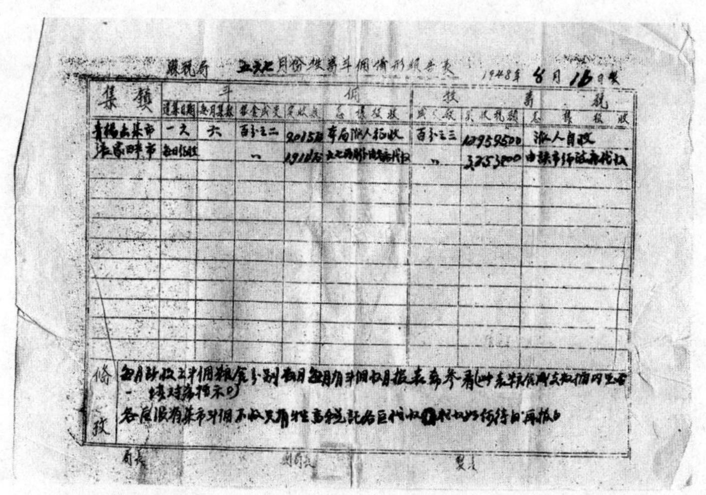

县税局 五六七月份牲畜斗佣情形报告表 1948年8月16日报

集镇	斗佣					牲畜税		
	逢集日期	每月集数	佣金成数	实收数	怎样征收	成数	实收税额	怎样征收
青杨岔集市	一六	六	百分之二	2015万	市局派人征收	百分之三	12959500	派人自收
张家畔市	每日征收		〃	1911万	[illegible]代征	〃	3253800	由县市[illegible]代征

11. 靖边局 1948 年的“上半年缉私总结表”（共计 1 张）

缉私总结表

靖边局 上半年

货名		单位	数量	案件	罚金	提奖	说明
货物类	纸烟	封	533	4	3095500	108000	
	[illegible]	斤	100	1			
	[illegible]	尺	12				
	[illegible]		9				
	[illegible]	〃	4				
	[illegible]	〃	4				
	[illegible]	〃	3	5	2475000	61500	
	[illegible]	斤	120	1	156000		
	食盐	驮	2	1			
	小计			12	5726500	169500	
[illegible]	大烟	两	337	7		300000	
	纸烟	合	5990	8		3875000	
	[illegible]	[illegible]	480	5			
	[illegible]	斤	115	2		600000	
	白洋	元	35	2		1300000	
	[illegible]	元	129432	2			
	小计			26		6075000	
合计				38	5726500	6244500	

12. 靖边税局 1948 年 8、9 月的“半年解库税款对账单”（部分，共计 2 张）

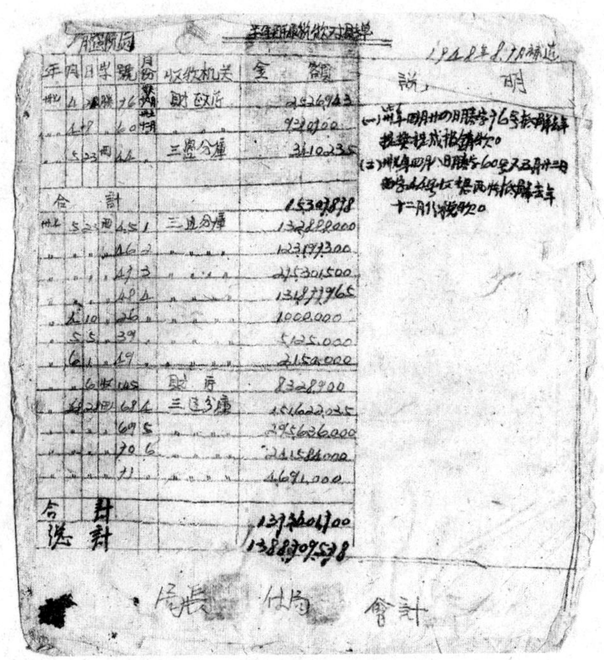

13. 靖边税务局 1948 年的“上半年没收品总结表”（共计 1 张）

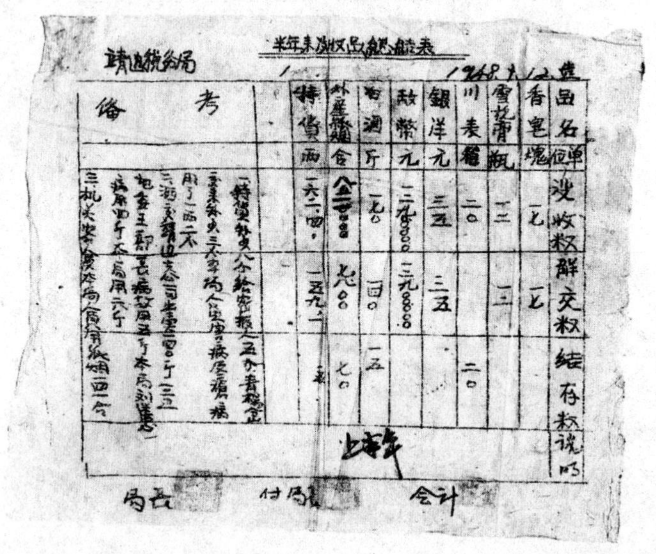

14.靖边税局1948年12月份的“斗佣收入报告表”(部分，共计8张)

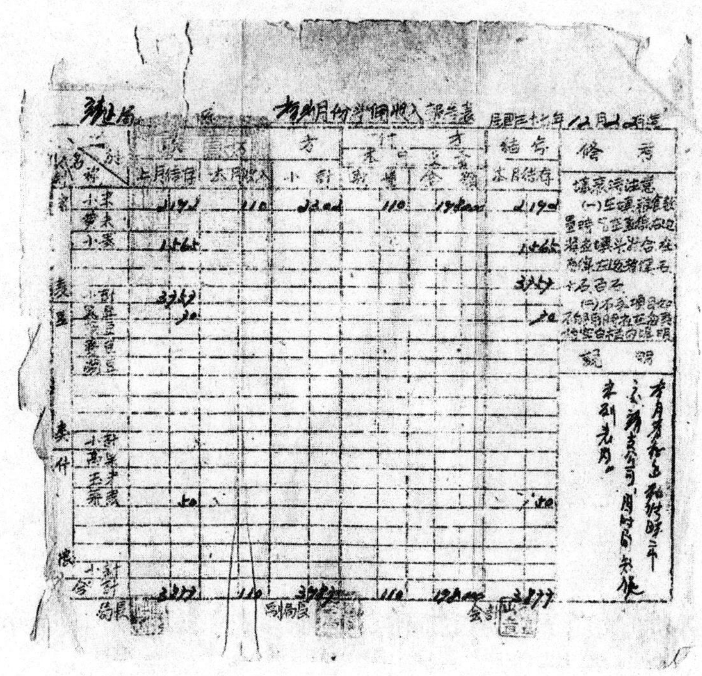

15.靖边税局1948年9月份的“各种票照损失表”(共计1张)

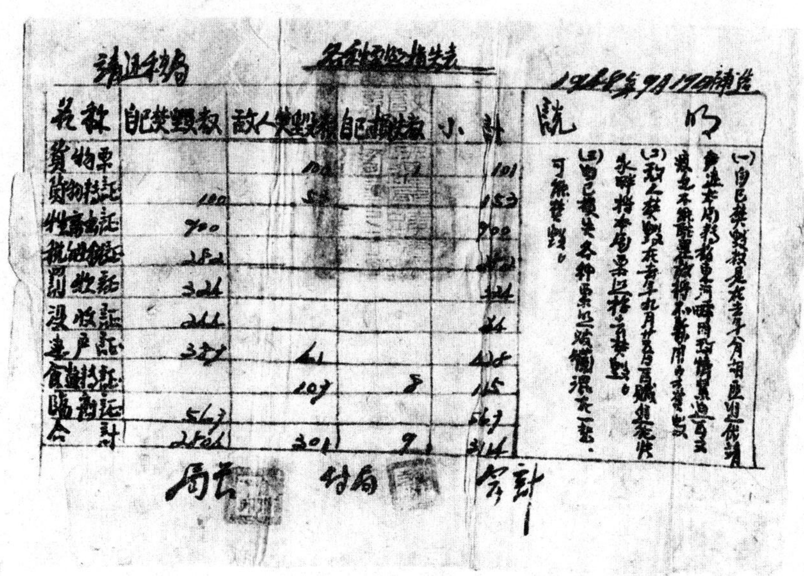

16. 税务总局 1948 年 6 月份的“票证印花收据”（部分，共计 6 张）

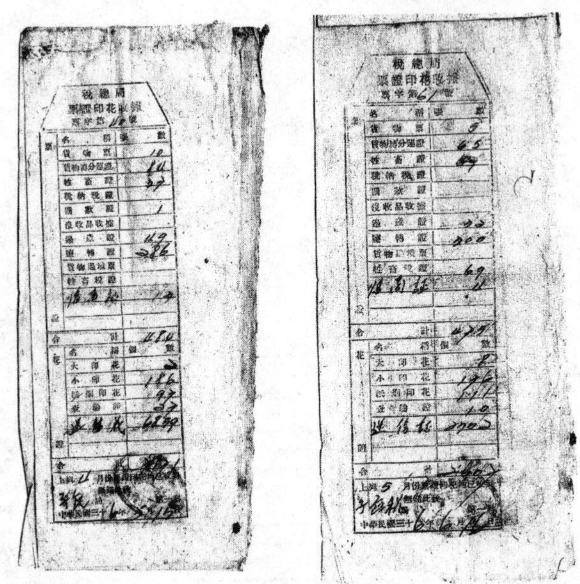
税總局
票證印花收據

17. 陕甘宁边区子长县税局的“票证印花领据存根”（部分，共计 10 张）

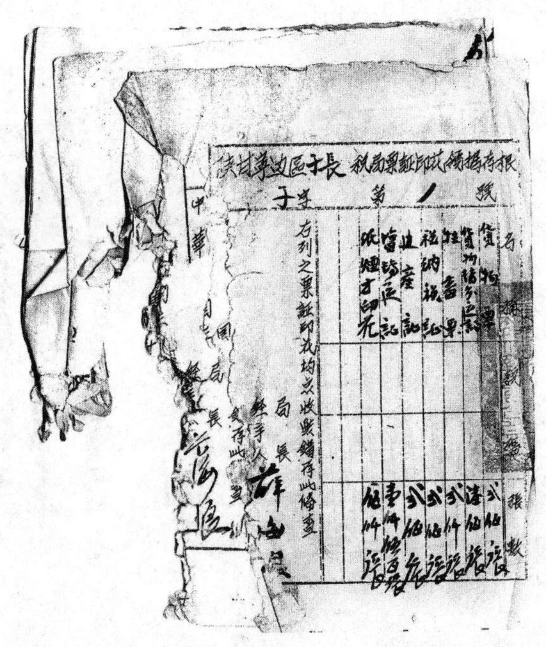
陝甘寧边區子長 税局票証印花領據存根

18. 陕甘宁边区税务总局三边县分局 1948 年 12 月份的“票照报告表”（部分，共计 6 张）

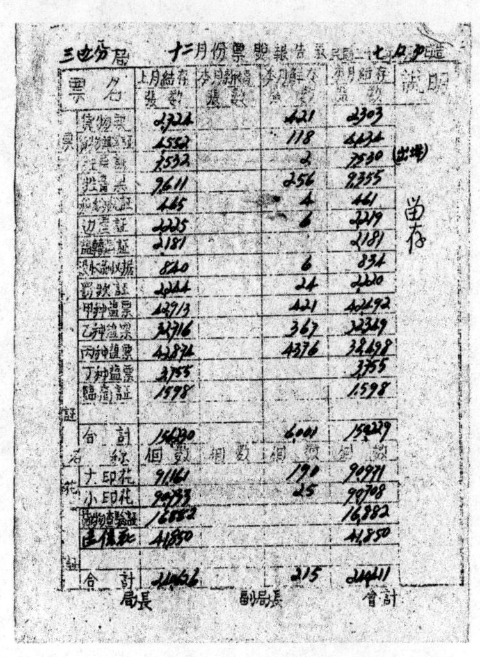

三边分局　十二月份票照報告表　民國三十七年[illegible]

票名	上月結存張數	本月新領張數	本月解交張數	本月結存張數	說明
貨物票	2724		421	2303	
[illegible]證	4552		118	4434	
[illegible]	7532		2	7530	(出境)
[illegible]票	9611		256	9355	
[illegible]證	465		4	461	留存
边[illegible]證	2225		6	2219	
[illegible]證	2181			2181	
[illegible]收據	840		6	834	
罰款證	2244		24	2220	
甲种鹽票	42913		421	40492	
乙种鹽票	32716		367	32349	
丙种鹽票	42874		4376	38498	
丁种鹽票	3755			3755	
臨[illegible]證	1598			1598	
合計	156230		6001	150229	
名稱	個數	個數	個數	個數	
大印花	91161		190	90971	
小印花	90733		25	90708	
[illegible]查驗證	16882			16882	
[illegible]	41850			41850	
合計	244626		215	244411	

局長　　副局長　　會計

19. 靖边局 1948 年的“税款收解总结报表”（部分，共计 2 张）

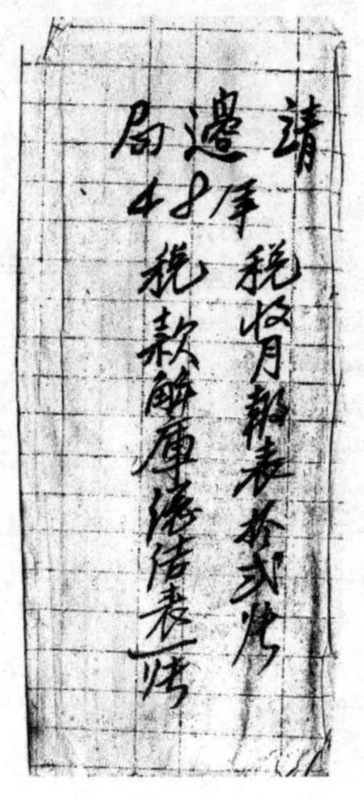

靖邊局

48年

稅收月報表格式

稅款解庫總結表一件

20. 靖边税局 1948 年 1 月份的“没收品收据”

收據

金庫四聯收款書 改字第 87 號

繳款機關 税局

月份 十二

會計科目 税款

備考

金額 [illegible]

右款已照數收到無誤此致

税局

邊區金庫 [illegible] 庫主任

民國三十七年一月廿五日

改字第 號

21. 靖边税务局 1948 年的“上半年税款收解总结报告表”（部分，共计 2 张）

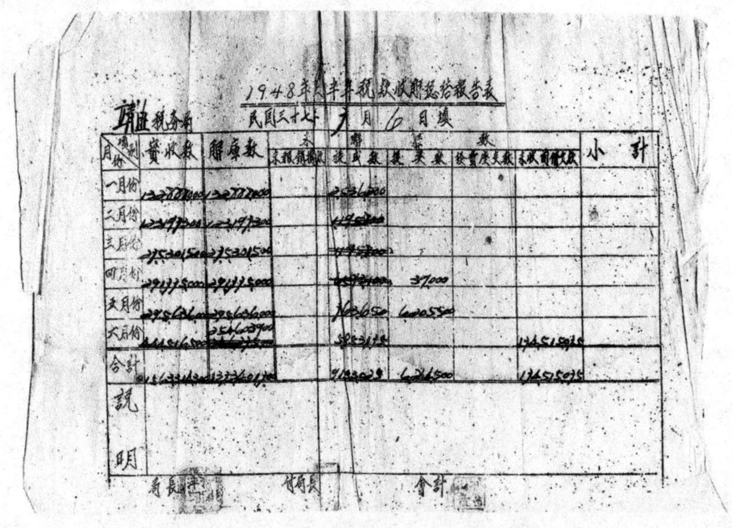

1948 年上半年税款收解总结报告表

靖边税务局　民国三十七年 月 6 日填

月份 \ 项别	实收数	解库数	未解数：未报领销款	未解数：提成数	未解数：提奖数	未解数：经费开支数	未解数：未收前借欠款	小计
一月份	[illegible]	[illegible]		[illegible]				
二月份	[illegible]	[illegible]		[illegible]				
三月份	[illegible]	[illegible]		[illegible]				
四月份	[illegible]	[illegible]		[illegible]	37000			
五月份	[illegible]	[illegible]		[illegible]	[illegible]			
六月份	[illegible]	[illegible]		[illegible]			134515035	
合計	[illegible]	[illegible]		[illegible]	[illegible]		134515035	
說明								

局長　　副局長　　會計

22. 靖边税局 1947 年 12 月份的“税收报告表”

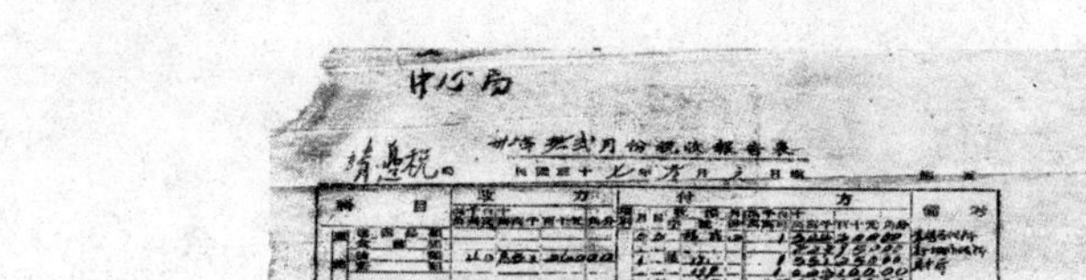

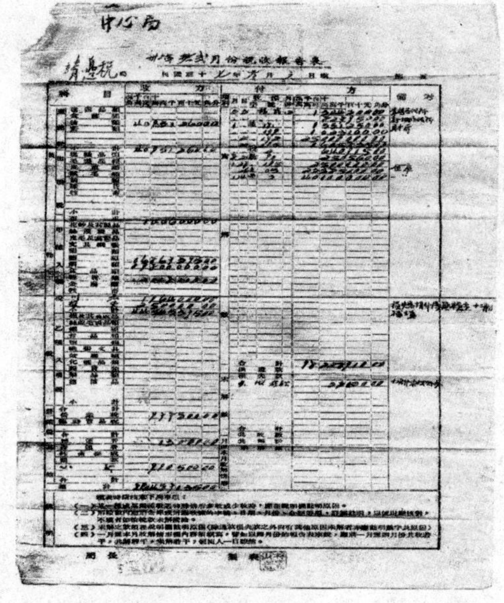

23. 子长税务局的 9、10 月份的“票证印花（税）收据”（部分，共计 12 张）

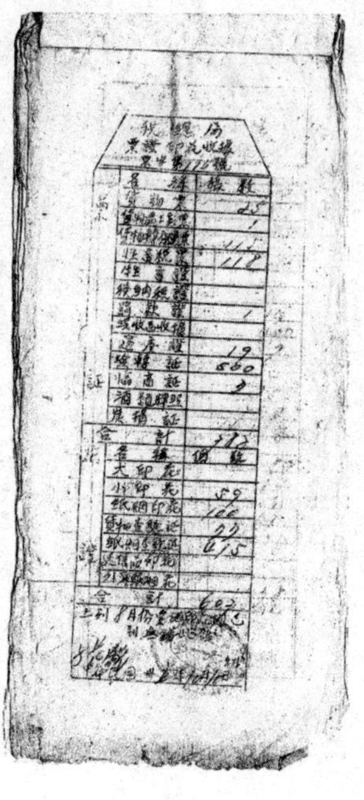

24. 靖边税务局1948年9月份的“缉私案件月报表”（部分，共计7张）

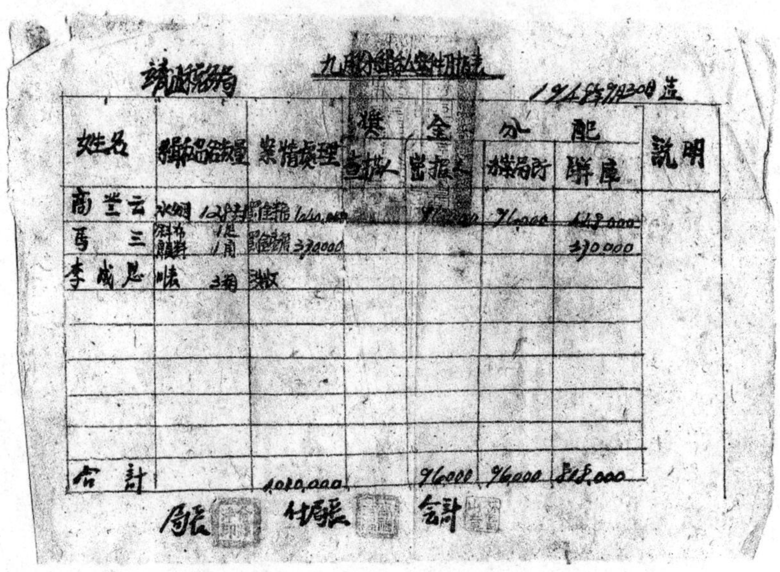

靖边税务局　九月份缉私案件月报表　1948年9月30日造

姓名	缉私品名数量	案情处理	奖金分配 查获人	当报人	税务局所	群众	说明
高兰云	水烟 12斤	罚金 1010,000		96,000	96,000	[illegible]8,000	
马三	洋布 1疋 颜料 1两	罚金 330000				330,000	
李成忠	帐 3箱	没收					
合计		1010,000		96000	96000	818,000	

局长　副局长　会计

25. 靖边税务局1948年1月份的“税收报告表”（部分，共计14张）

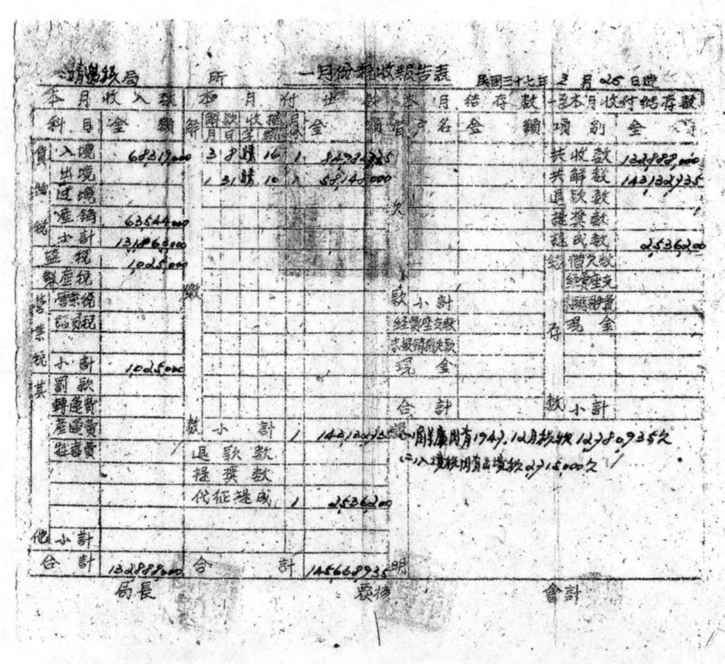

靖边税务局　所　一月份税收报告表　民国三十七年2月25日造

本月收入数

科目		金额
货物税	入境	68317,000
	出境	
	过境	
	产销	63544,000
	小计	131,863,000
盐税		1,025,000
牲畜税		
营业税	营业税	
	临时税	
	小计	1,025,000
其他	罚款	
	转运费	
	屠宰费	
	牲畜费	
	小计	
合计		132888,000

本月付出数

解缴 月	日	收据字	号	页数	金额
3	8	靖	16	1	84,[illegible]335
1	31	靖	10	1	58,145,000
解缴小计				1	142,120,935
退款数					
提奖数					
代征提成				1	2,536,200
合计					145668935

本月结存数：借欠户名、金额；欠款小计；经费垫支数；未报销拨支款；现金；合计

上月至本月收付结存数

项别	金额
共收数	132,888,000
共解数	142,120,935
退款数	
提奖数	
提成数	2,536,200
借欠数	
经费垫支	
未报销拨费	
现金	
小计	

说明：（一）解库内有1947.12月税收12780935元
（二）入境税内有出境款2715,000元

局长　股长　会计

26. 靖边税务局 1948 年 8 月份的“半年货物统计报告表”（部分，共计 2 张）

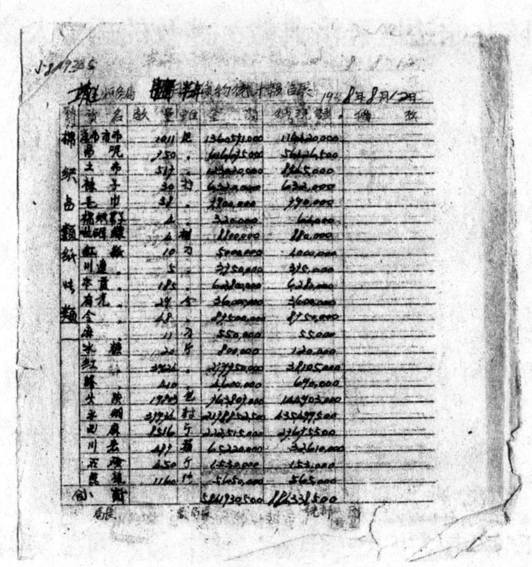

27.1949 年 2 月份子长局的“没收品收据”一份

附录2：

《陕甘宁边区经济典藏》涉及的历史人物

（按姓氏笔画排序）

1. **丁善新**（资料欠缺）

2. **习仲勋**（1913—2002），陕西富平人。1926年加入中国共产主义青年团，1928年转为中国共产党员。1933年3月起任陕甘边游击队总指挥部政治委员、中共陕甘边特委军委书记等职。1934年2月起任陕甘边革命委员会主席、陕甘边苏维埃政府主席。1945年起任陕甘宁晋绥联防军政治委员。新中国成立后，先后任西北局第三书记、中共中央宣传部部长、政务院秘书长、国务院秘书长、国务院副总理、广东省省长、第七届全国人大常委会副委员长等职。2002年5月24日在北京病逝。

3. **王世泰**（1910—2008），陕西洛川人。1929年加入中国共产党。1930年10月参加刘志丹领导的组织活动，任党支部委员。1937年10月任陕甘宁边区庆环分区保安司令部司令员。1938年10月至1942年9月，先后任陕甘宁边区保安司令部副司令员、司令员。1942年10月任八路军陕甘宁晋绥联防军警备第三旅政治委员兼中共三边地委书记。新中国成立后，先后任甘肃省人民政府副主席、铁道部副部长、甘肃省政协主席等职。2008年3月14日在海口病逝。

4. **王世雄**（资料欠缺）

5. **王维舟**（1887—1970），字天桢。四川宣汉人。1920年加入朝鲜共产党上海支部。1922年与吴玉章一起在北京组织了赤心社。1927年在武汉与吴玉章一起开展革命活动，并在武汉转为中国共产党员。1931年5月任川东军委书记和川东游击军总指挥。1947年任中共中央西北